# 谁说菜鸟不能成为项目经理

## 腾讯高级项目经理成长记

徐州 ◎ 著

WHO SAYS A ROOKIE CAN'T
BE A PROJECT MANAGER

中国电力出版社
CHINA ELECTRIC POWER PRESS

# 内 容 提 要

本书讲述了主人公徐州从一个项目管理的菜鸟，一路摸爬滚打、踩坑不断，最后成长为腾讯高级项目经理，并摸索出一套适用于游戏项目管理方法论的拼搏历程。作为职场菜鸟，徐州没有名校的光环，凭着勤奋和一股子永不服输的拼劲，一直认真地准备，执着追求自己的梦想，历经了私企、外企、民企的磨炼，完成了从音视频到通信设备再到互联网及游戏行业的转变。本书主要包括两部分内容：第一部分（前三章）介绍的是一个连测试是什么都不懂的职场新人，逐步成长为能够带领测试团队负责游戏项目测试工作的负责人；第二部分（后七章）介绍的是徐州在进入梦想中的互联网公司腾讯后，顺势而为，在互联网大时代发展的背景下，不断思考自己未来的职业发展方向，重新启航，最终从测试转岗项目管理。

这不是一本教你如何升职加薪的职场小说，也不是一本记录互联网白领奋斗点滴的个人传记，更不是一本专业的测试和项目管理的书籍，它是一本务实的、脚踏实地的，将枯燥的测试和项目管理的理论知识以讲故事的形式融入日常工作的，一个职场菜鸟成功转型的10年奋斗和成长精华的职场启示录。

本书适合刚刚毕业从事软件测试工作的职场人、有志从事项目管理但不知道如何入手的职场新人、从事游戏测试但有意转岗游戏项目管理的职场人士，以及有意从事游戏项目管理和正在从事项目管理的职场人士阅读。

## 图书在版编目（CIP）数据

谁说菜鸟不能成为项目经理：腾讯高级项目经理成长记 / 徐州著.—北京：中国电力出版社，2019.12

ISBN 978-7-5198-3931-4

Ⅰ.①谁… Ⅱ.①徐… Ⅲ.①网络公司–项目管理–经验–中国 Ⅳ.①F279.244.4

中国版本图书馆 CIP 数据核字（2019）第 251035 号

出版发行：中国电力出版社
地　　址：北京市东城区北京站西街19号（邮政编码100005）
网　　址：http://www.cepp.sgcc.com.cn
责任编辑：李　静　1103194425@qq.com
责任校对：黄　蓓　马　宁
装帧设计：九五互通　周　赢
责任印制：钱兴根

印　　刷：三河市百盛印装有限公司
版　　次：2019年12月第1版
印　　次：2019年12月北京第1次印刷
开　　本：710毫米×1000毫米　16开本
印　　张：21.25
字　　数：294千字
定　　价：78.00元

# 前 言

自参加工作以来，我一直保持着闲暇时间写点文字的习惯，或公开发表于 QQ 空间，或私藏于自己的笔记本中；或聊聊心情，或针对当下热点谈些自己的看法，或就本职工作和行业经历分析利弊，感悟其中的成长与得失。每当空闲时间翻看自己写的这些文字时，都会有一种莫名的感动，并不是因为华丽和优美的文字，而是那一段段过往的心路历程。

2018 年 6 月，我在腾讯公司内部 KM 平台发表的一篇文章——《那些年的项目管理之路》，意外地火了，被腾讯公司内部及外部的一些公众号转载；两个月后，我发表的《浅谈项目管理中的闭环思维》一文，再次成了公司 KM 头条，不仅被公司内外的一些公众号转发，还引发了不少项目团队关于闭环讨论的热点。这两篇文章引发的热度，让我开始重新审视转岗项目管理这 5 年来，在工作中逐步积累和记录的点点滴滴。原来，自 2014 年 7 月底至写作本书之前，我总共在公司内部 KM 平台发表了 27 篇关于项目管理的文章，其中有 17 篇被 KM 推荐。当我和我的同事、好朋友郑双明（金摇杆 2018 年度大奖项目——PUBG MOBILE 项目核心骨干，高级工程师）谈及此事时，他力荐我可以考虑写一本关于项目管理的书，还临时给我取了个书名——《鹅厂 PM 的心酸之路》，这个思路给了我蛮大的启发，也让我静下心来开始认认真真地思考这些年来的项目管理之路。

诚然，从测试岗位到项目管理岗位，5 年的时间，我经历了从测试经理到项目经理角色的转变，经历了从项目管理菜鸟到高级项目经理职业生涯里程碑的跨越。回首这一路走来时，确实有一把辛酸泪，踩过很多坑，犯过不少幼稚的错误，得罪过同事，惹恼过领导，但正是因为这些，也凭着自己的脚踏实地和那颗不服输的心，一路升级打怪，逐步摸索出了在项目管理中的套路，形成了有效的、可借鉴的项目管理方法论。

当真正开始落笔时，我又陷入了沉思，该以一种什么样的形式来写呢？传记？小说？且不说自己不是那块料，就说市面上的各种职场小说、人物传记太多了。既然是记录自己这些年来项目管理之路的所感所悟和成长及收获，那还不如就写自己及身边的真人真事，把自己在项目管理这条路上踩过的坑、犯过的错，以总结、提炼、沉淀的方式方法，用最真挚的语言，投入最真挚的情感，结合一个个真实的案例和故事，融入专业的项目管理理论，展现切实可行的实践，书写职场最真实的经历，或许这样才更接地气。

因此，全书是以时间为主轴，以应届毕业生徐州的职场经历为主线，以真实的案例和故事形式来呈现，讲述一个职场菜鸟，凭着勤奋和一股子永不服输的拼劲儿，一直认真地准备，刻意地追求自己的梦想，历经了私企、外企、民企的磨炼，完成了从音视频到通信设备再到互联网及游戏行业的转变。在进入梦想中的互联网公司腾讯后，以主人翁的精神顺势而为，在互联网大时代发展的背景下，不断思考自己未来的职业发展方向，重新启航，最终从测试转岗项目管理，并成功晋级腾讯高级项目经理。

因此，这不是一本教你如何升职加薪的职场小说，也不是一本记录互联网白领奋斗点滴的个人传记，更不是一本专业的测试和项目管理的书籍。它是一本务实的、脚踏实地的，将枯燥的测试和项目管理的理论知识，以真实经历的案例和讲故事的形式，融入日常工作中的书，更是一个职场菜鸟先从事测试工作，后成功转为项目管理的十多年奋斗和成长的职场启示录。本书共十章，可归纳为两部分：第一部分（前三章）介绍的是一个连测试是什么都不懂的职场新人，逐步成长为腾讯游戏的测试经理的历程；第二部分（后七章）着重介绍转岗项目管理之后，作为项目管理菜鸟，如何一步步晋级腾讯高级项目经理的历程。

之所以使用身边真实的案例和故事的方式完成这本书，主要目的在于告诉广大读者及志同道合的朋友，测试行业并不是枯燥无味的，项目管理理论知识更不是学起来犯困、实践起来水土不服的说教，而是蕴藏在每一个实际的案例和故事中，是鲜活而灵动的。尤其是当前市面上有太多纯讲项目管理知识理论的书籍，但真正结合身边真实案例和故事来介绍项目管理知识体系的少之又少，真正讲游戏项目和互联网项目管理的则更少。通过读这本书，读者朋友们可以从另一个视角来更全面、更深入地学习和了解项目管理，了解项目管理的知识框架体系，了解游戏项目及互联网产品的项目管理过程；也可以从一个个真实的场景、案例和故事里面看到自己的影子，学会在不同的处境中借鉴、参考类似的方式方法解决你在项目管理中遇到的问题。

但愿本书能够给广大读者带来益处，但愿能给大家带来一些思考和借鉴。佛法云："功不唐捐，玉汝于成。"当经历困境而依然坚持、坚定、坚信地在项目管理的道路上继续前行的时候，前方的路虽然漫长但并不会孤单，请带上自信和快乐，坚定地前行，我们也将一路同行，在互联网的大时代，一起走进属于自己的项目管理之旅！

一路走来，特别感谢 Anson、David、Horace、Jasper、Chen Qian、Joe、Iris 在工作中给予我的指导和认可；感谢我的好朋友郑双明、尹影影、朱宇、马莉、刘珊在我写作过程中的鼓励和支持；感谢公司 KM 平台和各公众号同事的大力推荐和认可；感谢中国电力出版社王兴钊编辑、李静编辑，以及出版社的同人给予的指导和斧正。

写作的过程中，占用了大量晚上和周末的时间，所以要特别感谢我的父母、爱人和孩子对我的理解和支持。因为有你们，我的世界才无比精彩！

最后，还要感谢我的挚友吴国民、华侨、胡四江，从毕业后落脚的第一站东莞，到扎根深圳，给了我许多无微不至的关怀和帮助，感恩一路有你们。

徐州

2019 年 3 月 25 日于深圳南山科兴科学园

# 目录

# 第一章

## 入行软件测试，
## 开启职业生涯

## "撒网行动"迎来第一份工作

2007 年 7 月 9 日，东莞长安这一天的天气异常闷热，起了个大早，不到 7 点钟就赶往了东莞南城的招聘会现场。4 个小时，才投递出去两份简历，一种失落感油然而生，这已经是来东莞后第三周类似的场景了。

此时已经是下午 2 点多，午饭还没有吃的我丝毫没有饥饿感。回顾着这三周的种种经历，这种依托人才市场投递简历的方式，收效甚微，而且需要奔波于东莞各个乡镇，我怀疑这里不是自己职业生涯真正开启的地方。正当愁眉不展的时候，手机响起熟悉的铃声，在好友的一番劝说下，我带着一种失落的心情踏上了开往深圳的大巴。原本以为只是过来和朋友们聚聚，散散心，可没曾想，这一来就再也没有离开过深圳。也正是这一个小小的决定，改变了我的职业定位，甚至可以说是改变了我的一生。

人生就是一个不断选择的过程，很多时候偶然的背后也是必然。人们都说：**上帝关闭一扇门的同时又为你打开一扇窗，其实打开的并不一定只是一扇窗，或许是一扇更大的门**。我不知道，当时如果继续留在东莞找工作，今天会是什么样。因为没有人可以预知未来的路，何况是一个个刚刚毕业混迹职场的菜鸟，但我知道，即将开启的是另一番独特的风景画面。

还记得当初大专毕业后，我并没有直接去找工作，顶着亲朋好友给的巨大压力，坚持专升本①，继续读了两年的本科，拿到了本科毕业证书和学士学位，而这次的选择，才有了通往这一扇大门的基础。我并没有学历歧视，只是觉得，学历在初始阶段，是基础的敲门砖。事实依然是很残酷的，

---

① 专升本：先读的三年专科，专科毕业后，同年 7 月份，经过省教育局的统一考试，分数线达标后入学本科阶段，同年 9 月跟着本科阶段的大三学生再学习两年至毕业。这和自考本科还是有一定的区别。

没有名校光环，毕业的那一年，不要说签约，就连到学校招聘的公司和单位都少之又少，而我更是连一次面试的机会都没有。也许，这就注定了我要奔波，注定了要和这近 500 万（2007 年毕业的大学生数量是 495 万）的同龄人"相爱相搏"。

就这样，7 月 9 日，成了我永远铭记的日子，从深圳启航，开始了自己未来的路。那年那月，20 多天的时间，我开始了"撒网行动"——海投简历。白天奔波在深圳的各大写字楼，感受着这个城市每天的变化，晚上回来记录着每天经历的点点滴滴，分析得与失，而我也慢慢发觉，这是一个做梦、造梦、追梦的地方。繁华的大都市，催人奋进的生活快节奏，还有一同为梦想拼搏的千万同龄人大军，作为这个城市的独立"符号"，原来我早已融入其中。 20 多天的日子里，投递过无数封简历，也经历过无数次的打击和失败，但我一直在坚持，而且既然选择了，唯有坚持；一直在等待，等待失望后的下一个就可能是希望。"皇天不负有心人"，终于在 7 月 31 日那天，我接到面试通过的电话，通知我随时可以去上班。在得知面试通过的那一刹那，我坚信，**人生之旅贵在坚持，等待有时候也是一种幸福。**

多年后，当我作为 TM（Test Manager，测试经理）招聘的时候就在想，如果时光可以倒流，可能那个无边等待、无尽失望的海投经历，似乎可以做得更好：

（1）每天晚上 11 点半以后，或者早上 7 点钟之前海量投递简历。

（2）找寻目标岗位，将目标岗位的能力要求和职责的关键词提取出来，补充到简历中，增加搜索曝光度。

（3）自己非常有意向加入的大公司或好的平台，要仔细研究岗位要求和能力匹配，最好是可以单独地做相应的简历投递。

（4）在接到面试电话的时候，要仔细确认清楚是哪家公司，预约的时间、地点，到了之后面试接待人是谁。

（5）因为是海投，可能会同时接到很多面试邀请，这个时候要排好时间，不能有面试时间冲突，否则容易错过机会。一般和面试电话邀请人沟通好，都没有什么问题。我在那个时候面试就出现过一次一天 4 个面试的情况，结果不仅把自己累得半死，而且大夏天匆匆忙忙地赶路，第一印象和面试效果就非常地不好。

（6）面试前要对应聘公司进行详细的了解，做足准备工作，尤其是对公司的背景和岗位职责要求、能力要求，做到心里有数，有备无患。

（7）面试是相互的，不能总是被对方考察，你也可以考察对方。比如面试招待、工作场景和环境。还有很重要的一点，要准备问面试官的问题。

（8）注意仪容仪表，第一印象是加分项，不迟到，保持镇定和自信。

## 被动入行测试是机会也是挑战

在接到面试通过的电话时，HR（Human Resource，人力资源）部门的人说可以等到下周再去报到，但我那颗躁动的心早就想投入工作中去了。因此第二天，即 8 月 1 日，就正式去报到了。话说第一家上班的写字楼也挺有意思的——上步大厦。我还窃喜，上步上步，这不是意味着我要更上一步吗！这下"英雄"终于有用武之地了，要好好地大干一番。但后来发生的事情，让我有了全新的认识。

入职的这家公司叫作海威讯，公司规模 20 多个人，从事的是高清播放机、车载移动电视相关产品的方案研发，就是大家所说的小公司、私企，所以手续办理起来非常简单。入职手续办完之后，前台秘书带我到已经安排好的办公位。此情此景，我想象着多少次在电视剧里面常看到的员工办公的场景——一台电脑、一个办公桌、独立的卡位如今就在眼前。

因为是做产品的方案研发和设计，也就是说，公司是提供研发方案和技术支持的，而我初始的岗位是技术支持，对口汇报的上级是市场部经理老张。老张表面上看起来是个非常面善的人，平时也是笑呵呵的，但其实对下属的要求非常严格，甚至可以用"严苛"一词来形容了。刚开始的一个月，我初出茅庐，对什么都好奇，最关键的一点是，具体执行的工作并不多，只是跟着老张到处拜访客户，吃饭，还有工资拿，感觉这工作很爽啊。然而，始料不及的是研发部一位测试人员转岗软件开发了，技术支持暂时没有什么具体的工作，这个时候，老板想到了我这一个月来的表现还可以，和市场经理商量后，安排我去接替。就这样，我被安排开始负责产品的测试工作。可以说，我完全没有心理准备。测试？软件测试？是个什么岗位？从哪里入手？完全没有概念。

我不知道职场的新人，有多少人在刚开始的时候是被迫安排到不同的岗位的，可能一开始是迫于无奈的选择，但今天再换个角度来看，也并非是坏事。对于我来说，恰恰是因为这次的被动安排，不仅开启了全新的职业生涯，而且为后来走向大公司、大平台奠定了基础。喜剧大师卓别林说过："时间是伟大的作者，她能写出未来的结局！"

既然已经安排好了，我就只能硬着头皮上。我当时考虑更多的是自己主要的弱项在哪里，会有哪些机会。主要的劣势在于，我根本不懂软件测试是什么，还有音视频这些专业技术需要重点关注什么……满脑子都是空白的；而机会，在当时的理解是比技术支持会更偏技术，可以深入地学习了解产品的设计框架，还可以和开发人员更多地沟通交流，代码方面也可以有相应的学习。作为刚毕业不久的职场新人，有机会多学习学习技术，哪怕是有机会再转回技术支持，那也是有技术功底了。

后来进入腾讯才知道，这叫 SWOT 分析法，也叫态势分析法，如图 1-1 所示。就是将与研究对象密切相关的各种主要内部优势、劣势，以及外部的机会和威胁等，通过调查列举出来，并依照矩阵形式排列，然后用系统分析的思想，把各种因素相互匹配起来加以分析，从中得出一系列相应的结论，而结论通常带有一定的决策性。运用这种方法，可以对研究对象所处的情景进行全面、系统、准确的研究，从而根据研究结果制定相应的发展战略、计划及对策等。

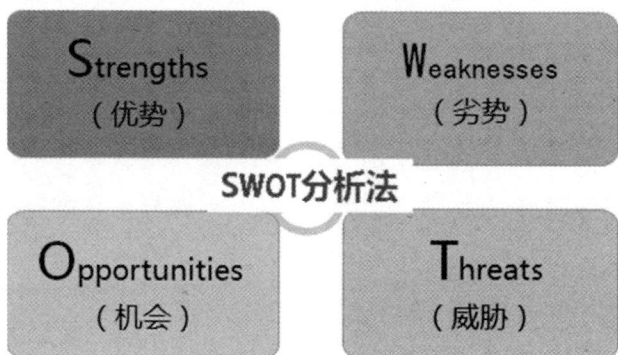

图 1-1  SWOT 分析法

那么对于我当时的情况，现在来看，会更详细地做如下分析：

- 优势（Strengths）：刚刚毕业，初生牛犊不怕虎，精力充沛，学习能力强。

- 劣势（Weaknesses）：不懂什么是软件测试，不知道要学习什么知识。

- 机会（Opportunities）：可以全面地接触到产品的技术方案和实现框架，可以和开发人员沟通交流，可以学习到代码相关知识。

- 威胁（Threats）：都说第一份工作会对后面职业生涯有很大的影响，从事了软件测试工作，后面要是换工作会不会被市场认可；做不好的话，不能加薪，甚至还可能失业。

通过以上分析，可以清晰地把握全局，分析自己在资源方面的优势与劣势，把握环境提供的机会，防范可能存在的风险与威胁，这样便于在后续的工作中更好地开展和提升。同样，当你在职场中遇到抉择的时候，不妨也多用一用 SWOT 分析，扬长避短。你也可以试试用 SWOT 分析一下你的职业目标或人生目标，甚至恋爱目标，如图 1-2 所示。

图 1-2　SWOT 分析职业目标

分析完，再用 SWOT 内外条件交叉矩阵制定自己可执行的路径，如图 1-3 所示。

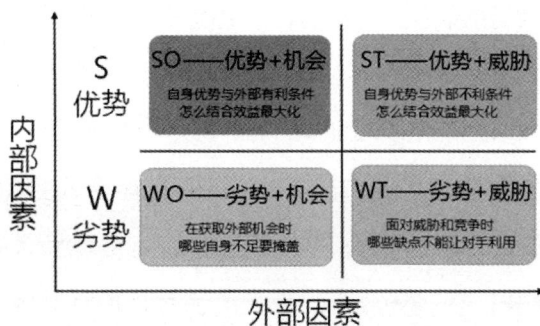

图 1-3　SWOT 内外条件交叉矩阵

经过分析之后，我开始初步学习软件测试相关的知识。那个时候，其实心还是有点浮躁的，尤其没有系统地学习过这些软件测试相关的知识，感觉有点吃力，并不是说这些东西学习起来很难，而是在于，不知道从哪个维度开始学习，也就造成一会儿看这个，一会儿看那个，一天天学下来，并没有什么特别的收获。就这样过了不到两周的时间，该发生的事情终究还是发生了。那天早上我坐在办公位上，远远地就看到老张气冲冲地走过来，我就开始预感没有什么好事了，因为连日来的设备版本测试，没有一点儿进展。果不其然，他把我叫到了会议室，开始了一顿痛批。这是入职近4个月以来，第一次遭遇顶头上司的批评，作为一个新人，心里有极大的委屈。只记得我当时以微弱的声音说道："我很努力在学软件测试的知识和技能，也没有同事引导我怎么学，我也不懂怎么去界定这些音频和视频有没有问题。"这下老张更怒了："你不懂，不会主动问吗？做好测试只学软件测试有什么用，要结合产品本身的知识才行。"

现在想来，那是我入职以来的"黑色一周"，多次被老张拉到"小黑屋"里面，一方面痛批着我，另一方面也教我怎么有效地开展工作和学习，怎么将工作和学习结合起来，而我在老张的训批之后，那颗不服输的心一直在告诫自己："我就不信，不就是设备的软件测试吗，我就证明给你们看。"接下来我就开始利用各种空闲时间，恶补音视频的知识（行业知识、产品知识），这才发现我们看的视频、听的音频还有这么多专业技术，包括音视频的格式（AVI、MP4、MOV、RM、RMVB、MPEG）、分辨率（标清、高清、超清、蓝光），每个格式和音频都有不同的组合，可想测试的复杂度，难怪一开始测试高清播放机时，拿到机器搭建好环境后，开始播放片源，有些可以播放出来，有些播放不出来，或者有些是有图像没有声音，然后就蒙了，程序员也是各种吐槽，耗费了大量的时间来定位。学习了这些产品专业知识后我才知道，播放不了或者没有声音，是因为代码不支持某种格式或者是某两种格式的组合，原来事情也没有想象中的那么难。

可能很多刚毕业出来的新人会遇到这样的情况，一开始不知道怎么去学习，毕竟在学校学习的时候，课程都是已经安排好的，而毕业之后，只能靠自己主动学习，根据工作的需要补充足够的知识，并且要多多了解行业的动态，提前学习相关的知识。所以说并不是大学毕业了，我们就不要学习了，相反，真正参加工作了，你如果想在3~5年内脱颖而出，就必须认真、主动地去学习，而且要尽可能前瞻性地去学习。在职场，**你不认真，**

没有人会为你买单；你不主动，没有人可以真正手把手地教你。主动学习、主动询问，才是快速成长的途径之一。后来离开这家公司，其实心里挺感激老张的，因为是他带我入了行，在他的骂声中，我逐渐清楚了方向，是他让我明白，每一份工作都不简单；是他让我明白，真正要做好一份工作，不仅要不断学习和掌握相关的技术和技能，还需要深入学习和掌握行业、产品方面的知识，这样才能持久保持你的核心竞争力。此外，我想说，如果你有一位"骂"你的上司，请懂得珍惜！虽然在当时你心里会很不舒服，但事后一定要好好地去想想，你会得到意想不到的收获。

两个月后，我终于有了突破性进展，老张也会心地笑了，把我交给了新来的研发部经理老李。在老李的带领下，我逐步整理了产品测试的Checklist（专业术语叫测试用例）、环境搭建手册等一系列测试相关的文档；梳理了缺陷提交流程和问题解决流程等测试相关流程；组建了测试小梯队，算是初步搭建起了研发部测试组的框架。也因此，在后面的 3 个月里，我不仅获得了部门经理、老板还有客户的认可，工资也完成了三级跳。

年轻的心，总归还是躁动的。对于刚刚毕业的菜鸟，其实我一开始并没有什么职业规划，但有一点是清楚的，这里并不是我想追求的平台。我也期望可以有更加系统的学习，更多的项目锻炼的机会和成长的机会。就这样，在第一家公司工作了 8 个月后，我毅然地选择了离开，开始新的征程。

## 飞利浦大平台带给的启示录

机遇总是青睐有准备的人，毕业后的第二份工作，我进入飞利浦电子（深圳）有限公司工作。飞利浦（PHILIPS）是一家外资企业，毕业不到一年我就有幸进入外企这样的大平台工作，兴奋之情溢于言表。如我所预期的一样，入职后的一周内，我就感受到了大平台的魅力。不仅公司的架构、部门的权责清晰、明了，还有专门的测试部门，最关键的是，对应负责测试的产品，都会有针对性的培训。这一下子让我激情满满，因为终于可以系统地、有节奏地学习了，我也暗下决心，要充分借助这个平台来助力我的职业之路。

刚开始的时候还是很有挑战性的。一方面是工作环境，除了沟通交流上很少用英语，其他全部是英文的工作环境，包括 Window 的操作系统、产品的需求说明、执行的测试用例、提交缺陷及各个工具的使用；另一方面，测试的新项目是网络音频播放机，除了要学习和掌握音频的格式和编码外，还要深入学习和掌握 Wi-Fi、UPnP、Internet radio 等相关知识，但这些终究是一个过程。随着时间的推移，工作环境也好，产品所必须掌握的知识也罢，仅从事测试执行方面的工作，是不用耗费太多精力的。所以，不可否认，很长的一段时间，我在工作上非常轻松，甚至可以说，是边学习边培训边工作的节奏，而且不用加班，真正的"朝九晚五"；生活上，不用挤公交车（班车接送），下班的时间自由支配，各种团建、KTV，丰富多彩。

几个月下来，无论是工作、学习还是生活，都比之前有了一个质的提升，在和同学、朋友聚会谈起这些的时候，我都眉飞色舞，沉浸其中，仿佛成功就在眼前，升职加薪就像是分分钟的事情一样。殊不知，那是一种多么盲目和自大的表现。人们都说"人无远虑必有近忧"，何况 2008 年正是金融危机爆发的时候，而伴随项目的锐减，我慢慢有了一种危机感，难道这么悠闲的工作氛围，一天到晚实际并没有太多工作上的事情就真的是我所期望的，或者说是适合未来的职业规划吗？直到经过一次小组聚餐的两个半小时的交流，我才真正地有所启示。

那是一个难忘的夜晚，是一个受益匪浅的夜晚，更是一个又一次认识自我的夜晚。两个半小时的交流谈论，是以飞利浦的一个测试主管和部门的项目经理为中心的，他们都具备好几年的工作经验，在飞利浦待的时间也比我和其他同事长，且在公司都有一定的成绩和位置。他们在谈论中，都提到了一个问题：飞利浦这个平台一开始会给予你很多新的知识、很多挑战，有很多可以学习的东西，但作为一名测试执行人员（开始一两年，在软件测试行业，大多数的新人都是以测试执行为主），在一个小组内，都做相同的执行工作，而且一个项目周期内，都做着这类重复的事情，为什么一段时间后，有些成员可以脱颖而出，不论是执行的效率，提交缺陷的质量，都会优于其他人？还有，一些测试文档、测试用例，别人的设计思路是怎样的，为什么要这样设计？你是否有新的设计方案和新的设计思路？在具体执行过程中，为什么要这么去界定测试执行的步骤，有更优的操作和执行方法吗？如何提交一个更优的缺陷？为什么要做测试计划，计划的目的是什么？如果让你来做一份测试的计划，你会如何做？

这一系列问题，犹如惊雷般地敲打着我，原来在飞利浦整整 8 个月以来，我从来没有认真地去思考过这些问题，只是按部就班地上班、培训、学习、执行用例。我自以为有了飞利浦这个大平台为依托，将来哪怕是再换工作，也是一面金字招牌。这不禁让我想起一句话：**"在现代社会，缺乏的不是激情反而是克制和冷静。"** 他们的一席话语，让我更加清楚地认识到**"自己才是责任的最后承担者"**，无论在何时何地何公司，自己永远都要对自己负责，不要把希望寄托于他人，尤其是自己的成长之路。激情对于我来说，从未丢弃过，可真正克制和冷静过吗？显然是没有，要不然也不会飘飘然，更不会盲目和自大。而另一位同事说道："如果将来从飞利浦走出去，还只是做一名测试执行人员，或者待遇没有大幅度地提升，那和有没有在飞利浦待过又有什么区别。"

不得不说，从进入飞利浦到这次的交流沟通，这个大平台确实给了我很多新的认识，包括我自己眼界和格局的提升，这绝对是我一生宝贵的财富。我知道，作为一个刚毕业的新人，借助平台发力，是个很好的选择。

但作为职场人，更应该认识到，平台是平台，你是你。离开平台的你，可能什么也不是。**人贵在有自知之明**，我认为这是一种更加积极的心态，毕竟自知是这个世界上最难的东西，因为这不仅需要我们随时随地进行自我评估，还要有敢于否定自己的勇气。所以，在这次谈话交流之后，我开始思考平台真正带给我的是什么，我又要从平台带走什么，抑或将来离开了这个平台，我又是怎样的一个我。

"**只要你从现在开始，任何时候都不晚。**"我很喜欢这句话。在这次沟通交流之后，我开始重新审视自己，总结了过去一段时间的得与失。不可否认，进入软件测试这个行业的门槛相对来说是比较低的，我和大部分开始测试职业生涯的新人一样，都是从测试执行开始，但当你真正审视这条路，乃至你职业发展的时候，比如说，未来三五年甚至十年，需要达到一个什么样的高度或者位置，这些其实并不是容易的事情。作为一名测试人员，我们始终要想的一个问题是，我们的核心竞争力是什么？

关于这个问题，在当时我并没有太多的概念，或者说根本就没有去想过这样的问题。真正有所领悟是在进入腾讯后，在担任 TM 期间，独立负责《英雄杀》游戏项目的时候才明白。那么，测试人员的核心竞争力是什么呢？那就是"**提前发现参与研发过程中的其他人员所无法发现的问题**"。这里面有两个关键词。一是"提前"：问题发现得越早，解决的成本越低。如果一个需求在还未实现的时候就能发现需求的漏洞，那么这种问题的价值是最高的。二是"别人无法发现"：所有人都能发现的问题，你发现了，那就证明你是可以被替代的，但提前发现和发现别人无法发现的问题，并不是一蹴而就的，这需要在这个领域里面持续地深耕，正如此前提到的，我们不仅要持续和深入学习软件测试技术相关的技能知识，还需要学习与产品相关或行业相关的知识。

想必刚刚入行软件测试的职场人，大多是从黑盒测试做起的，相比白盒测试需要懂代码，黑盒测试只要能执行用例就可以了。当你越做越深的时候你会发现，这是对软件测试的一种误解。这里结合我多年的经验，先谈谈我对测试的理解，供大家参考。我们知道，软件测试是在规定的条件下对程序进行操作，以发现程序错误，衡量软件质量，并对其是否能满足设计要求进行评估的过程。**软件测试的目的在于发现 bug（缺陷）**。而进行黑盒测试和白盒测试只是从是否关心软件内部结构和具体实现的角度划分，结合表 1-1，可发现它们各有优劣。

表 1-1　黑盒测试和白盒测试

| 分类 | 概　　念 | 测试方法 | 优　　点 | 缺　　点 |
|---|---|---|---|---|
| 黑盒测试 | 是通过使用整个软件或某种软件功能来严格地测试，而没有通过检查程序的源代码或者很清楚地了解该软件的源代码程序具体是怎样设计的 | 具体的黑盒测试用例设计方法包括等价类划分法、边界值分析法、错误推测法、因果图法、判定表驱动法、正交试验设计法、功能图法等 | （1）对于较大的代码单元来说，黑盒测试比白盒测试效率较高<br>（2）测试人员不需要了解细节，包括特定的编程语言<br>（3）测试人员和开发人员是彼此独立的<br>（4）从用户的角度测试，很容易被理解和接受<br>（5）有助于暴露与任务规格不一致或者有歧义的地方<br>（6）测试用例可以在需求规格完成之后马上执行 | （1）结果取决于测试用例的设计，测试用例的设计部分优势来源于经验<br>（2）测试的只有一小部分，不可能测试全部输入<br>（3）没有清楚和简明的需求规格说明书，测试用例很难设计<br>（4）很多测试路径没有测试到<br>（5）不能直接对特定程序段进行测试，改程序段可能隐藏更多错误 |

续表

| 分类 | 概　念 | 测试方法 | 优　点 | 缺　点 |
|---|---|---|---|---|
| 白盒测试 | 通过程序的源代码进行测试而不使用用户界面。这种类型的测试需要从代码句法发现内部代码在算法、溢出、路径、条件等的缺点或者错误，进而加以修正 | 测试方法有代码检查法、静态结构分析法、静态质量度量法、逻辑覆盖法、基本路径测试法、域测试、符号测试、Z路径覆盖、程序变异 | （1）迫使测试人员去仔细思考软件的实现（2）可以检测代码中的每条分支和路径（3）揭示隐藏在代码中的错误（4）对代码的测试比较彻底（5）最优化 | （1）测试投入较大，成本较高（2）无法检测代码中遗漏的路径和数据敏感性错误（3）不验证规格的正确性 |

所以说，即便你现在是做黑盒测试（功能测试），自己给自己的定位要非常准确，不要觉得自己低人一等，事实上，当你真正领悟软件测试的核心竞争力时，在一个项目里，作为质量的守门员，你是有足够的话语权的，因为你是对整个项目框架和需求最清楚的人。这也是我在华为技术有限公司（以下简称"华为"）做外包测试一年时，非常有感触的一个方面。如果你做不到这一点，自然没有足够的底气去和产品、开发人员PK。换一种方式说，如果一个需求还在开发期间你就能有见地地提出可能的问题或风险，或在测试期间发现别人都发现不了的问题，而且是至关重要的、有价值的问题，项目组成员自然也就会更加尊重你。所以说，话语权并不是别人给的，而是靠自己去争取、去赚取的。

2008年的金融危机还是影响到了飞利浦的相关产品，随着产品的锐减，测试部门的人力也在逐步地削减，当被告知一年合同到期不续约时（其实是裁员），我突然发现我可以很坦然地面对，或许这在当时来说也是一种成长吧，至少让我更加认清现实，认清平台并不代表我自己。另一方面，坦然面对的前提在于，我抓住了后面几个月的学习时间和机会，我可以很骄傲地离开这个平台，没有失落，更多的是一种感恩，感恩这个平台，感恩这里的人，感恩这一年来经历的事。每个平台，每个职场的经历，都是一次次的积累，但不仅仅是知识和阅历的叠加，而应该是对这些知识和阅历进行有机的整合，让它们助力你的职场生涯。

## 华为外包测试也可以干得出色

有句老话："选择不对，努力白费。"当我们踏入社会，步入茫茫人海时，何时才能找到自己的位置，何时才能找到真正的自我？我不知道，也许从一开始就不知道自己的兴趣究竟在哪里。只有通过尝试，通过摸索，才能在漫长的岁月中寻找到真正属于自己的舞台。就像当初被安排到软件测试这个岗位时，也不知道是不是可以持续干下去，当在飞利浦这个平台逐渐找到自我，逐渐发觉，原来做测试也有很多的乐趣，也可以创造价值并体现自己的价值时，我慢慢地坚信了继续走这条路。

离开飞利浦后，其实我还有一个短暂的创业经历，虽然最后以失败告终，但至少证明一点，在人生旅途这条路上面，要有自知之明，也要脚踏实地。

回到深圳后，我再次开始了海投简历，但这次明显和之前不同，有了飞利浦大平台的光环，简历投出去后的第三天，就有不间断的电话面试邀请，就业的选择更加主动了。在历经一番筛选之后，我选择了一家软件外包公司，原因在于可以外派我常驻华为总部（深圳坂田）工作。相信对于刚毕业不久的职场新人来说，华为是多少人心目中理想的平台。当时也没有考虑太多福利待遇，主要是抱着学习的心态，而且可以身临其境感受外界传说的狼文化，说不定会有另外一番收获。事实证明我的选择是对的，抛开身份，重要的是我自己的定位，哪怕是外包①测试，也可以干得出色。

入职那天的深圳已是秋意浓浓，一路跟着接待导师穿过整个园区走向办公区，有紧张，有惊叹，也有惊喜。紧张的是，以外包人员的身份，第一次走进多少人梦寐以求的民企翘楚——华为；惊叹的是，园区里面和园区外面，简直天壤之别；惊喜的是，可以在这么好的环境下工作，并接受狼文化的洗涤，我做好了充分的准备。

入职的第一周，作为新人，并没有立即就投入工作中去，而是开始了整整两周的培训计划。项目组不仅安排了一对一导师全程跟进，还有每天满满的培训内容，而且每天的针对性培训计划，并不是放羊式地给我们一些项目信息和产品资料看看就完事，而是需要在每天下午 5 点，准时开始轮流讲解当天所学习的知识。在学习班主任宣布完这个制度后，我心里多少有点忐忑，毕竟这是在职场这两年来，首次经历这样的一种培训方式。如果说当时在飞利浦，公司和部门安排的培训是为了让我们快速地了解产品的知识体系，那么在华为的这一周，是更深层次地促进我们如何更好地去学习，并将所学能够通过演讲的方式呈现出来，达到学以致用。因此，这是让我印象非常深刻的对新员工的培训方式。多年后，我在腾讯带外包测试团队的时候，也借鉴了这种培训方式，效果非常好，后面会详细介绍。

紧张但很有收获的两周很快就过去了，每天都是激情满满，因为每天都有收获，每天都有压力和挑战，因为不仅要学习和掌握产品相关的知识，还需要给项目成员讲解当天所学所感。培训结束后，我被分配到了 WLAN

---

① 外包，在当时的软件测试行业是一种比较普遍的人力外派方式，被外派的人力是和外包公司签订劳动合同的，被派驻的公司只负责具体项目上的管理，工作环境和工作内容差别不大，但待遇和实际的权限则很受限。

项目组( 无线局域网项目组 )，极强的目标导向，使得我很快就进入了状态，这或许就是华为狼文化某个极小的体现。记得还没有进入华为的时候，我就了解到，所谓**狼性**，是极度敏锐的嗅觉，强烈的目标导向，不达目的誓不罢休的精神，为达目的不择手段的狠辣，达不成时毫不容情的问责。而狼文化，也深刻塑造了华为人坚韧拼搏、永不言败的奋斗精神。这种精神，令他们能在新领域披荆斩棘，无往不利。两周有针对性和目标导向的学习、培训，让新员工快速进入工作状态，只是狼文化一个很小方面的体现。接下来的一件事，让我深深感受到了这种狼文化的魅力。

那是 2009 年 12 月初，我和另一位同事加入了联通项目 PK 测试。之所以说是联通项目 PK 测试，是因为当时北京联通公司要在北京的多个场所布局 Wi-Fi 热点，他们需要选定最佳 AC（接入控制器，批量控制 AP 的无线局域网设备）和组网方案，而当时华为和中兴通讯两大通信巨头，都在为争取拿下这个项目进行 PK。自从加入这个项目的测试开始，全封闭式开发（全项目组的人吃喝睡都在一起），两班倒，周末无休，甚至通宵，持续 20 多天，全项目组的人为了拿下联通这个项目，没有任何人有过半句怨言，都在持续为之奋斗着，不仅如此，而且每个人都干劲十足。最终我们的方案在 PK 中胜出，北京联通公司选定的是华为 WLAN 项目提供的 AC 设备及组网方案。从这个项目 PK 的过程中，我们可以更深刻地感受到，华为创始人任正非对狼文化的三大特征的归纳：一是要有敏锐的嗅觉；二是要不屈不挠、奋不顾身的进攻精神；三是群体奋斗。

不得不承认，在初始的几天时间里，因为我是以一个外包测试人员的身份进入的，一方面是不习惯，另一方面觉得他们怎么会这么拼，不是很理解。但随着时间的推移，我慢慢地习惯了，慢慢地融入他们当中，也摒弃了外包的外衣，和他们一起并肩战斗。不知道从什么时候开始，我突然很享受这样的拼搏过程，是团队的认可，是管理层的认可，也是自信的一种表现，让我觉得我早已不是一个外包测试人员。项目 PK 测试结束后，我想我最大的收获之一就是不再给自己打标签，我就是项目组重要的一员，从安排加入项目 PK 开始就是，也是因为如此，我开始学会给自己定位；第二个收获是对华为狼文化有了新的认识——**目标导向，拒绝借口**！

虽然我不相信命运，但有时候，我还是会想，上天的确待我不薄。在进入联通项目 PK 测试期间，尽管每天压力很大，尽管初期每天都会受到一些训斥，但对我自己，无论是在技能还是在人际沟通方面，都是一个大大的提升和突破，这也是我快速成长起来的一个非常重要的原因。当然，也为后来独当一面起了非常重要的作用。第二年 3 月，项目组华为正式编制的员工陆续转岗了，我的导师也因为个人原因申请调回上海工作，整个 WALN 项目测试组大部分是外包人员。项目测试负责人并没有刻意地安排谁谁谁去承担什么工作，但我知道，这其实是一次非常好的机会。因此，在接下来的一系列工作中，我也更加地积极主动、身先士卒，包括准备培训材料、编写新仪器的使用指南、执行和修改测试用例、帮助新加入的同事一起学习、向系统架构工程师学习组网、空余时间深入研究组网的架构和细节。就这样，一点点，一天天，慢慢地在项目中脱颖而出。刚开始去主动承担这些事情时，确实有些不习惯，但**不习惯的时候也就是成长的时候**，尤其是在压力大的时候，我也会自我激励。付出总会有回报，在 WLAN 项目组的后面几个月中，也是一个自我证明的过程。原来，我一个外包测试人员，也可以做得很好。如果你还在介意自己是外包测试人员身份的测试朋友们，请给自己正名，请给你自己一个正向的定位，你给自己定位是什么，你就会是什么。

2010 年的那个暑假，感觉过得非常快，因为南非世界杯，牵动着数以万计的球迷，虽然仍然没有中国足球的影子，但丝毫不影响我们闲暇之余的谈论。前世界冠军法国队、意大利队都在小组赛折戟，西班牙获得了他们历史上的首个世界杯冠军头衔，这也是欧洲球队首次在欧洲之外的国家举办的世界杯上夺冠。足球的精彩和魅力或许就在于此，只有球场上形成合力，团队奔着统一的目标，才有赢的可能。在观看世界杯的一个月里，我们 WLAN 项目组陆续接到了各种订单，先后派驻同事去了云南昆明等城市，为开通无线局域网助力。

2010 年 8 月 6 日的这一天，我突然接到通知，项目组要派我飞往北京参与联通 WLAN 商用局业务开通项目，有些惊讶，更有一种感动，我知道，不管是出于什么原因，至少是一种信任，是一种认可。而这次差旅，也是我人生中第一次乘飞机，第一次去北京，心里还是有些小激动。激动归激动，到北京后，优先考虑的还是项目的开展，初次接触这么大的项目，是挑战，更是机会。如今，我仍然清晰地记得第一次去见北京联通公司高管时的那种青涩；仍然记得第一次当着联通公司高层开通皇城根 Wi-Fi 热点时的那种紧张和兴奋；仍然记得和华为分公司 WLAN 项目接口人争论得面红耳赤，只为达成共同的项目目标；仍然记得带着 7 人小团队，负责其他各个局点开通的场景。

整整 3 个月，北京联通 WLAN 商用局一期会战顺利结束。在项目领导安排我 11 月 7 日返回深圳时，心里却有一种说不出的味道。也许只有离别的时刻，才感知那份难舍难分！那是我和他们在一起为开通各个局点共同奋战的 90 来天，我们有过争吵，有过冲突，有过近乎苛刻，甚至在初始还有过蔑视，但目标都是一致的，就是为了更好、更快地开通各个局点。我曾想，假如再给我一次这样的机会，我定然会更加职业化地去完成项目，会更加职业化地带领好我的这个小团队，也会更加虚心地引导和教导这些初入职场的新人。3 个月的经历告诉我，不枉此次北京之行。3 个月来，从刚开始接触这么一个大项目的青涩乃至感觉沟通都很困难，到如今一期工程会战顺利结束；从开始遇到问题手足无措乃至有些紧张，到如今能清晰地分析问题出现的可能和原因并有办法解决，等等，或许这就是成长吧！几个月的奋战，带着零问题返回，可以全身心轻松地返回！这是终点，更是起点！我知道，此次北京差旅，带给自己的远不止这些。即将踏上飞往深圳的班机，又将重新开始了，等待自己的是更加漫长的路。

## 职业生涯三五年的跳槽与思考

从海威讯，到飞利浦，再到华为，3 年半的时间，历经了 3 家公司。从音视频产品到网络通信设备，不同的产品、不同的行业、不同的公司、不同的文化，让我获益良多。对于刚毕业的几年，是否要多跳槽、多经历，众说纷纭，但不管怎么样，无论是跳还是不跳，前 3~5 年都是修炼内功的极佳时间，或者说是你能在公司里面学到什么，对发展是不是有利……

无论是刚刚毕业，还是你工作了很多年，我们都清楚的是：人总是从平坦中获得的教益少，从磨难中获得的教益多；从平坦中获得的教益浅，从磨难中获得的教益深。就我自己来说，在第一家公司的时候，产品的滞销，业绩的下滑，发展空间并不大（离开后的 4 个月破产），我主动离职了；在飞利浦的时候，好平台、好机遇，但遇上了金融危机，美其名曰合同到期，其实是裁员，我被动离职；在华为，虽然是和他们一起工作，感受的工作氛围、环境都是一样的，但毕竟是外包的角色，上升空间有限，我选择性地离职了。而这些，我都归结为一个人在年轻时所经历的磨难。在职场的这条路上，磨难并不可怕，如能正确视之，冲出黑暗，那就是一个值得敬慕的人。所以先练好内功，才有可能在未来攀得更高。

那么出路在哪里呢？答案是思路，抑或思维方式！其实一开始的时候，没有钱、没有经验、没有阅历、没有社会关系，这些都不可怕，对于刚刚毕业或者即便是工作几年的人来说，这些都很正常。没有钱，可以通过辛勤劳动去赚；没有经验，可以通过实践操作去总结；没有阅历，可以一步一步去积累；没有社会关系，可以一点一点去编织。但是，没有梦想、没有思路才是最可怕的，才让人感到恐惧，很想逃避！

荷马史诗《奥德赛》中有一句至理名言："没有比漫无目的地徘徊更令人无法忍受的了。"不管是主动，还是被动的跳槽，我也承认曾经在某个时间段有过自暴自弃，也有过迷茫，有过困惑。我想，初入职场，迷茫与困惑谁都会经历，恐惧与逃避谁都不可避免，但不要把迷茫与困惑当作自我放弃、甘于平庸的借口，更不要成为自怨自艾、祭奠失意的苦酒。生命需要自己去承担，命运更需要自己去把握。如果你是刚刚毕业的职场新人，有机会看到这里，我想强烈推荐一本书《没有任何借口》，这本书是当时美国西点军校每个新兵必须学习的，"没有任何借口"也是美国西点军校200年来一直奉行的行为准则。试想，我们工作中、生活中，有多少人，包括最初时我自己，一旦出现什么问题的时候，就开始给自己找各种借口。举个最简单的例子，上班或者见客户迟到了，我们总是习惯性地说"不好意思，堵车"。事实呢，这就是找借口。明知会堵车，为什么不可以早点出门，为什么不可以提前做好准备。当找的借口越来越多的时候，必然就会限制你行动的步伐。缺少了行动，只是想，那梦想就是幻想，就是白日梦；相反，你如果能付诸实际行动，梦想的种子就会生根发芽，就有可能实现的那一天。

我还记得刚开始撒网行动找工作那会儿，总是奢望马上就能找到自己理想中的工作。然而，很多好工作是无法等来的，你必须选择一份工作作为历练。职业旅程中的第一份工作，无疑是踏入社会这所大学的起点。也许你找了一份不甚满意的工作，那么从这里出发，好好地沉淀自己，从这份工作中汲取有价值的营养，厚积薄发。当然，如果你一开始就有幸签约大公司、大平台或事业单位，那么你更要时刻保持一颗谦卑的心，要认识到平台是平台，你是你。你可以充分地从平台汲取养分，借力平台，助力你的职业发展，但更要脚踏实地。

或许我是幸运的，靠着那颗永不服输的心，靠着那份坚持和努力，也遇到了比较好的导师、同事和领导，他们都在不同程度上给予我很大的帮助和提点。从华为离职后，我感觉到这 3 年半收获了很多很多，至少有着全身散发出来的一种自信。而自信的来源很重要的一点就是要有自知之明，要对自己有评价，也就是要给自己定位。你给自己的定位是什么，你就是什么。**定位能决定人生，定位能改变命运。**

路是在走着走着的过程中逐渐变得清晰的，可能一开始你的定位并不是太清晰，但大的方向要有，比如说你是持续走技术方向（或专家），还是想先沉淀几年的技术，然后转管理岗位，抑或是其他，等等。每个阶段，你都可以用 SWOT 分析法去发现和挖掘自己的兴趣爱好，去分析自己的特长和机会，充分利用好优点和机会来逐步让你的定位越来越清晰。当你对自己的定位清楚了，你想卓尔不群，那就要有鹤立鸡群的资本。而资本的积累，并不是分分钟就可以获得的，正所谓："天有下雨与日出，人生高峰与低谷。""莫为浮云遮望眼，风物长宜放眼量。"也就是说，我们都应该把眼光放长远些，哪怕是你现在处于低谷，你也要始终相信，相信自己不会一直处于人生的低谷期，总有一天能冲破重重云层。告诉自己：我并没有失败，只是暂时没有成功！只要在内心点亮一盏希望之灯，一定能驱散黑暗中的阴霾，迎来光明。

"起得比鸡早，睡得比狗晚，干得比驴多，吃得比猪差。"这是很多刚刚毕业的人喜欢用来调侃自己生活状态的话。虽然有点儿夸张，但是他们中的很多人的确一直被灰色心情所笼罩——心里永远是多云转阴。个体心理学的创始人阿尔弗雷德·阿德勒说："**我们的烦恼和痛苦都不是因为事情的本身，而是因为我们加在这些事情上的观念。**"也就是说，问题本身并不能给我们带来痛苦的感受，是我们对待它的态度导致了我们是乐观还是悲观，是积极还是消极。换个角度看人生，是一种突破、一种解脱、一种超越、一种高层次的淡泊与宁静，从而获得自由自在的快乐。人生就是一连串的抉择，每个人的前途与命运，完全把握在自己手中，只要努力，终会有成。就业也好，择业也罢，只要奋发努力，都会成功。美国作家杰克·凯鲁亚克说过一句话："我还年轻，我渴望上路。"年轻就是资本。在人生的旅途中，我们永远都是年轻人，每天都应该满怀渴望。每个人的潜能都是无限的，关键是要发现自己的潜能和正确认识自己的才能，并找到一个能充分发挥潜能的舞台。

与此同时，在这三五年内，也是培养职业化的最佳时间。职业化就是**工作状态的标准化、规范化、制度化，即在合适的时间、合适的地点用合适的方式说合适的话、做合适的事，使知识、技能、观念、思维、态度、心理等符合职业规范和标准**。简单来说，在工作中，不仅要能干，而且要肯干，肯干才是一种积极的态度；在工作中，你能够就事论事，对事不对人，不要得理不饶人，具备良好的沟通技能，为共同的目标努力。举个最简单的例子，当你发现别人指出你的问题或者指出你下属的问题时，你不再是激烈地反对，而是心平气和地倾听、了解并核实验证，给予对方积极的反馈，那么你离职业化也就不远了。所以，我觉得职业化，其实也是你在工作中成熟度的表现。

从学校毕业初入职场，难免带有几分傲气，认为自己无所不能、所向披靡。其实不然，初入职场的新人还是个"婴儿"，正处在从爬到走的成长阶段。在前三五年里，我们需要不断地去给自己定位，找准方向，坚持自我，积极主动，越来越职业化，同时逐步培养**学徒思维、海绵思维、空杯思维**，这样你的职场之路会越走越顺，越走越宽。

# 第二章

## 走进互联网巨头腾讯，
## 带梦想起航

## 意外的电话面试邀请

从北京出差回来之后，项目组已经发生了很大的变化——公司策略的调整，整个 WLAN 项目组迁移至南京，项目组大部分成员在我没有回来之前，就已经陆续分配到其他项目了。原本还想着圆满地完成了北京联通 WLAN 项目，回来之后有转正的可能（从外包转为华为正式员工），结果项目组的变化使得我又一次走在了十字路口，有很多不舍，也有些许的无奈，但又不得不面对。借着领导给我特批的三天假期，我综合分析了当前的情况：第一，转正已经是确定没有希望了；第二，项目的调整，即将面临的是什么还是个未知数；第三，BAT（百度、阿里、腾讯）的快速发展，正书写着互联网时代的辉煌。作为这个时代的一分子，我不能错过这样的一次浪潮。

基于这些分析，我有针对性地调整了简历，也开始有针对性地海投——优先互联网公司。自然而然，也向互联网公司巨头腾讯投递了简历，但也理性地分析过，对于这么大的公司，而我又是通信行业，所以投递了简历后并没有刻意地关注。直到有一天，我从深圳蛇口的一家公司面试完，坐上公交车正准备回家，我接到了一个电话。说起来，有点小戏剧性，只不过我当时没想到的是，正是这个电话，让我有机会走进了梦寐以求的腾讯。接通电话的时候，对方说道："我是腾讯公司游戏测试的 Iris[①]，想邀请你来我们公司面试。"我傻愣了一下："哪里？腾讯公司？""是啊，我们这里是腾讯。"当我还在疑惑的时候，对方又说道："想邀请你来公司面试，看你什么时候方便，晚上或周末都可以。""做游戏吗，是不是搞错了，我

---

[①] 入职后，Iris 是我在腾讯的第一位组长。组长是腾讯的一个管理级别，是一个组的 leader，所以称为 team leader，组长对应的级别为 L1-1、L1-2。

之前从事的是通信设备行业。""没关系的，你玩 QQGAME 游戏吗？""哦，QQGAME 游戏啊，这个我玩过，象棋、军棋、斗地主这些，我都有玩。""那这样，你看什么时候方便，来我们公司，我们可以当面聊聊看。"就这样半推半就地，我们约好了周六的上午去面试。要知道，当时我对游戏是没有什么兴趣的，我投递的简历是当时腾讯的无线部门（2012 年架构调整后成了 MIG，2018 年架构调整合并到了现在的 PCG），怎么游戏部门会找到我呢？我心中仍然存着疑惑，抱着试试的心态，先准备着吧。

说来也巧，回到家里看到 Iris 发来的面试邮件——QQGAME 游戏的测试岗位。对于我这种游戏菜鸟，出于对腾讯的敬畏，那也得认认真真地准备，说不定就是一次机会。周六，我按约定时间到达当时的面试地点——大族激光大厦（由于腾讯游戏业务的快速发展，腾讯租用了该大厦的办公室。当时我还以为走错了，或者又是腾讯的外包公司，因为腾讯大厦就在旁边，疑惑为什么面试安排在这里）。办理好来访手续后，我第一次走进了腾讯的办公地点，开始审视办公环境，当看到四周布满了腾讯的 logo 和公仔时，我的疑虑被打消了。Iris 热情地把我安排到了会议室，也给我倒了杯温水，这些小细节，都可以看得出一个公司的专业和态度，以及对应聘者的尊重。5 分钟后，Iris 和另一位面试官 Joe 一起过来（后来才知道，大家都尊称他为 Joe 爷），我们就正式开始面试环节。面试的英文单词是"interview"，也可以译为"互相看"，是一个互相了解、互相选择的过程。从电话邀请到面试开始，我对腾讯充满着无限的好奇，设想过很多种可能（包括笔试和面试）的场景，但当我做完自我介绍之后，没有进行笔试，也没有高姿态的发问时，我还是挺意外的，这也使得我很放松。第一个环节，我们更像初次认识的朋友间聊天，了解我过往在飞利浦和华为的经历，所担任的工作，在项目中的角色和位置；第二个环节，开始考察我专业技术方面的能力，包括用例设计、测试计划制订等方面，这些互动方面，都比预期中的要好；第三个环节，Joe 爷当面给我出了一道关于用例设计的题：
"QQGAME 游戏，进入房间的时候，有很多桌子，要对这个游戏桌子进行
测试，你会如何设计用例。"当时，我大脑飞快地运转，思考了 2~3 分钟，
把测试用例的设计方法，包括边界值法、等价类划分法、错误推测法等想
了个遍，但回答的效果仍然不理想。在他们点评完之后，我也很坦诚地回
答道："游戏方面，只会玩 QQGAME 游戏，对游戏方面的理解确实还很薄
弱，这方面的用例设计，也没有真正去思考过，但对于一个需求或系统，
用例设计的方法是通用的，而且在飞利浦和华为，也都实际参与过用例设
计和维护，我想只要给一点时间，这方面对我来说，应该不是问题。"

也许是因为我最后环节的真诚，两位面试官并没有再刻意地刁难我，
而是主动介绍了这个需求的考察点和怎么去设计的思路，介绍完之后就让
我回去等消息了。之前也听说过腾讯的一些面试流程，社招面试流程很高
效，一般情况下，第一轮面试通过就会立即进入下一轮，或者至少在 3 天
内就会有第二轮面试。然而，我回去之后，过了一周，还是没有任何消息，
回想起刚面试完复盘的结论，后面的环节回答的效果不好，估计是没有什
么希望了。没想到的是，10 天后的一个上午，一个熟悉的电话打了进来，
还是 Iris，让我周末去复试，到总监面试的环节，仍然是同一个面试的地方。
在接到这个电话后，又燃起了我对腾讯的向往，这次不仅有针对性地准备
了第一轮面试的问题，更有针对性地去玩了很多 QQGAME 的游戏，上网
查资料，也对个人简历做了精心准备。和总监（Chen Qian）的面试时间如
期而至，但这次的侧重点不一样，除了在前面了解我在专业方面的能力（软
件测试能力），更多的是针对我在北京 3 个月差旅的情况及带团队情况的详
细了解，包括期间遇到了什么问题，是如何解决的，自己的思考是什么，
有什么收获和心得体会。也许是一直以来保持的良好记录习惯吧，从北京
回来之后，我就把前后 3 个月的经历和所遇到的问题进行了梳理和汇总，

没想到在这次面试的时候用上了。面试结束后，我已经没有很刻意地去在乎是否能够被录用，因为两次的面试经历，已经收获满满，回去的路上自己很坦然，也很淡定。

生活中有时候就是这样子的，当你坦然面对的时候，往往会有意想不到的收获。又过了 10 天，我原本以为可能是没有希望了，没曾想，第 12 天晚上下班的时候，接到了腾讯人力资源（HR）的电话，正式通知给我发 offer（录用通知）。这应该是我步入职场这几年来第一个最正式的 offer。之所以这么说，是因为 HR 给我打完电话之后，还发了一封很正式的邀请邮件，内容为：经过腾讯公司层层人员的决策和判断，我们很高兴地通知您，您顺利通过了我们的面试，为此我们将为您提供符合您期望的薪资水平和其他福利。那个夜晚，我很兴奋，也很开心，因为这又一次让我相信，**上苍绝不会无视真诚的努力和追求正确的决心**！我很感恩曾经在海威讯和飞利浦的经历，很感恩在华为这一年多历经狼文化的洗涤，更感恩在北京独立带项目的 3 个月。我想我是幸运的！

看到这里，有人会问，应聘上腾讯，有没有什么秘诀。市面上、网上关于各种面试介绍的书籍，可以教我们如何着装，如何准备，但事实上，我觉得最核心的秘诀就是：做好充足的准备，充分地展示你自己，其他的一切都随缘。我在担任测试经理招聘外包测试人员时，我自己最大的感受就是，面试也是讲究缘分的，有些应试者聊着聊着就非常符合你的节拍，也能切中面试官心中的 G 点，问答互动环节，都搭着面试官的思路，那基本上就八九不离十了。当然，腾讯正式员工，面试考察得会更加全面和严谨，尤其是职级越高的人，要求会更加严格，但同样离不开默契和投缘。所以说，没有真正的秘籍，你要做的就是踏踏实实地积累和准备，认真地对待。

## 入职腾讯的初始印象

时间总是隐藏着惊喜，它总会在你不断努力之后，在你不断坚持之后，在你等待的结果中带给你意想中的收获和意想之外的收获！一夜兴奋之后，我知道，这将是一次全新的起航，是带着梦想和激情的全新旅程。

2011年1月12日这一天，天气阴沉沉且寒冷，尽管是如此的天气，却丝毫掩藏不住那种说不出的喜悦。我起了个大早，来到了腾讯大厦7楼，入职手续全自助流程，不到半个小时就办完了。从那一刻起，我正式成了腾讯的一员，挂上那个标志性蓝色工牌，一种自豪感油然而生。当拿着合同走出腾讯大厦，再次仰视这座深南大道标志性建筑时，我在想，梦想还是要有的，这不，3年后就实现了。

办完手续后，我跟着导师来到了大族激光办公区（后来整个游戏部门搬到了科兴科学园），由于此前已经来过两次，因此对环境并不陌生。在办公电脑整理好之后，导师安排先发了一封邮件，算是初次和大家见面了。没想几分钟后，组内的同事都纷纷回复邮件，表示欢迎，那是我第一次感受到大家的热情，心里暖暖的。随后导师带着我向组内同事都一一做了介绍和认识，当天中午，在导师的带领下，和组内大部分同事一起在腾讯大厦食堂吃了午餐。后来才知道，这是腾讯公司最重要的文化之一——导师责任制，每个新入职的员工，都会安排一个有经验的同事来担任导师。在初期，导师要引导新人尽快熟悉环境，融入团队；在中后期，要引导和指导新人尽快进入工作状态，担任为期3个月的培训老师。这是我在此前几家公司从未感受过的一种关怀，也是因为此，让我觉得加入腾讯这个大家庭后，没有感到丝毫的陌生，而且本来大家都是年轻人，也有更多的共同话题。导师责任制，以及一段时间和同事们的接触，也让我更加感受到一种开放的文化，只要你有问题去问，同事间都会很热心、很诚恳地回复。尤其是导师制订的为期 3 个月的培训计划里面，涉及很多方方面面的问题，其间我麻烦过不少的同事，但印象中没有一位同事是问而不答的。

由于入职的时候即将要过农历新年，所以我当时的社招培训被安排在了春节之后，但随后的各种年会，包括公司级的圣诞晚会、部门的年会、中心的年会，以及支持部门邀请的年会，刷新了我的体验和感受。在入职不到一个月的时间，我参加了 3 场年会。每一场年会之后，都让我觉得这不仅仅是吃吃喝喝的年会，像一场家庭派对，更是一场互联网人、游戏人的派对，精彩，美妙！

如果说前面讲的都是和同事间相处的感受，那么还有一个很切身的感受和体验，在面对上级领导的称呼时，腾讯是统一称呼英文名的，这是一种没有严格上下级之分的称呼，而称呼上级领导英文名时，也会显得更加亲切。

这就是我入职腾讯的初始印象：热情、开放、精彩、美妙、亲切！而这些仅仅是在腾讯的开始，接下来的达人访谈、入职培训，更是让我受益终身。

## 受益终身的达人访谈

入职腾讯的第一个春节，感觉假期过得很快。正月初八那天，跟着领红包大军，第一次近距离地见到了小马哥，如传说般的低调、亲和，始终面带微笑地给大家发着红包，接过小马哥红包的时候，我有点小激动。因为是所有总办（腾讯的核心管理层）在派发新年利市，所以还有另一位 Dowson Tong（当时是互联网的总经理，2012 年组织架构变革时他是社交网络事业群总裁，2018 年组织架构变革时他是云与智慧产业事业群总裁），只不过当时接过他派发的利市时，并不认识他，所以当我们达人访谈小组其中一位小伙伴约到 Dowson 时，还是有点意外的，当然也很期待这样的一次访谈。

据了解，2010 年是腾讯公司高速发展的一年，员工人数的增长率高达50%。为了让新人快速融入，实现腾讯文化的有效传承，2010 年 4 月，由腾讯学院创新地策划并实施了一个项目——达人访谈，是立足"同一个腾讯"的理念，旨在传递"腾讯文化"和"腾讯职场行为规范"。此项目是通过新老员工交流访谈，让新人面对面聆听老腾讯人的故事，感受腾讯文化，新员工撰写访谈报告，以及主体 workshop 交流，从而达到激荡腾讯文化因子在员工中的有效传承。新员工访谈的老员工，都称之为"腾讯达人"，"腾讯达人"的选择没有特别的限制，可能也是因为这个原因，我们才有机会能约到 Dowson 这位总办领导。

很快，我们按照约定的时间，访谈小组来到了 Dowson 的办公室，开始了半小时的访谈。访谈期间，我们组主要是围绕以下几个问题进行的：

（1）在腾讯工作，您最欣赏、最希望员工是什么样的人？——给我们最宝贵的建议。

（2）在腾讯工作多年，其间让您最难忘的美好瞬间有哪些？

（3）在腾讯工作您最大的收获是什么？

（4）对于我们这些新入职的员工，突然步入这艘互联网的航空母舰，大量的信息及事物对我们的冲击很大，难免不能及时消化并适应，应该如何逐步克服这个问题？

（5）腾讯一直在强调"做对的事"，请问作为新员工如何更好地理解"做对的事"？

30 分钟的访谈时间，作为一位总办领导，完全没有领导的架子，更像一位腾讯老员工对新人的谆谆教诲。在访谈过程中，不仅对我们提出的问题——做了解答，也和我们形成了互动，了解我们对刚加入腾讯大家庭的认识，以及现阶段在工作、学习中遇到的问题和困难，然后再有针对性地进行了分析。虽然访谈只有短短的 30 分钟，但整个过程，却让我受益终身，尤其是其中的 5 个要点，更是成为我在腾讯这些年来不断成长的指南。

### 1. 保持开放、积极乐观的心态

在刚刚开始进入腾讯的时候，互联网行业对我来说就是一个陌生的环境，一是要学习很多的知识，包括行业方面的、项目方面的，但由于互联网产品本身的特点——小步快跑、迭代试错，我们很难做到一切都从零开始学。这个时候就需要更加开放、更加积极的心态，要乐于去和同事分享，同时也从同事的分享中获取必要的知识。项目团队、同事间的互相学习，才是更加快速地学习的方式之一。

### 2. 主动学习，多问为什么

互相学习是一个比较好的方式，但我们仍然要更加主动地去学习；同时，在遇到问题时，要多问为什么，要知其然更要知其所以然，要学以致用，否则，很难达到举一反三，触类旁通，而且很容易这一个项目学了，过了一段时间又给忘记了。

### 3. 善于解决问题

要了解问题解决的办法，找寻问题背后带给我们的知识和技能，并在点滴的工作学习中，寻找是否有更优的解决问题的办法。这是培养"解决问题的能力"非常好的一个方式方法。解决问题的能力，指在不需要别人指导的情况下，能够独立地解决工作中从来没有遇到过的问题，使工作顺利开展，并带领团队成员完成项目或工作绩效的能力。由于每个项目都是一个创新的载体，自然会有很多不可预见的难题。因此，在一个项目推进时，团队成员能够独立解决工作中从来没有遇到过的问题会显得非常重要。

那么我们在工作中更要如此，问题解决的背后，所涉及的知识和技能是什么，在这个问题解决之后，我们还需要去复盘思考，是否有更佳的解决方案。

### 4. 充实并提升自己

在互联网这个信息爆炸的时代，要像海绵一样，每天不断地进行吸收，不断地充实自己，提升自己，保持应有的核心竞争力。

### 5. 拥有良好的价值观

要有良好的价值观，这样才能在现在和未来，更好地去理解和执行"做对的事"。腾讯公司的核心价值观是：正直、进取、合作、创新。[①]这也是腾讯文化的核心，是做人做事的行动指南。

## 心潮澎湃的入职培训

腾讯达人访谈是入职培训的前奏，就好像会餐的点心，还意犹未尽，我们就开始了为期 4 天的公司社招培训（毕业生是封培一个月，会更加系统和全面，而且还需要实际参与做一个项目），以及部门的 2 天培训。这两次培训给了我无限的想象空间和感触，更让我心潮澎湃，主要有 4 个方面。

### 1. 员工是企业的第一财富

在职场这么些年，我也听说过不少公司，都会说"员工是企业的第一财富"，但大多是空喊口号并没有落到实处。而进入腾讯初始，到我今天在腾讯近 8 年的时间，我切身地体会和感受到，公司从上至下，都一直在践行着这个管理理念。可以从这几个维度来解读。

---

① 2019 年 11 月 11 日，腾讯文化全面升级，新的价值观为：正直、进取、协作、创造。

（1）高层管理自上而下的践行。Pony（马化腾在公司的英文名，在公司我们亲切地称之为小马哥）曾在公司年会上说：要想永远留住员工，有两点是不可缺少的——一是给员工足够多的钱（包括薪资、年终奖和福利）；二是给员工完美的工作体验（包括制度、领导、工作环境）。对于这两点，腾讯无疑都做到了，还有不定期的总办午餐会、总办 linktime、总办交流会、家属探访日等一系列的交流沟通，都是为了更近距离地了解一线员工，拉进员工和管理层的距离。除此之外，还有一系列的人性化的、暖心的福利，尤其是腾讯班车和无息贷款，更是切实地把员工作为企业的第一财富。

（2）丰富的新员工培养体系。作为一家"关心员工成长"的企业，腾讯内部有丰富的面授培训课、Q-Learning 在线学习平台海量网络课、职业发展课程。忙碌工作之余，在腾讯这所"学校"里，"同学们"可以利用内部资源随时充电。对于每位校招和社招新员工，入职后都会拥有一位经验丰富的导师，他会带你一起打怪通关，给你提供各种工作和生活上的攻略，帮助你快速融入腾讯的工作和生活中。新员工培养体系包括社招新员工培训、校招毕业生封闭培训、达人访谈、新人学习日、毕业生回归系列活动、BG 级培养活动等。

（3）覆盖全面的职业培训。腾讯有比较完整的职级晋升通道，对于每位老员工，在职级提升方面，每季度腾讯学院会给每位员工"量身定做"职业发展（IDP）面授培训课程，目前，公司级通用类课程 36 门，各种专业类的课程共 300 多门。腾讯人每年在面授课程的学习总时长达到 73 万小时。除 IDP 课程以外，名家之声、设计周、营销之声、Talk8、创意马拉松、新攀登计划、高手在民间等多种多样的通道培训，为不同专业族群的同学提供丰富的内容。同样，管理通道也有相应的一系列培训，包括飞龙计划、新任总监训练营、管理启明星、潜龙计划等，这些都是腾讯培养管理干部的经典项目，从领导力、商业能力、行业前瞻判断力等多个方面帮你提升属性值，成为适应企业未来发展需要的新一代核心领导者。可以说，只要你入职了腾讯，你就等于进入了一家互联网的高级学府。

### 2．令人钦佩且高度认同的企业文化

腾讯人强调以做人之道引领做事之道。做人首先律己，以正直为本，尽责方能尽善。对外尊重他人，追求合作的和谐与高效。做事贵在创新，精益求精、守正出奇从而创造卓越。这说的就是腾讯人的价值观：正直、进取、合作、创新。[①]

（1）正直：遵守国家法律与公司制度，绝不触犯企业高压线；做人德为先，坚持公正、诚实、守信等为人处事的重要原则；用正直的力量对周围产生积极的影响。[②]

（2）进取：尽职尽责，高效执行；勇于承担责任，主动迎接新的任务和挑战；保持好奇心，不断学习，追求卓越。[③]

（3）合作：具有开放共赢心态，与合作伙伴共享行业成长；具备大局观，能够与其他团队相互配合，共同达成目标；乐于分享专业知识与工作经验，与同事共同成长。[④]

（4）创新：创新的目的是为用户创造价值；人人皆可创新，事事皆可

---

[①] 2019 年 11 月 11 日，正值腾讯 21 岁。这一天，腾讯正式宣布全面升级的腾讯文化 3.0——"用户为本，科技向善"是腾讯新的使命愿景；"正直、进取、协作、创造"是腾讯新的价值观。

[②] 腾讯新的价值观中"正直"解释为："坚守底线，以德为先，坦诚公正不唯上。遵守国家法律与公司制度，绝不触犯企业高压线；做人德为先，坚持公正、诚实、守信等为人处事的重要原则；用正直的力量对周围产生积极的影响。"

[③] 腾讯新的价值观中"进取"解释为："无功便是过，勇于突破有担当。尽职尽责，坚持奋斗，使命必达；居安思危，不断学习，追求卓越；勇于承担责任，主动迎接新的挑战。"

[④] 腾讯新的价值观中"协作"解释为："开放协同，持续进化。充分共享专业知识与工作经验，实现共同成长；具备大局观，能够高效协同，达成统一目标；使命驱动，推动组织不断进化。"

创新；敢于突破，勇于尝试，不惧失败，善于总结。[①]

### 3. 走进游戏世界，用心创造快乐

3 个月的培训计划和穿插的工作，主要是学习和 QQ 游戏大厅相关的知识，负责 QQ 游戏大厅的版本测试，这其实更像对一款软件在进行测试。那个时候，我对游戏的理解还仍然停留在了"原始社会"，甚至多少还有点抵触。互动娱乐事业群为期 2 天的培训，彻底颠覆了我对游戏的理解。其中有一段话是这么写的："腾讯游戏是全球领先的游戏开发和运营机构，也是国内最大的网络游戏社区。"以"用心创造快乐"为理念，通过在多个产品细分领域的耕耘，致力于为玩家提供"值得信赖的""快乐的"和"专业的"互动娱乐体验。旗下产品布局从最基本的用户需求入手、最简单的应用入手，注重产品的可持续发展和长久生命力，打造绿色健康的精品游戏。在开放性的发展模式下，腾讯游戏采取内部自主研发和外部多元化合作两者结合的方式，已经在网络游戏的多个细分市场领域形成专业布局，并取得良好的市场业绩，成为国内游戏行业的领军者。尤其是"用心创造快乐"这个理念，让我走进了游戏世界，原来我抵触的游戏竟然有这么多精彩的故事。这个理念，也为我半年后开始负责游戏测试和测试团队管理埋下了伏笔。

### 4. 清晰、明确的职业发展通道

当我还在思考着，进入腾讯之后，如何来规划自己的职业生涯及接下来几年的定位时，社招培训介绍的腾讯职业双通道发展路径，无疑是给予我的一盏明灯，将指引着我勇往直前。所谓的双通道发展路径是指为员工提供管理发展通道和专业发展通道双重晋升发展通道，如图 2-1 所示。无

---

[①] 腾讯新的价值观中"创造"解释为："超越创新，探索未来。不断突破现有思维模式；保持对前沿、未来领域的关注与投入；让创造产生价值。"

论是管理发展通道还是专业发展通道，起点都是一样的，初做者和有经验者是管理通道和专业通道的必经之路。到达有经验者之后就是一个分水岭，腾讯不会直接或间接地强迫任何员工去选择，完全取决于员工自己，这点也是非常人性化的。

在专业通道上又有横向和纵向之分：在横向上，按照能力、职责相近的原则，腾讯为不同能力的员工设计了不同的职业发展通道，主要包括 T（技术）通道、P（产品/项目）通道、M（市场）通道、S（职能）通道；在纵向上，专业通道分成 6 个大级，这 6 个级分别是初做者、有经验者、高级（骨干）、专家、资深专家、权威，这 6 个大级里又分 3 个小级，也就是分成 1.1、1.2、1.3、2.1、2.2、2.3、3.1……。3 个小级别分别叫作基础、普通、职业。专业通道是腾讯为员工搭建的职业发展阶梯，清晰指引员工发展目标，给每一个专业领域的员工都提供一条清晰的发展路径，让大家都有发展进步的机会。

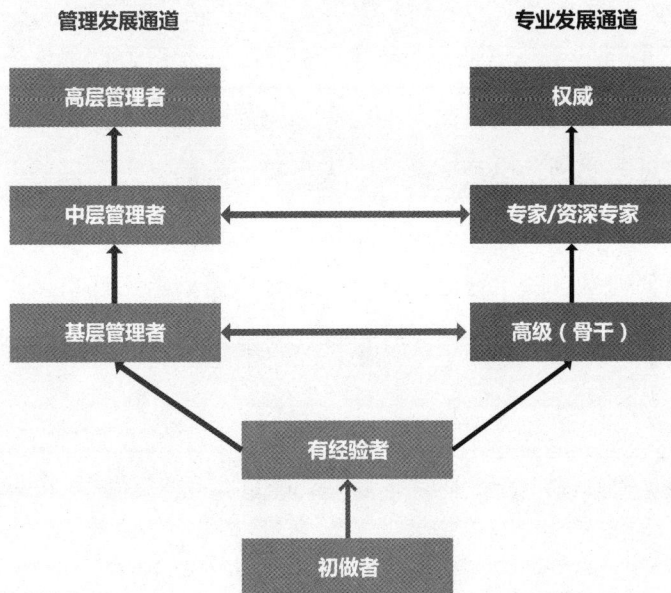

图 2-1　双通道发展路径

管理发展通道分成基层、中层、高层 3 个梯队。基层管理者包括团队管理者（team leader[①]）和总监，中层管理者特指 GM（各部门总经理）或同级别待遇者，高层管理者自然是 VP（副总裁）及以上。基层管理者的晋升，基本要求是专业职级 3.1 起，在正式任命前都会有从独立负责业务、负责重要业务、带团队负责重要业务的过程，也就是说实际操作上，一名员工在被任命为基层管理者之前已经在承担管理工作，并在工作中管理能力得到了验证。被任命为基层管理者后的继续晋升仍有副组长、正组长、副总监、总监、高级总监几个等级；类似的中层管理者的职级也会有分级，包括助理总经理、副总经理、总经理、业务线负责人（多个部门总经理）；而再往上也会有 VP（副总裁）助理、VP（副总裁）、SVP（高级副总裁）、EVP（执行副总裁）、SEVP（高级执行副主裁）、各种 O、总裁。看起来管理职级很长，但概括来说，从高层管理者到一个普通员工的决策执行往往只有三到四层的传递，即 VP—GM—总监/组长—员工。这也是基于扁平化的组织结构，是互联网公司灵动、敏捷、快速反应的需要。

为期 3 个月的系统培训，我更像是经历了一次互联网的洗涤，焕然一新。面对不断变化的环境，面对信息高速发展的时代，作为一个互联网新人，必须要脚踏实地，必须要务实。人生有两大痛苦，一是努力的痛苦，二是后悔的痛苦，但后者比前者大千倍。在这样一个全新的平台，有幸跟随着互联网的浪潮，除了认真、努力、踏实地做好每一件事，更要持续不断的学习。因为，对于我来说，梦想将从这里起航。

---

[①] 腾讯的管理级别的划分比较细，最基层的管理者为副组长、组长。而对于不同的团队，名称也不一样。后面提到的开发组的组长称为主程；策划组的组长称为主策；美术组的组长称为主美；助理制作人也是组长级别。因为腾讯员工之间，以及对上级领导的称呼时，统一称呼英文名，而一个团队的管理者，我们称为 team leader。所以，往往对外介绍的时候会说这是我们的 leader。

# 第三章

## 跨行游戏测试，
## 初识项目管理

## 跨行游戏测试迎接新的挑战

命运有时候其实挺爱开玩笑的。我对游戏，从我上中学开始，就有不小的抵触心理，后来上了大学，网络游戏逐渐发展了起来，我慢慢接触到联众棋牌游戏、QQ 游戏，如军棋、象棋，观念开始有了一些转变，但那些为玩游戏逃课，玩通宵的同学、亲人、朋友，仍然是我吐槽、批评的对象。谁又曾想，毕业几年后的某一天，我会进入腾讯游戏，开始我的游戏生涯呢？以至于当我发了朋友圈说起这事时，他们都觉得不可思议。

**在职场，我们其实要顺势而为。** 还记得当时在华为，由于人员的变动，我才有机会承担更多的工作，才有机会更快速地成长，才有北京差旅 3 个月的收获，而当时在腾讯游戏部门，似乎也经历着同样的情景。开始的半年时间，我一直是负责 QQ 游戏大厅的版本测试，更多的是把其当成一个平台软件来测试，所以并没有一开始就直接跨入游戏项目的测试，这是一个很好的过渡，也使得我当时并没有感觉到太大的压力。半年后，测试组人员发生变动，与此同时，成都分公司还划分很大一部分项目回归深圳总部测试组负责。当我们测试组组长找我谈话，让我来接手这些项目时，我感觉到很大的压力。一方面不是特别地感兴趣，毕竟在进入腾讯之前，游戏经验方面太薄弱；另一方面从通信设备跨行游戏测试，从软件测试到游戏测试，还是有蛮大的差异的，所以也有很大的挑战。当然，我其实是不惧挑战的，担心的是做不好，辜负组长的信任。

在和组长几次沟通之后，基于组长对我的充分信任，我承接了英雄杀项目的测试，这是我负责的第一款端游项目，是痛苦、极具挑战又高速成长的一个阶段。两个月后，一切步入正轨，我又陆续承接了 WGP（ Web Game Portal ）平台的一系列页游项目的测试工作。经过这半年的实际项目测试经历，我开始对游戏测试有了自己的理解，和软件测试相比较起来，有共同点，但更有差异化的地方。借用我曾经的一位测试总监说过的一句话：游戏测试和软件测试的最大不同在于，**游戏是内容导向，而软件是功能导向。**接下来将从游戏测试的概述、游戏测试的独特性和游戏测试的可玩性几个方面来阐述和软件测试的差异化。

## 1. 游戏测试概述

游戏是软件的一种形式，它有着一般软件产品的共性。游戏测试中有一部分内容和软件测试相同，但游戏软件作为软件的一个分支，既包括了软件测试的一些特点，还有其自身的特殊性。游戏产品也需要利用软件工程知识，建立一套完整的质量体系，它是一个比软件测试更加专业的工作，包括软件测试的内容及游戏专业测试（可玩性、美术效果、策划合理性等）的内容。

单从概述这里就可以看出，游戏测试有其本身的特殊性，包括可玩性、美术效果和策划合理性这些方面。从我接触英雄杀项目测试以来，这方面的感触就非常深刻。以前的软件测试，我只需要对照功能需求说明书，验证每个功能的实现情况即可，但在英雄杀这个项目测试过程中，除了需求本身的功能以外，还有每个英雄的技能使用效果，英雄和英雄之间的组合，以及单个英雄间的技能强弱问题（英雄技能数值、游戏的平衡性），都是测试的重难点。

## 2. 游戏测试的独特性

先说一点共性的地方，即作为一个软件载体，测试的目的都是发现软件中存在的缺陷，这方面虽然是共性，但其实对游戏测试的要求会更高，尤其是对于游戏经济体系的测试，则需要更加地谨慎。因此，游戏测试的独特性在于游戏本身的测试，也称之为游戏世界测试。何为游戏世界测试？

游戏特别是网络游戏，它相当于网上的虚拟世界，是人类社会的另一种方式的体现，所以也包含了人类社会的一部分特性；同时它又是游戏，所以还涉及娱乐性、可玩性等独有特性。所以，游戏功能的测试只是一方面，游戏世界测试才是重点。游戏测试的特性主要有这几个方面。

（1）游戏情节的测试。主要指游戏世界中的目标引导，有人也称为游戏世界的事件驱动，或者是游戏情感世界的测试。无论是端游、页游、手游，还是当下的小游戏，抑或是棋牌、MMO、SLG、策略卡牌、模拟经营等不同品类的游戏，都需要有比较清晰的目标引导，换句话说，玩家一开始接触到我们的游戏，通过 5~10 分钟，他们便可以清楚地知道这款游戏要玩的是什么。虽然这部分在我们实际的测试过程中容易被忽略，或者说这部分的测试更偏向于策划人员本身，抑或是从外面寻找到相对应的核心、非核心玩家来进行测试，但从长远来看，就我个人而言，作为测试人员，是第一个接触游戏的玩家，除了保证游戏功能本身的稳定性以外，我们更需要对目标引导进行测试和验证，并主动大胆地反馈我们作为第一个玩家最直观的体会和感受。我认为这是作为一名优秀的游戏测试人员必须要具备的能力。换句话说，作为一名游戏测试人员，如果我们可以在游戏测试的过程中，敢于提出对游戏目标引导的问题，那自然也可以提升测试团队在项目组的影响力。

（2）游戏世界的平衡测试。主要表现在经济平衡、能力平衡（包含技能、属性等），保证游戏世界竞争公平。平衡性的测试在我负责英雄杀项目时，会涉及很多，尤其是一开始设计的时候，一部分英雄技能会很强，一部分英雄技能很弱，但弱的英雄又没有可互补的英雄，这个时候就需要调整和平衡数值了。后面负责其他类别游戏测试时，平衡性也仍然是一个重难点，即我们要让付费玩家体验到花钱的爽快感，也要让非付费玩家可以通过时间来达成成就，保持付费和时间的平衡。因此，在测试过程中，会涉及很多数值相关的验证，除保证整体功能完整性以外，还需要完整地跑数值框架。关于这一点，是需要具备一定的游戏理解性和对游戏的浓厚兴趣，因为在这个过程中，需要反反复复地去闯关，去打怪，去体验数值的平衡。功能方面的测试，我们可以有很多种方法，比如黑盒、白盒、自动化，要覆盖的面很广，但对于数值方面的测试，可能从某种程度上来说，更像是一种直觉、一种直观的感受。

（3）游戏整体效果的测试。有人定义这部分的测试为整个游戏世界的风格，是中国文化主导，还是日韩风格等，大到游戏整体，小到 NPC（游戏世界人物）对话等，但我个人的理解更倾向于游戏的整体美术效果的测试。做项目的过程中，往往会遇到这样的情况，当单个美术效果图拿出来看时，都是很精致、很美的，但一组合到一起，就各种不和谐、不协调。比如主场景界面，要突出的没有突出，不需要突出的又太显眼。那么谈到这一点，有人会认为，这不是美术设计人员要做的事情吗，为何要测试人员也参与进来？的确，在我们以往的项目测试经历过程中这部分也是非常容易忽略的，回到我们前面谈到的，游戏测试人员重心仍然是在游戏的功能测试、性能测试、协议测试、安全测试、兼容性测试等这些维度，但其实如果能积极主动地去对整体效果这部分进行测试验证，会有不一样的收获。举个简单的例子，抛开专业的游戏测试人员的身份，我们还是游戏的玩家，既然是玩家，自然是有我们相应的建议权，我们可以提出来，哪些交互操作很不爽，哪些 UI（User Interface，用户界面）效果感觉不协调。敢于提出来，是我们作为玩家的权利，至于采纳与否，由项目组自行决定。我在后面担任 TM 时，经常鼓励测试团队成员提这方面的意见，有一部分也是被采纳过的。自己提的意见被项目组采纳，这本身也是对测试人员的一种认可。

### 3. 游戏可玩性测试

游戏可玩性测试，我其实更想说的是游戏的内容测试，对游戏核心玩法的测试。游戏项目从立项开始，就是以内容和市场为导向的，功能只是一方面，游戏的内容、核心玩法吸不吸引人，好不好玩才是关键。

在项目立项阶段，策划对核心玩法、游戏的可玩性会做一定的评估，当 demo 版本出来之后，会在此基础上持续地去体验，包括整体美术效果、整体的操作体验感、各系统的交互及数值方面。这部分通常是项目组内部成员，包括有丰富游戏经验的测试人员，会参与进来（这也是我一直倡导的，测试要尽可能早地介入整个项目周期中）；在版本具备一定的完整度时，会通过用研（用户调研）的方式，找寻外部游戏媒体专业人员，包括我们游戏的核心和次核心玩家对游戏做分析与介绍，来验证我们的核心玩法和美术整体效果，提取相应的样本，以供项目组参考；在版本满足上线要求时，根据公司内部的规则，可以采取轻测的方式，即游戏上线外网，比如上架应用宝的"新游抢先体验"版块，不针对性导量，但会根据项目组的需求，要求导量多少（比如初始会在一周内导入 2 000~5 000 新进用户），以此来验证核心玩法的接受度。对于手游项目来说，具体看的指标是次留。

可玩性测试的 3 个阶段中，第一阶段是非常重要的一环，测试团队提前介入，了解核心玩法版本的实现过程，尽可能早地参与到整个版本的开发周期中来，会对整个游戏的测试都有积极的影响。至少可以提前对项目的背景、核心玩法有一个全面的了解。我们曾发现，一些中途接手的项目或调配人员支持的项目，往往只会专注于功能实现的验证。

从长远来看，如果游戏测试人员无法对游戏内容、游戏的可玩性、游戏本身的特性进行测试和评估，或者说，作为一名游戏测试人员，没有能力、没有信心站在玩家的角度去评估一个游戏是否好玩，是否足够吸引玩家，那么在游戏测试这条路上会有一定的局限性。

## 用项目管理做大项目的测试

承启着那一份坚持、那一份努力，转折点之后的第二年，我有着相对不错的运气。2012 年春节过后，我开始负责当时 QQ 游戏产品部门的一款大页游项目——《英雄传奇》[①]。正是从这个项目开始，我初次接触到项目管理，也初次感受到运用项目管理的方式方法来做测试的好处。当项目复杂度不高、团队规模较小、版本周期较长、节奏较慢时，可能不需要太系统的管理方式和方法；但当项目比较复杂、团队规模超过 40 人、版本周期长且节奏比较快的情况下，项目测试负责人就需要更系统地去思考如何做好一款大游戏项目的测试了。接下来将从 5 个方面进行阐述。

### 1. 了解项目的背景

当我们接手一个大项目时，首先要弄清楚的是项目的背景和项目的系统规划。换句话说，是要做一款什么样的游戏？游戏的系统架构是怎样的？游戏是由哪些系统组成，哪些是核心系统，哪些是周边系统？还有系统架构前后台分别所运用的开发语言是什么？这些问题在测试团队正式开始准备测试之前，是务必要弄清楚的。除了以上这些问题以外，还有两个很关键的问题：一是要清楚人，即各系统的产品负责人和开发负责人是谁，项目经理是谁，这会关系到后面的需求沟通、问题的沟通确认和项目上的支持；二是要清楚事，即项目组的研发模式、整个项目的规划和版本迭代计划，这会影响测试团队的需求分析和版本测试规划。

---

[①] 后来 QQ 游戏产品部被拆分，《英雄杀》和《英雄传奇》游戏项目划归了光子工作室群天玑智趣工作室。

### 2. 需求分析和需求管理的过程

"工欲善其事，必先利其器。"我们在负责项目整体测试时，采取的是测试先行的策略。测试人员尽可能早地参与到项目的研发进程中来，最好在项目启动时，就同步介入，这样可以更全面地了解项目研发的整个过程。

在测试设计启动之前，需求分析和需求管理在整个游戏质量保证过程中非常重要。我们测试小团队曾经也忽略对需求的分析，相信当前仍然也有不少测试团队会忽略对需求的分析。往往是正式进入项目组之后，就开始对着需求设计用例，这样会很容易在版本测试中出现需求理解的偏差，抑或是出现需求变更而没有及时地关注到，导致的问题就在于版本测试期间，大大增加沟通成本，拉长测试时间，更有可能导致漏测和误测。如果我们可以在需求阶段就提前发现一些问题，那么测试人员的价值势必会有更好的体现。所以，需求分析和需求管理的过程也是对需求进行测试的过程。这是我在带测试团队时着重推行的，也是对每位测试人员的要求。需求测试是一种黑盒测试流程策略，主要通过分析检查系统的需求定义，尽早地修正和验证需求，然后使用各种黑盒测试设计方法来设计最小数目的用例，同时满足最大的功能覆盖。这一方法使测试更加有效，更专注于质量问题产生的根源。那么需求测试主要可以从以下几个方面着手。

（1）评估需求的合理性。我一直认为，作为一名测试人员，应该对你负责的游戏项目系统框架是最清楚的，这样才有底气，才敢于去挑战产品或策划的需求，去评估需求的合理性。对于一个游戏项目，涉及的系统会很多，而策划人员的思维或设计都不可能尽善尽美，所以对策划人员提供的需求文档，我们也要抱有怀疑态度，在分析需求的过程中，我们需要思考设计是否存在不合理的地方，是否有可以优化的地方，是否有一些没有考虑周全的地方，是否有异常点和边界点。不能一拿到需求，就完完全全按照需求的文档开始设计。

（2）分析系统间的关联性。对于一款游戏项目，系统和系统间是会有关联的，系统和系统之间也会存在依赖关系，以及后期新增的系统和旧功能的关系，这时策划人员会容易忽略一些设计的要点。因为策划人员分配各自工作时，是相对独立去设计其负责的系统。如果在系统开发之前，测试就能提前把这些问题提出来，反馈给到项目组，这不仅可以提高测试团队在项目组的影响力，更可以从源头保证版本质量的稳定性。至少在版本测试期间，一些很明显的功能交互问题都可以在编码设计阶段就解决掉。

（3）评估测试难度和风险。在对需求测试的过程中，我们还可以提前考虑每个功能点的测试难度和可能存在的风险。比如说在测试关卡和等级的时候，我们是不可能或者说一开始的时候花大量的时间一关一关、一个等级一个等级地去玩，这样效率太低了，所以我们必须得提前提出相应的工具需求。还有一些我们不能测试或很难测试的地方，都可以在需求测试期间尽早地提出来，与开发人员一起沟通测试方案或提出工具需求。同时，评估可能存在的风险，比如有些功能和系统会涉及大量并发，有些功能系统需要 7×24 小时压力测试，功能耦合性等方面，都可能是测试期间的风险，我们尽早提出来，有困难的地方都可以和项目侧一起沟通解决。

### 3. 测试计划管理

为了对每个迭代版本测试进度更加有效地管理，需要对项目的整体测试做好计划。这和项目管理是相通的，是项目管理的规划阶段。那在测试计划阶段，最关键的是时间。

（1）项目总体规划的时间。项目侧会根据迭代规划和进度，制订相应的计划，并规划相应的里程碑。比如迭代一是什么时间完成，什么时候转测试迭代一版本；第一个完整版本什么时间完成，什么时候转测试第一个完整版本；项目计划发布的时间。这些时间节点是我们制订项目测试计划的重要参考依据。

（2）迭代版本的需求规划。每个迭代版本的需求规划，是我们测试当前迭代版本的重要依据。同时，也是我们设计用例和评审用例的重要依据。作为一名测试人员，我们需要清楚每个迭代的需求规划，这样我们在设计用例时，会更加有针对性，目标性也会更强。

（3）迭代转测试的时间。虽说有项目的总体规划，但项目的进程过程中，不可避免地会出现一些偏差。对于迭代期间的版本测试来说，转测试的时间我们随时和项目经理保持沟通即可，因为迭代版本的测试并不是关键路径，可根据测试团队的安排灵活应对迭代版本的测试，但仍然需要及时确认每个迭代版本的转测试时间和具体转测试的内容。这样在制订相应迭代的测试计划时才会更加的明确。

（4）项目上线时间。对于一款游戏来说，时间是第一位的，往往会需要尽快地上线，抢占市场。明确项目上线时间，会更有利于我们制订项目的测试计划。比如项目已经确定在某个时间节点要上线，那么测试经理依据这个时间点来倒推，要测试几轮，回归几轮，每轮测试具体要多少天，还预留缓冲时间，把这些时间汇总给到项目组作为重要参考依据。

（5）具体职责和任务安排。时间确定了，那么计划是由具体的测试人员来执行的，在测试计划管理过程中，需要明确各个系统模块的负责人和相应的任务安排，且在测试过程中，相应的负责人全程跟进对应负责的系统模块。

在测试计划阶段，除了明确测试范围、时间、人力以外，还需要对测试的风险做好评估并制订相应的应对计划。对于风险，根据以往我们的测试经验，功能方面的测试其实都还好，主要的风险会来自项目的性能，以及游戏本身的玩法。性能，我们自然是可以通过相应的手段来避免，比如会有这方面的工具；但对于游戏本身的玩法，如前面我提到的，我们要对游戏性进行测试，因此，在项目计划阶段，这部分也是我们重点测试的一部分。就像在测试端游的时候，我会鼓励我的团队成员，多玩竞品，这样可以更好地对比我们所负责的游戏，从而给出相应的建议。

### 4．测试执行管理

测试执行阶段，是用例的执行、缺陷的提交和缺陷的跟踪。用例执行是一个持续性的过程，但对于缺陷的管理，是一个闭环的过程，这也是我们很多测试人员容易忽略的一个环节。很多测试人员在测试执行过程中，提交了 bug，然后就不管了。但事实上，仅仅发现 bug 所在是远远不够的，我在做测试执行和测试管理时始终强调，发现 bug 仅仅是测试工作的开始。有以下几个方面需要特别关注。

（1）bug 提交的要求，或者说 bug 提交的标准。我们会发现，很多人提交 bug 就是一句话，更有甚者是描述不清，模棱两可。看上去大大提升了测试效率，实际上浪费的是其他人的时间。因此，我们在提交 bug 时，不能只是自己看得明白，应该换角度去看待，开发人员或策划人员是不是可以看得懂我提交的 bug 是一个什么 bug？开发人员看到提交的 bug，是不是根据操作步骤可以很快地复现问题？对于游戏来说，一个好的 bug 除了描述清楚的标题和操作步骤，还需要有清晰的期望结果，有相关的截图和日志，有当前所处的环境。如果是偶现的 bug，还需要补充偶现的概率。通过耗费测试人员的一点时间换来项目整体的效率提升，这才是真正意义上的测试执行。

（2）bug 的数据分析。数据分析可以从两个维度出发。一是区分用例发现的 bug 和非用例发现的 bug。把非用例发现的 bug（一般情况下是我们做发散测试提交的 bug），去做一个综合的分析，去归纳、去提炼通用的测试要点，并持续地补充完善用例。二是对提交的 bug 做系统的分析，通过对 bug 的数据统计分析，我们可以很清晰地了解到哪个模块容易出问题，哪个开发人员容易出 bug，当前版本还有哪些紧急的问题需要修复，等等。数据不会说谎也最具有说服力。我们一直在提倡测试驱动，需求测试是一方面，对 bug 的数据分析就是另外一个方面了。所以，测试驱动开发，从点滴做起。

（3）bug 的跟踪。每个 bug 都有其生命周期，对于测试执行阶段提交的 bug，每个测试模块负责人都应该对自己提交的 bug 进行跟踪，直到最后解决。这点说起来容易，做起来似乎挺难，但我们要把测试执行到位，跟踪 bug 的生命周期是最基本的出发点。关于 bug 的跟踪，我们在后续章节还会介绍到。

### 5．测试总结

总结其实是一面很好的镜子，对于一个版本测试的结束，我们可以通过测试总结去深度挖掘，哪里是做得好的，哪里是做得不好的？每个迭代版本的风险是什么？对于一个项目测试的结束，可以站在测试的角度，去看项目方面的问题，比如产品侧有什么问题，开发侧有什么问题，甚至项目经理有什么问题。以更客观、更宏观的视角，跳出测试的身份，提出自己的意见和见解。同时，也欢迎或主动收集项目侧各团队对测试的反馈，以此更好地促进测试团队的进步。

历经一年半的时间，项目终于顺利上线了。上线后，外网总体反馈良好，没有出现严重漏测的 bug，这是我担任测试经理带领测试团队共同努力的结果，也是我初次运用项目管理的方式方法，很好地保障了项目质量的成果。这期间，也获得了项目组的一致好评。我想这是一种项目组的高度认可，更是团队共同努力的结果。在边学习测试项目管理边运用的过程中，我逐步开始对项目管理产生了兴趣。没曾想几年后的某天，我会正式转岗项目管理，开始了我的项目管理之路。

# 游戏测试找 bug 核心思维

无论是端游、页游，还是当下的手游和小游戏，游戏项目都是以内容为导向。商场如战场，时间就是金钱，时间能给产品带来更多的市场空间，为公司赢得更多的利润。测试人员应该跳出仅发现 bug 就沾沾自喜的圈子，应该看到项目整体，站在部门乃至公司的角度想测试可以做什么。只有项目成功了，公司才能获得利润，最终达到员工与公司双赢的目标。

在这样的背景下，作为游戏测试人员，我们的思维方式更需要与时俱进。我们的测试方式方法也要不断地去适应项目的需要，既要做好质量的守门员，更要服务好项目的需要。游戏测试团队是整个项目团队大家庭中的成员之一，在游戏质量上把关，要尽可能早、尽可能多地发现 bug。这也是游戏测试成立的根本，是质量上能给项目做出贡献的地方。那么在成本和时间的控制上，测试可以做什么，要如何做？答曰：配合项目的成功做正确的事，并且正确地做事。对于测试：**做正确的事**，就是站在玩家的角度，进行常用功能（模块）重点测试，避免非常用功能的过度测试导致浪费成本，包括人力与时间的投入；**正确地做事**，就是采用合理、全面的测试方法验证游戏是否符合玩家需求，不想当然地通过玩家根本不可能用到的非法操作或后期进行验证。

自从开始负责游戏测试，我就一直在思考着这么几个问题：如何体现作为一名测试人员的核心价值？如何在不断变化的项目中保持测试人员的核心竞争力？如何更好更快地做好测试工作，为项目质量保驾护航？游戏测试有其本身的独特性，但游戏功能的测试也仍然是重中之重，甚至可以理解为，我们尽早尽快地完成游戏本身的功能测试，才能更聚焦于游戏性的测试。前面章节我有提到，我所理解的测试人员核心竞争力是"**提前发**

现参与研发过程中的其他人员所无法发现的问题"。为了更早、更快、更好地去发现问题，是需要掌握游戏测试找 bug 的核心思维的。这部分是基于我读《软件测试之魂》一书有感，并结合我带领测试团队做测试的实际工作经历和理解。

### 1. 找 bug 的思维模式

（1）逆向思维。从概念上来说，逆向思维是司空见惯的似乎已成定论的事物或观点反过来思考的一种思维方式。在带领团队负责项目的测试过程中不难发现，开发人员在设计系统和编码时，往往都是一种正向思维。简单来说，一个系统功能的实现，如果按照正常的操作方式来体验，基本上都是按照需求要求实现的，但一有不寻常的操作，比如 loading 的过程中杀掉进程退出，再次进入的时候发现会卡住。再比如说，开发侧实现某个功能是按照 1—2—3—4—5 这样的步骤实现的，我们测试人员如果按照 1—2—4—3—5 这样一操作，往往就会出现 bug。还有诸如游戏过程中的断线重连，按 Home 键退到后台再唤醒，都是容易出现问题的地方。实际参与游戏项目测试的过程中，通过逆向思维，走不寻常路发现的问题举不胜举。

从项目的总体目标来说，我们测试人员和开发人员的目标是一致的，都是为设计出满足玩家最好体验、高质量的游戏版本，但实际过程中，免不了对立的一面。作为测试人员，我们要带着一种怀疑的眼光，甚至不信任的姿态来客观地对待每个版本的测试，这也造就了测试工作本质上就需要有与开发不一样的逆向思维。那么在我们设计用例的过程中，更要以逆向思维的方式来思考程序员常常会忽视的地方。

（2）发散思维。发散思维是一种探求多种答案，最终使得问题获得圆满解决的思维方式。我们在游戏测试过程中，经常会听到，做一下发散测试。这里的发散测试并不是毫无章法地乱玩，而是有参考依据的。著名心理学家吉尔福斯特指出："人的创造力主要依靠发散思维，它是创造思维的主要部分。"我们从两个方面来看发散思维在测试过程中的运用。

一方面，在测试设计阶段的发散可以理解为测试方案，即测试思路的形成阶段，如图 3-1 所示，是英雄传奇项目的一个运营活动——战神活动，运用发散思维在测试设计阶段绘制的流程图。

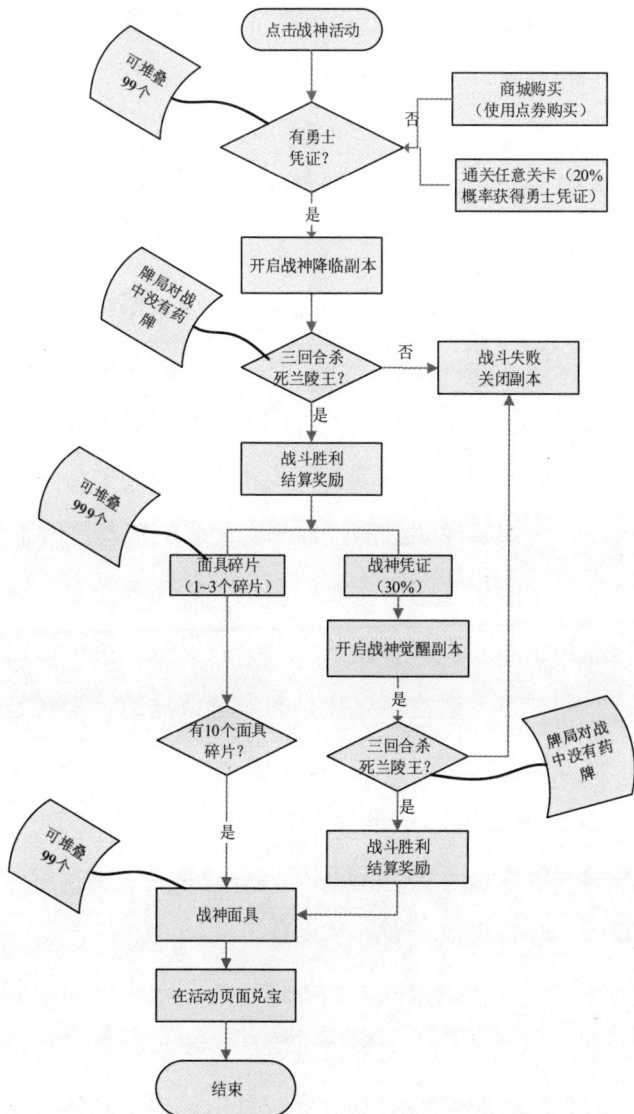

图 3-1　设计阶段发散思维

围绕着这个流程图，可以有这些维度的发散性思考：

思路一：正常情况，整个流程功能都 OK。

思路二：异常情况，每个节点的断线，超时测试。

思路三：边界情况，堆叠上限、回合次数。

思路四：容错情况，设置错误的配置，是否崩溃。

思路五：性能方面，大量并发进入该关卡。

思路六：其他方面，多账号登录等。

以上只是测试设计阶段运用发散思维的一个案例，仅供参考，实际用例设计过程中，大家可以根据项目的情况而定。但有一点，建议对于比较大的系统，清楚地绘制流程图或者思维导图，可以很好地帮助在测试设计阶段进行思考和发散。

另一方面是用例执行阶段的发散，即根据已有的用例，不完全按照事先设计好的操作步骤进行测试。这在我们实际测试的过程中是常见的。作为一名测试人员，我们都深知，测试用例对代码的覆盖是做不到 100% 的，特别是游戏各系统间的相互组合、相互影响，更难覆盖全。这时候，我们往往会在执行完用例后，预留一定的时间来做发散性测试，也有一些人称之为随机测试。同样，发散性测试也是有参考依据的，那就是依托于用例设计的本身，但会有不同的操作步骤，以此来对功能进行更全面的测试。我们可以从图 3-2 中看出，对于某个功能系统，正常的操作步骤为"开始—1—2—3—4—结束"，发散测试则可以在过程中或提前结束，或多做反复做其他的操作，都有可能会有新的发现。

只不过，在用例执行阶段的发散测试，对测试人员的功底是要求很高的。经验越丰富的测试人员，发散性测试的效果就越好。在带领测试团队期间，我会刻意地让团队做这方面的训练，同时辅以实际的数据作为支撑。具体来说，会要求团队成员在每完成一个版本的测试时，统计分析用例发现 bug 和非用例发现 bug 的情况，然后重点是去分析非用例发现的 bug，因为这部分 bug 基本上都是在发散测试过程中提交的。多次去总结和分析这部分 bug，自然可以从中找出一些规律，在补充和完善用例的同时，又可以对下一个版本的用例设计有很大的启发。持续性这样地去分析，不仅对发散思维，对逆向思维的训练都会有一个很好的效果。

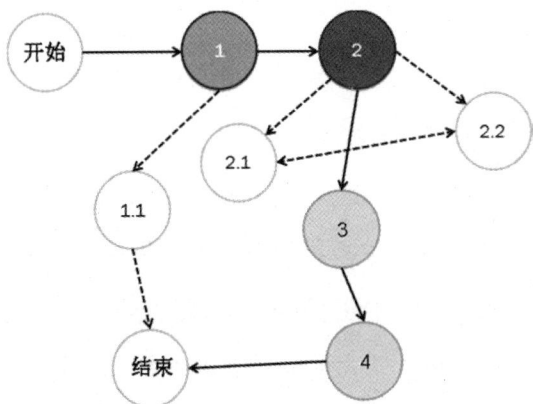

图 3-2　执行阶段发散思维

## 2. 找 bug 的三重境界

管理学中有一句名言：意识决定行动，行动决定结果。对于测试而言，同样是以结果为导向。作为测试人员，我们要具备良好的质量风险意识，做好质量的守门员；也要具备良好的心态，敢于去对质量负责。心态决定一切，随着我们在测试领域的深耕，我们也会对测试有着各自不同的理解。在测试这条路上，我们也要不断思考一个问题，相比较过去 3 个月，过去半年，过去的一年，过去的几年，我们的成长在哪里？和刚刚进入测试领域的新人相比，我们的优势又在哪里？找 bug 的三重境界，或许可以给你一些答案或者思路的借鉴。

（1）围着 bug 转。围着 bug 转是第一重境界，通过发现 bug，协助开发人员分析问题，定位问题，最后解决 bug，才能对质量有实质性的贡献。

清华大学出版社出版、张海藩编著的《软件工程导论》，第七章测试提道："**测试是为了发现程序中的错误和执行程序的过程。**"无论是软件测试，还是游戏测试，其目的都是发现 bug。有了这一清晰的目标之后，所有的前期测试设计工作，如测试方案的设计、测试用例的设计、测试执行过程的控制，包括逆向思维和发散思维的运用，都是围绕如何高效发现 bug 而展开的。

其次，是定位 bug。我们要高效地发现 bug，但更需要提交高质量的 bug。何为高质量的 bug？两个特点：①以最短路径重现必现的 bug。大家是不是经常遇到这样的场景：测试人员提交 bug 后，总会有开发人员说 bug 重现不了。排除会有部分开发人员没有严格按照操作步骤去复现 bug，但我们更应该认真对待每个提交的 bug，写清楚描述、操作步骤、各种场景和环境，这是必需的；同时，我们也要反复地验证，这是不是最短路径？操作步骤是不是还可以再精简？关键的操作步骤是不是都写清楚了？②重现偶现的 bug。偶现的 bug，是我们游戏测试过程中不可避免的话题，而偶现的 bug，往往又是严重级别以上的。在我们内部测试期间，偶现 bug 没有得到很好的解决和控制，一旦发布到外网去，影响面可想而知。比如大家熟知的《王者荣耀》，DAU（Daily Active User，日活跃用户数量）最高的时候 1.35 亿，若内网偶现 bug 未解决，外网则必然会大面积爆发。在我们游戏测试的过程中，可以通过详细记录每个操作步骤，反复进行验证，坚持不懈地验证来重现偶现 bug；也可以通过压力测试、协议测试、自动化测试，或者代码层面白盒测试来复现偶现 bug；还可以在初期接入代码扫描工具，增加日志上报等前期准备工作，一旦有偶现的问题，及时提交日志，便于开发侧进行深入全面的分析。

最后，是关闭 bug。每个 bug 从提交开始，就有其自身的生命周期。它是一个闭环的生命曲线，如图 3-3 所示。站在 bug 的生命周期角度分析，一个 bug 由被发现的起点，走到被关闭的终点，才是一个合理的、完整的过程。我们作为测试人员，要有主动意识推动开发人员解决问题，并协助他们解决，只有问题解决了，游戏的质量才得以提高，测试人员的最终目的才能达到。

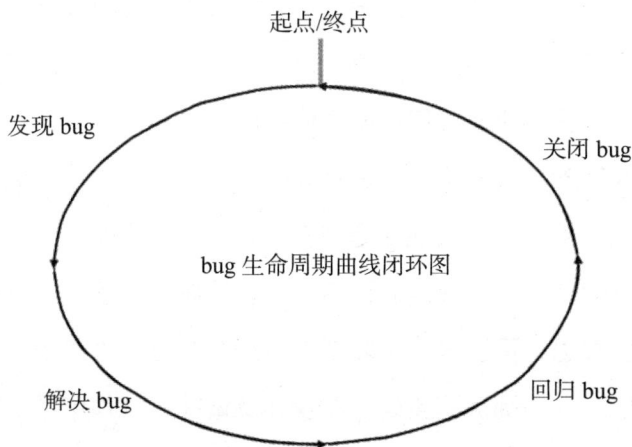

图 3-3　bug 生命周期曲线闭环

（2）站在 bug 之上。在我带领测试团队负责游戏项目的测试过程中，我一直在引导这样一种思想——作为一名游戏测试人员，我们是对游戏功能、对系统框架最了解的人，也是游戏的第一批玩家，我们应该有足够的话语权。换句话说，游戏测试的价值不仅仅是发现 bug，应该要更加拓宽测试的视野，服务于整个游戏项目，项目的成功可以带来测试的成功。对于游戏项目来说，前面章节也有介绍到，时间是首要的，尤其是 2013 年底手游的爆发，在时间短、项目周期更快的节奏下，对测试的挑战也非常大。以 6~12 个月的开发周期来说，项目上线的时间基本上是板上钉钉的，这样一来，留给项目整体的测试时间是很有限的，这也意味着我们不仅需要去摸索、去创新我们的测试方法，还需要在测试范围方面有取舍。我们所熟知的二八法则，也同样可以适用在测试方面。对于二八法则，80%的错误是由 20% 的模块引起的；80% 的测试成本花在 20% 的游戏系统中；80% 的测试时间花在 20% 的游戏系统中。

从测试设计分析开始，就可以通过分析得出，哪些系统是核心系统（比如武将技能、宝具系统、关卡系统、商城系统等），哪些系统是周边系统（比如任务系统、成长系统等）。对于核心系统，我们在测试设计阶段和用例设计阶段，就重点关注、跟进和评审，测试执行过程中重点跟踪，测试总结阶段，同样用数据来验证我们的设计和分析。如图 3-4 所示，是我负责的英雄传奇项目第十四迭代版本测试的 bug 统计。从图中可以看出，武将技能、宝具系统、关卡系统的 bug 是最多的，这也就更验证了我们最初始的设计分析，因此在后续阶段的测试中，这些系统也是我们测试和跟进的重点。通过分析数据，可以进一步验证二八法则的适用性，那么在实际测试工作过程中把二八法则落到实处，不仅在测试执行工作中可以提高关键质量目标，还可以为项目的研发降低成本、减少时间，从而起到真正服务于项目团队，进而提升测试团队的核心价值。

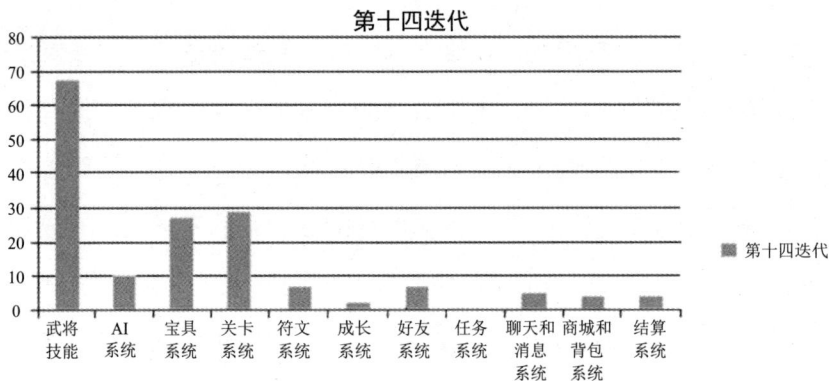

图 3-4　迭代测试 bug 统计

（3）挑战零缺陷。"零缺陷"思想是在 20 世纪 60 年代由被誉为"全球质量管理大师"的菲利浦·克劳士比提出的，并在美国推行零缺陷运动。

克劳士比的"零缺陷"并不是说绝对没有缺陷或缺陷绝对要为零，而是指"要以缺陷等于零为最终目标，团队成员的每个人都要在自己工作职责范围内努力做到无缺陷"。这其实是要求我们测试人员要变被动为主动，在设计之前，就做好设计的防患措施，为设计高质量的软件打下坚实的基础；是要求测试人员具备更高的视野，从测试技术的角度出发，提出更多、更实际的游戏设计质量防控的措施。日本质量大师田口玄一说过：质量是设计出来的，而不是测试出来的。由此可见，一个游戏项目的质量，是需要依靠整个团队的共同努力，从需求开始，策划人员就要对需求的设计、各系统的关联考虑得更周全；开发人员要对底层框架设计，编码规范，异常情况的考虑更细致；测试人员要对测试分析，风险预判更深入、更全面；测试人员在测试总结分析时，要追本溯源，找到问题的根源，分析后提出防范措施，并加以执行。因此，追求零缺陷，是以预防为主，事后的测试验证为辅，主动推送设计尽量一次做好，这是测试的最高境界，也是我们每位测试人员持续追求的目标。

## 梳理测试管理的有所不为

不得不说，当我只是负责项目的具体测试工作时，我会感觉到游刃有余，即便是当初跨行游戏测试，那也只是短暂的困难和挑战，但自从开始带领一个小团队负责英雄传奇项目测试，我还是感受到了不一样的压力和挑战。总感觉每天都忙得团团转，淹没在琐碎的日常工作中，或者是被各种事务打扰和中断，既要负责测试执行的工作，又要对外包人员进行管理，包括任务的分配、执行工作的确认、人员的培养，还要和项目组保持充分的沟通。

由于腾讯游戏品质管理中心对测试经理是没有实质性的行政职权任命

的，也就是说我当时所处的组织架构，作为项目测试负责人，并非一些公司真正意义上的测试部门的负责人，只是一个或多个项目的测试接口人，是带领外包团队负责游戏项目的测试工作，但需要对项目的质量负责，对外包人员的考核负责。我向上汇报的是测试组的组长，组长是公司任命的职能经理。在这样一种背景下，加上初始团队规模也比较小（算上我在内只有 5 个人），我根本没有意识到，我已然是在带领一个团队负责测试工作，虽然没有行政职能职权，但已经承担了测试管理的工作。因此，当每天都很忙碌的时候，反倒感觉一种从未有过的充实，即便有时候自己一个人加班加点忙到很晚。

随着测试组承担的业务线越来越多，我负责的项目也越来越多，自然而然，团队的规模也逐步壮大，到 2012 年底的时候，已经开始负责带领 15 人的团队，其中正式编制 3 人，外包人员 12 人。这个变化，加剧了我每天的忙碌，比起之前的忙碌，似乎每天都好像有很多事情没有做完，或者感觉都没有做好。一段时间下来，产生很强的焦虑感，甚至觉得有些糟糕。当然，还有我自己在做的一件事，也影响我精力的分配。2012 年 7 月份开始，我在准备 MBA（工商管理硕士）的考试，为期半年的时间。虽然后来没有考上，但这半年的准备时间和整个过程，对我来说，收获是巨大的。MBA 考试的准备是偏向于理论知识，但面试环节，考验的是应试者对管理方面的理解，是需要具备实打实的管理经验的。如果没有真正思考或者承担过管理方面的工作，还是会在面试环节暴露无遗的。我清晰地记得当时面试的场景，面试官问了我一个问题：你认为管理者和领导的区别在哪里？听到这个问题，我大脑一片空白，停顿的 10 秒钟，我都能听到自己的心跳，尴尬至极，支支吾吾地回答自然影响了整个面试的分数。

走出考场后，我不断地回顾着过去很长一段时间我带团队的场景，团队规模的逐步壮大，负责的业务线越来越多，但我似乎一直没有真正转变过身份，我还在承担着大部分执行层面的工作，似乎从来没有去想过什么是管理，什么是领导。这也就解释了，为什么每天都很忙，但却又感觉是在瞎忙，很多事情都没有做完，没有做好。回来后，我思考着要从根本上去改变这种忙碌，但却没有实际效率和效果的状况。于是开始查阅相关资料，至少得先从理论方面去理解管理者和领导的意思。和管理、领导相关的，还有一个执行。

执行：是指实践你所设定的具体目标，开展并完成你需要处理的不同工作，或者从头至尾地把握某件事情的投入与产出。具体内容包括：制订工作计划、跟进落实每个项目的测试周期和最后发布的质量、处理各个项目的外网问题，以及为团队成员寻找或提供培训。

管理：是指寻找适当的人选，帮助你达成团队的目标，完成上级交办的任务。"管理"的内容包括：厘清工作思路（需要完成哪些工作）、做好工作规划（由谁完成哪一项工作）、与下属充分沟通（给他们提供必要的培训与指导，向他们解释整个流程）、监督（确保员工完成了工作），以及绩效评估（评判工作完成的质量如何）。还包括：面试与招聘新员工、定期总结和回顾、与团队成员一起工作等。

领导：是指为员工创造出理想的工作环境，激发他们获取成功的愿望，让他们积极主动地努力完成自己的工作。具体的内容包括：倾听每一位员工的心声，鼓励、激励他们发挥出最大的潜力，表扬、认可他们的工作，提供支持，告诉他们为什么他们的工作非常重要，率先垂范，鼓励变化，再接再厉、不轻言放弃，与员工分享、沟通团队或部门的愿景，积极促进团队成员之间，以及团队与其他团队之间的沟通与交流。

在梳理清楚执行、管理和领导的概念后，我回顾了很长一段时间内，我每周的具体工作，列了如下一个清单：

（1）每周固定的 TM 周会。

（2）每周的工作总结和一周的工作安排。

（3）具体负责的项目的测试计划安排、测试进度跟进及测试质量风险把控。

（4）其他项目的测试跟进。

（5）相关项目外网问题处理、跟进和落实。

（6）和项目组的沟通工作。

（7）外包人员测试执行跟进。

（8）外包人员的沟通。

（9）召开、组织或参加各种会议。

（10）组织团队成员的培训和分享。

（11）分析团队成员的工作执行情况和实际效率。

（12）……

当然，这只是其中的一部分，如果同是测试管理者的你，遇到类似忙碌的情况，也可以当下就拿出笔来，给自己列一个清单，一起来分析。

基于对这几个概念的理解，再来看我刚才列出的清单，挨个分析，看看它更多地属于"执行""管理"中的哪一项。有的行为可能横跨执行与管理的多项。比如，召开会议就囊括了"执行""管理"两项内容。说它是"执行"，是因为你就是召集会议的那个人；说它是"管理"，是因为在这次会议上，你制订了工作计划与项目规划。

基于这个分析，应该有一个目标：有所为，有所不为！当代最杰出的新管理大师之一彼得·圣吉（Peter M. Senge）说：**管理者的工作是解决问题，而领导者的工作是制造问题（制造解决方案）**。作为 TM，需要在这个过程中，慢慢地转变观念，有所为地去承担解决问题、制作解决方案的角色；有所不为地把纯执行层面的工作慢慢地分出去。所以这里的有所不为，并不是说，作为 TM 每天的工作就是在公司打"酱油"，不干正事，而是要把时间和精力花在管理的工作上，或者说，所做的大多数日常工作慢慢地转为属于管理类或者领导类性质的工作，不用事必躬亲。

当然，不管是处于哪个层级的管理者，总是有很多执行方面的工作，何况是我这一线的 TM，执行类的工作更多。既然承担了 TM 工作，负责了一个团队，那么在带领一个团队做项目时，我们需要有培养自己管理思维的意识，慢慢形成有所不为的魄力，给团队成员赋予一定的"权力"，培养团队成员独立工作的能力，让他们来帮助 TM 减轻执行的负担，这样，TM 就可以腾出更多的时间来进行管理方面的工作。与此同时，不定期或者定期地审视自己的工作清单，分析减少了哪些执行类的工作，哪些工作偏向了管理方面的工作。我们说一个人即便一天 24 小时不吃不喝地工作，也就只有 24 小时，但一个团队 16 个人，每个人投入 2 小时，就 32 小时了。只有把团队培养好，充分调动团队的积极性，发挥团队的最大效能，才能创造更大的价值。

在不断坚持以有所为和有所不为为目标的导向下，我开始了慢慢从执行层面偏向管理层面的转变，以下是实际工作过程中的几点措施。

（1）拓展团队成员的能力，提供培训和"授权"。在我们测试团队建立了切实可行的培训机制，培训的内容大多和项目或者实际工作相关。我们实行的是每个月两次大分享，小组成员每半年提交一次议题，然后按顺序排列下来，在分享之前，提前准备好；还有每个月月度总结的小分享，包括项目一段时间的总结，以及 TM 分享一些行业内的知识和技能。同时，还给团队成员一些权力，让他们独自参与一些版本的测试，培养他们的独立能力。

（2）自我激励。通过审视自己的工作清单，不断地告诉自己，最近哪些工作做得比较出色，在哪些方面又取得了进步，以及克服了哪些困难。自己经常与内心的自己对话，自己祝贺自己。

（3）认可团队成员的点滴进步，构建信任关系。在平时工作中，细心地去察觉团队成员的点滴进步，并适时地给以他们赞扬与鼓励。可以是口头的，可以在企业微信，也可以直接邮件回复。

（4）增强团队成员的自信。TM 带领的大多是外包员工，不一样的工作环境和性质，会导致一部分外包员工不够自信。因此，TM 需要不断地鼓励他们学习、发展，以及更独立地完成工作，增强他们的自信。在我们团队里面时常会直接让外包人员来参与决策，当他们亲身体验了决策过程，或者根据自己的意志做出了决策之后，他们更有可能相信决策的正确性，也能更好地去执行它。这个方法屡试不爽，也取得了很好的效果，同时让团队的氛围更加积极和充满正能量。因为让团队成员参与决策过程时，他们就会有更强的主人翁意识。这比 TM 一个人做出决定，团队成员去响应效果好很多。

一年多的尝试，验证，再尝试，再验证，有所不为，给我和团队都带来了不少好处。

（1）TM 腾出了更多的时间。在这个过程中，不断地去拓展团队成员的能力，找出他们与其他团队成员的差距所在，然后对症下药地培训、指导他们，向他们授权，团队成员就能完成更多的日常工作。比如我们在后续负责项目的测试工作时，我基本上不用再承担用例执行层面的工作。这样一来，我也就有更多的时间和精力来从事管理和领导工作，同时，还培养预备 TM，建设团队梯度，使得团队的战斗力进一步增强。

（2）团队成员得到了更多成长与发展的机会。当 TM 做到有所不为时，团队成员也得到了学习新的技能、拓展能力的机会。比如制订测试方案、设计用例、制订项目测试计划、与项目组直接沟通，这些都交由团队成员来承担。团队成员承担的工作更多，对于他们来说，也拥有了更多的参与决策的权力，他们的工作干劲也越来越大。此外，定期的培训和沟通，可以让团队成员获得更全面的学习和成长。

（3）测试部门获得了更加强有力的工作团队。成员个人获得了成长，部门则将获得更多的指导如何完成更多人员的测试的成员，不再只是纯粹的执行用例。对于外包人员来说，也可以起到很好的示范效应，部门的离职率也可以大大降低，从而可以承担更多的项目测试工作。

## 找到外包管理的突破口

有所为，有所不为，使得我慢慢地转变了思维观念，也使得我有更多的时间来管理外包团队。外包人员，在测试行业，是不可避免的谈论话题之一，包括我自己，也曾经在华为做过软件测试的外包。从一些数据上来看，外包测试人员的离职率往往是很高的，很大一部分外包人员都是在当前的平台或岗位上没有获得成长，没有获得足够的重视，这样一来，流失就是一个时间问题。当然，不可否认，有一部分外包测试人员就是来蹭一个大平台的工作经验，但这只是很小的一部分。如果我们作为测试经理，在带领外包测试团队负责项目的测试工作时，可以更深入地去了解这群人，找到相应的突破口，我相信还是可以管理得很好的，也可以为我们团队创造更大的价值。接下来，来谈一谈我的外包管理。

在谈外包管理之前，我想先抛出一些问题：

（1）你了解外包的模式吗？

（2）外包团队是一个什么样的团队？

（3）TM不放心把版本给外包人员测试，担心漏测？

（4）外包人员不够自觉，不够用心，测试执行不够认真？

（5）外包人员真的很难管理吗？

（6）你了解外包人员的个性吗？

（7）你了解每个外包人员的优点吗？

（8）你了解每个外包人员真正的诉求？

（9）你关心过每个外包人员的成长吗？

不知道大家是否遇到类似的问题，但我想最初始的时候，大部分测试经理在带领外包团队负责项目的测试工作时，都会有这样的心理：很多测试任务不放心交给外包人员测试，担心测试出问题，而外包人员又没有和我们坐在一起，这样监督也是个问题。而实际情况又在于我们现阶段游戏测试环境中，外包人员参与测试执行，并且起着极其重要的作用。尤其是随着业务的不断扩大，越来越多的执行任务将转交由外包人员来执行，外包人员的数量也在不断增加。那么对每个测试经理来说，这是很现实的问题，我们怎么来远程控制测试执行？如何来确保测试的顺利进展？如何来保障版本的质量？

### 1. 外包概述

我们先来了解下什么是外包。外包是指企业动态地配置自身和其他企业的功能和服务，并利用企业外部的资源为企业内部的生产和经营服务。我们公司称外包为 CP（Content Provider，内容供应商）。在讲究专业分工的 20 世纪末，外包是指企业为维持组织竞争核心能力，且因组织人力不足的困境，可将组织的非核心业务委托给外部的专业公司，以降低营运成本，提高品质，集中人力资源，提高顾客满意度。外包业是新近兴起的一个行业，它给企业带来了新的活力。

外包的模式有很多种，我们所接触的是如图 3-5 所描述的，也即人才派遣。公司和 CP 提供商是派遣合同关系，外包人员和 CP 提供商是真正的

劳动合同关系，外包人员的工资是由 CP 提供商直接支付的，我们公司和
外包人员是业务管理和业务执行的关系。

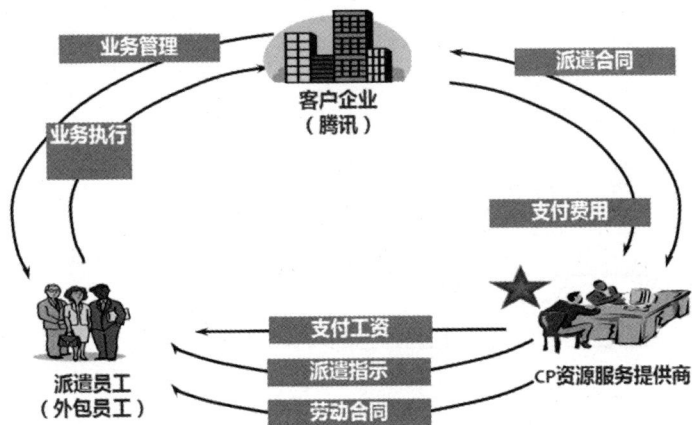

图 3-5　外包公司模式

　　而对于不同的公司，不同的测试团队，其工作模式和流程也不尽相同，
图 3-6 所描述的是我们业务测试和外包人员的一个工作流程。当一个项目
或者版本需要测试时，接口人首先会判断是否要安排外包跟进，是否需要
外包人力支持。如果不用，则释放外包人员，安排学习或者熟悉其他项目
需求；而如果需要安排外包人员测试，则会根据外包人员的情况，判断是
否适合独立接手一些项目或一些小的需求，确定之后，在接口人的带领和
跟进下，后面一系列的事情，比如需求评审、用例设计、用例评审、系统
测试、回归测试、发散测试、版本发布后的跟进、项目总结，都会由外包
人员独立完成一部分，以及配合接口人一起完成一部分，从而使得项目顺
利进行。

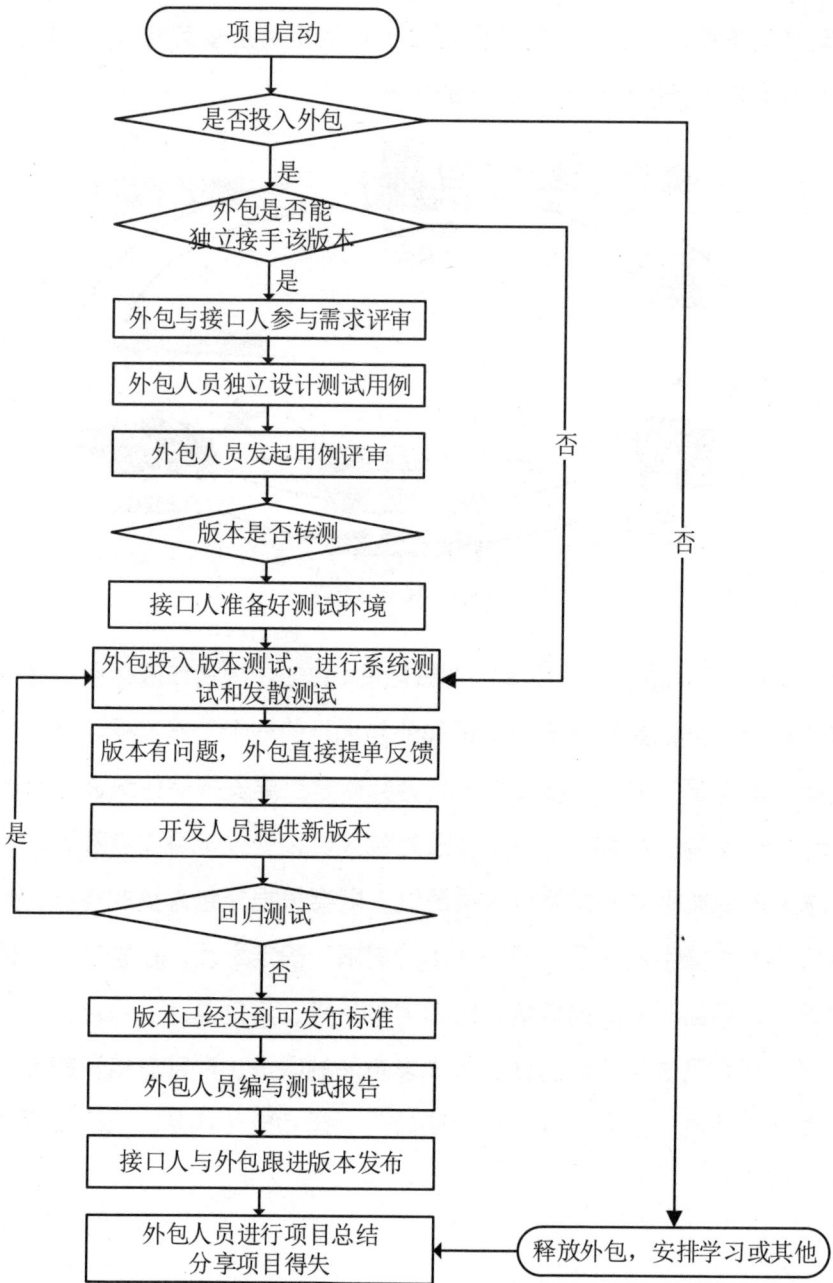

图 3-6　业务测试和外包关系流程图

来自 2014 年外包协会的一项研究数据显示，外包协议使企事业节省

9%的成本，而能力与质量则上升了 15%（5 年后的今天，这个数据肯定有大幅的提升）。数据是一方面的说明，很多企业在大量使用外包，也从另一方面说明使用外包有着很大的优势，我们可以从两个维度来看这个优势。一是业务外包能够使企业专注核心业务。企业实施业务外包，可以将非核心业务转移出去，借助外部资源的优势来弥补和改善自己的弱势，从而把主要精力放在企业的核心业务上。根据自身特点，专门从事某一领域、某一专门业务，从而形成自己的核心竞争力。二是业务外包使企业提高资源利用率。实施业务外包，企业将集中资源到核心业务上，而外包专业公司拥有比本企业更有效、更经济地完成某项业务的技术和知识。业务外包最大限度地发挥了企业有限资源的作用，加速了企业对外部环境的反应能力，强化了组织的柔性和敏捷性，有效增强了企业的竞争优势，提高了企业的竞争水平。

### 2．外包人员的心理分析

结合当时的品质管理中心（2018 年升级为品质管理部）发展来看，业务量在不断扩大，基础的执行任务也在增加，我们把很多测试执行的任务外包出去，由外包人员来执行，这样我们正式员工可以抽出大量的时间来做更加核心的事情，比如专项测试、测试分析、架构分析、性能测试，或者更多地思考。

为了更好地管理这样一群人，一个个团队，让其发挥最大的作用，我们有必要了解下外包人员的一些普遍心理状态，这样便于我们对症下药。

（1）外包人员易产生猜疑及顾虑，对组织的信任程度明显下降。管理流程、职责分配、汇报关系及个人的职业发展定位都会有不同程度的转变，他们自然会产生各种顾虑和猜疑。

（2）外包人员归属感和安全感缺失。外包人员在心理上总是习惯性将自己与企业员工划清界限，"低人一等""外人"的感觉十分强烈，归属感迅速消失，同时由于脱离企业管理被外包出去，员工的安全感也明显缺失。

（3）外包人员工作热情低迷，责任感减退。多数人员倾向于稳定的工作安全保障和长远的职业晋升，而外包人员会感觉各方面得不到保障，因此不能很好地配合企业正式员工完成各项任务，团队士气受到严重影响，对企业发展目标和战略的认同感也有所降低。

（4）外包人员自我认知出现偏差。外包人员对于自身职业生涯规划产生困惑，甚至怀疑自身能力与价值，不能真实、准确地做出自我评价，自我认知出现偏差。长期处于心理压抑的状态中，严重影响了其工作情绪和工作绩效。

以上外包人员普遍存在的几个心理状态，如果没有很好地处理，会带来一些不良的后果，最大的影响就是人员的流动率很高，导致刚刚培养起来的人员就面临离职的可能，总体上来说不利于项目组更好地开展业务。

### 3. 给第三方外包管理对象的建议

由于外包的性质，外包人员在外派之前，是由外包公司和外包管理组共同招聘的，外包公司是外包人员签订劳动合同的公司；外包管理组是当时品质管理中心负责对接外包公司的。这两个管理对象，都有对外包管理的权责。因此，对这两个管理对象，有一些我自己的理解和建议。

（1）对于外包管理组建议。

1）招聘条件和情况要更明晰。在通知电话面试的时候，需要和应聘者说明外包的工作性质和工作模式，如果我们不用直接联系应聘者，那应该知会 CP 公司，要求他们在电话预约面试的时候说明这些情况，这样，来腾讯面试外包的人员，至少是有意愿在这样一种模式下工作的，可以减少面试时的沟通成本。记得之前在面试外包人员的时候，我就问过这方面的问题，他们基本不知道在我们这边的工作模式，大多数以为是和我们坐在一起办公，而据了解，在其他组，也有因为这种远程办公的环境，一入职就有人员离职的现象。

招聘的外包人员，通常情况下，培训适应的时间很短，一招聘过来就需要在短时间内上岗，因此招聘的时候需要尽可能地找一些对游戏真正感兴趣且乐意做游戏测试的人员。

2）采取有效的激励措施。在双月考核得 S 的人才会得到一定数额的奖金，这点后期增加后，对外包人员其实有一定的效用。除了双月考核为 S 的人有一定的奖金，可以扩大一些范围，比如累计几次得到 A 的人员，也可以给予一定的奖励，或者其他比较实际的激励。还有就是每半年或者一年，也可以考虑评选出一些优秀的外包服务人员，并给以一定的奖励。

3）管理需要更人性化。外包人员在不断地增加，制度管理确实是很有必要的，但需要符合公司的企业文化，即关心员工的成长。此前遇到过，因为休假的问题，没有任何理由将外包人员加班的假期直接清零，这是非常武断的做法。假期并不是外包人员攒着不休的，而有时候确实是因为项目忙，需要加班而累积的，那么假期未休完，没有任何延期的情况下自动清零，这对项目后期需要加班其实不是很好。至少后面外包人员会不是特别情愿地加班。所以建议可以考虑做适当的延期，比如年假未休完，会自动延期 3 个月。

对于信息安全，更多的是以强化教育为主，每个人来到一个公司工作，都是会有一定的责任感和工作的忠诚度。一些资料给到外包人员，都是经过测试负责人确认过可以给的，如果太过于限制，会适得其反，毕竟我们是互联网公司。

4）加强对外包人员的沟通。建议每次双月考核结束，外包管理组的人员都能单独找一些人一对一地沟通，尤其是考核拿 C 的外包人员，可能这个比较耗时，但个人觉得还是有必要去了解下是什么原因。诚然，项目接口人是需要进行了解的，而外包管理者的人也应该进行了解，因为角度可能不一样，所以得到的反馈也可能会不一样。

（2）建议外包公司采取如下措施。

1）加强与外包员工的公开性沟通。CP 服务商应采取定期的会议形式，让员工知道外包决策的来由，引导外包人员正确认识资源管理外包，传递有关外包的信息，特别是以正面的方式来传递，以及及时向外包员工公布有利的消息。

2）在法律方面确保外包员工利益不受侵害。CP 服务商企业应遵循法律法规，与客户企业共同保障外包员工利益不受侵害。

3）采取走动式管理策略，表达关注，增强员工归属感。多接触外包员工，了解其心声，以及外包员工在工作中产生的问题。与其交流，听取意见，并在不违背公司利益的情况下，及时给予答复，同时帮助其解决在工作中所遇到的问题，以公开的、积极的行为方式向外包员工传递团队对外包员工的关注，使外包员工感受到团队对其的关心与认可，对整个团队乃至企业产生归属感，增强外包员工凝聚力。

以上两方面都积极地关注，让外包人员能在这个平台获得自己想要的东西。我们的目的很简单，就是希望发挥每个外包人员的特点，做好项目，并且最大限度地减少外包人员的流失率。我想，一个人离开某个平台，除了薪资不满足外，很大一方面是由于在这样一个平台看不到发展的空间，获取不到他们当初选择腾讯互娱研发部品管中心测试组的初衷，而我们作为直接管理他们的测试负责人，其实很有必要去真正地花些时间关注他们在工作中的态度，了解他们的想法，以及在工作中遇到的问题并及时给以解决，我们应该避免每天只是纯粹地让他们执行用例，每天机械化地反馈测试进度，提交测试结果。

### 4．外包人员管理 10 个实战经验

在未进入腾讯之前，我也做过一段时间的外包，结合品管的特点及之前外包公司采取的策略，在外包管理方面，我主要做了如下几件事情。

（1）改善外包人员心理，构建团队士气。当外包人员认为在一个团队中不受关注时，是不会 100%地努力付出的。我们应该相对平等地对待外包人员和正式员工，合理平衡公司员工和外包人员之间的差异。定期或者不定期地找外包人员进行沟通，了解一段时间以来的工作情况，肯定优点，指出不足并给以一些方向进行改正。同时，加强沟通时，了解每个人的诉求和想法，提供必要的帮助，让外包人员融入团队中来。要让外包人员感知到，在这里工作，是可以获得认可的，可以看到自己工作的价值，也可以看到自己的成长。

（2）进行必要的入职培养。每个新入职的外包人员，不要即刻投入项目的测试过程中，至少预留一周的时间来进行必要的入职培养。首先要让外包人员了解整个团队所负责的项目测试，这点其实在面试的时候就会有介绍，入职后，需要更详细地对外包人员进行讲解。其次，要让外包人员了解我们整个测试流程、提单规范、bug 定义等基本的测试工作，从流程上进行规范，给出版本测试指引，让每个外包人员都熟悉项目的测试流程和注意事项，以及环境的配置。最后，给出短期的学习计划，按照计划进行学习并进行 check（检查）。在这方面，带领团队期间，每天我都会安排外包人员对所学的业务知识和对项目的了解进行现场讲解（一般 10~15 分钟），每天下班前提交学习日报，到周五改提交周报，每个月月底进行月度总结。讲解的目的其实很简单，就是真正了解外包人员有没有按照计划进行学习及当天学习了什么内容。

（3）增强互信度，充分"授权"。在加强沟通的前提下，充分认可外包人员的工作能力，认可他们在团队中的贡献，不定期地给予表扬；当然，

对于漏测的地方，也单独地指出来，并帮助其改正。同时鼓励外包人员充分发挥自己的能动性，慢慢改变以前的只通过接口人来和项目组传递信息的方式，给予外包人员足够的"权力"，让其在测试过程中能够独自且大胆地和项目组的成员进行沟通，即增加了自信，又锻炼了沟通能力。

（4）最大限度地提供项目资料，并直接安排外包人员跟进需求。在每个项目开始时，我这边都会先召集外包人员一起，讲解一下整个项目的情况，然后提供项目除了核心设计框架文档外的所有需求文档。提供详细的需求文档，有利于外包人员全面地了解项目的需求。同时，针对每个项目中每个系统的需求，会安排外包人员来讲解对每个系统的理解。这样既检查了外包人员是否花时间去看过需求文档，也加深了他们对需求的了解，这样更加有利于测试。另外，对于一些系统，会安排表现比较好的几个外包人员来自己动手设计用例，并要求他们自己召集用例评审会。

（5）进行任务安排和落实跟进。任务分配时具体化，在每个版本测试时，首先，我会给出详细的测试计划，计划中针对每个人在这个版本中需要测试什么任务，都会做详尽的说明。其次，每天早上进行远程的晨会（不能面对面的，可以考虑使用远程工具），每个人都需要陈述昨天做了什么、发现什么问题、遇到什么问题、今天要做什么。再次，针对每个版本，测试完成后及时提交反馈测试结果，并写出对该版本测试的总结。另外，根据每个人给出总结提到的问题，一对一地进行沟通，帮助其了解清楚。最后，每个发布的大版本测试完成后，都会开总结会，总结版本测试结束后做得好的地方和不好的地方，在下一个阶段进行调整。

（6）鼓励积极融入项目组。测试项目之前，我会先把整个项目组的人员及项目组每个具体模块负责人——和外包人员介绍，会先和项目组打好招呼，而后在测试过程中，鼓励他们主动去和项目组成员沟通，增强一种自信；在测试过程中，也积极地反馈问题，不要担心提错单。

（7）引导思考，真正地参与到项目的测试中来。初始的时候，外包人员只是机械化地执行我们提供的用例，然后提交测试用例执行结果，但到发散测试的时候，往往不知道方向如何。后来针对每次测试，我会先给出一些发散点，慢慢引导大家朝着这些方向去测试，在下一个版本测试，则会要求每位外包人员都写出自己的发散点和对需求的理解。如此往复，形成一个良性循环。

（8）对外包人员实施帮助计划。在工作之余，帮助外包人员有针对性地学习，同时鼓励外包人员主动参与学习分享，每周都安排外包人员自己来讲解他们所准备的议题。这里可以根据每个外包员工的特点，制订相应的学习计划，并定期地进行 review（回顾），让外包人员感觉到，在一个团队中，是和团队其他成员共同成长的，比如开展业务相关或技能的培训。大组有分享时，也要求他们一起参加。同时，在能力范围内，给外包人员提供必要的帮助，包括在公司制度允许的框架下，提供各种学习资料和文档，供外包人员学习提升。

（9）组织团建，为外包人员争取利益。团建是非常必要且有效的手段。因为工作环境的原因，我们大部分时候和外包人员在两地办公。因此，在每个大版本发布完成之后，都会适当地组织聚餐，大家一起吃吃饭，聊聊天，增进感情。同时，项目组有聚餐，则要求项目组带上外包测试人员一起。若项目组有一些周边福利，也极力去为外包人员争取。

（10）收集团队成员的意见，定期进行 review，进行一对一的沟通。在过去我带测试团队期间，这方面还是很有效果的，可以比较真实地获取到大家的反馈。在提意见时，我们也是保持开放的心态，就事论事，真实客观，共同把测试工作做好，同时进行必要的一对一沟通，了解团队成员的困难或困惑，帮助他们解答，提供必要的支持和帮助。收集意见方面，主要会从以下这些问题入手：

问题 1：你认为现在的这个小团队中，做得好的方面有哪些？

问题 2：你认为现在的这个小团队中，做得不好的地方有哪些？

问题 3：你对这个团队或者接口人有什么其他建议？

问题 4：工作中哪些事，更容易产生成就感或增强自己的自信心？

问题 5：你希望 TM 能够给自己带来什么帮助和益处？

每次意见收集后，作为测试负责人，我都会认真地去分析总结，然后再和团队成员一起开总结会，好的方面，我们加强落实，不够好的方面，或建设性的意见，我们会在后续的工作中践行。比如某个时期我们反馈比较集中的一些问题：

1）面对面的交流机会相对较少，版本或者一个项目测试完成后，没有总结和总结会。

2）对需要了解的项目了解不全面，测试目的性不强，甚至有时候版本测试比较盲目。

3）对项目成员了解不多，和开发、产品人员沟通较少，不利于版本测试的进展。

4）团队成员的凝聚力还不够强，没有形成足够的主人翁意识。

5）TM 或者版本负责人，对版本测试的安排不够合理，没有进行有效的分工，会出现不了解版本或需求临时测试该版本的情况。

综上来看，外包人员固然有其独特的方面，但如果我们在实际工作中勇于探索，用真心换真心，认真地去对待每一位外包人员，找到突破口，也是可以管理好并发挥他们的最大价值，进而为项目的测试、为守护版本的质量做出更大的贡献的。

## 再谈游戏测试项目管理

随着手游时代的到来，移动端成为当下最大的游戏平台。游戏的研发周期一再缩短，基本上是 6~12 个月就可以上线一款手游。时间固然是手游时代项目组首要考虑的，但从项目的四要素（时间、范围、成本、质量）来看，质量是任何时候都不能牺牲的，即便在手游爆发的初始阶段，为了占领市场，可以允许有损发布，但严重 bug 占比、crash 率，仍然是要严格控制的。因此，游戏测试一直都是整个项目周期中非常重要的一环。

作为 TM，为保证游戏项目按时、保质在预期范围内完成，进一步加强对测试工作的组织和科学的管理就显得尤为重要。同时，作为一名测试人员，也需要具备或是学习项目管理能力。具备一定的项目管理能力，执行力才有了落地的可能；可以更清楚测试的目标怎么契合项目整体的目标；可以更好地去平衡时间的投入、人力的投入和测试范围这几个维度；可以更好地理解质量风险对项目整体风险的影响；可以更好地在测试过程中进行有效的沟通，服务好项目组，既有效保障质量，又让项目主要相关方满意……这也是我想再单独用一个小节来谈一谈游戏测试中项目管理的出发点。

先来初步了解下项目管理的基础知识。我们说项目管理无处不在，一个游戏项目的测试，也同样可以当成一个项目来做。项目管理就是将知识、技能、工具与技术应用于项目活动，以满足项目的要求。从知识领域来说，项目管理有五大过程组，分别为启动、计划、执行、监控、收尾；十大知识领域，分别为整合管理、范围管理、进度管理、成本管理、质量管理、采购管理、风险管理、沟通管理、资源管理、相关方管理。其中五大过程组，可以比较好地引导我们在测试每个阶段重点关注什么。比如启动阶段，测试团队要详细了解项目的背景和规划，分析项目架构和系统需求；计划阶段做好测试计划和方案、用例设计、环境搭建、人员分配；执行和监控阶段重点是用例的执行、bug 的提交、跟踪和质量风险的把控；收尾阶段对每个版本做好总结。对于十大知识领域，重点是范围、进度、成本、质量、风险、沟通、资源和相关方管理。学习了解和熟悉这些知识领域，可以更好地在测试工作过程中给以我们指导，做好质量管理。

那究竟什么是游戏测试的项目管理呢？游戏测试的项目管理是指为了使游戏项目能够按照有限的人力投入、预期的时间、满足发布标准的质量顺利完成，而对成本、人员、进度、质量、风险等进行分析和管理的活动。在游戏测试项目管理中，**测试的关键目标是如何在有限的时间内更好更快地完成游戏项目的测试，保障游戏的质量，满足游戏发布的要求。因此，游戏测试项目管理，是一个保证测试的效率与测试的质量平衡的过程。**如图 3-7 所示。

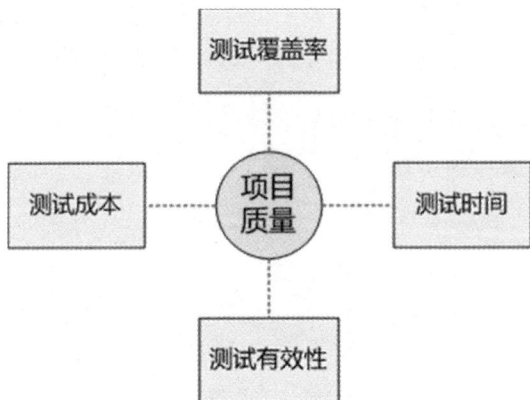

图 3-7　项目质量关系图

测试的质量包括测试的覆盖率和测试的有效性。测试覆盖，是对测试完全程度的评测，是由测试需求和测试用例的覆盖或已执行代码的覆盖表示的。测试的有效性，是**要求测试人员尽早发现尽量多的严重的问题，**而

**不仅仅是尽量多的缺陷数目！** 测试的效率包括测试成本（人力）和测试时间。厘清了这个平衡的关系，那么我们在测试过程中，采用项目管理方式方法，可以更好地让测试质量和测试效率过程可视化、透明化，可以更好地优化人力的投入和时间的投入，以此来多快好省地完成项目的测试任务。所以，在整个游戏测试管理过程中，需要特别强调以下几个方面。

### 1. 明确测试范围

我们需要在测试的过程中对游戏的需求和各个系统进行工作任务分解（Work Breakdown Structure，WBS），这是在对测试范围规划时所使用的重要工具和技术之一，是保障测试覆盖率和测试有效性的重要依据。通过对需求的分析、工作任务的分解，把能够用自动化工具测试的尽量用自动化去验证，能够用工具代替的部分在分解的过程中及时地识别出来，满足二八法则。同时，分解的过程中，识别核心的系统模块，投入的人力用来覆盖这部分的测试，而且尽可能早地投入测试，在测试前期尽可能多地发现严重的问题，以问题来驱动。前面章节我们谈到的需求测试主要是通过分析检查系统的需求定义，尽早地修正和验证需求，然后使用各种黑盒测试设计方法来设计最小数目的用例，同时满足最大的功能覆盖，是满足二八法则的。此外，实际测试过程中，协议测试、自动化测试、压力测试，还有在未正式转测之前的冒烟测试，都是比较有效的手段。

### 2. 构建测试流程

**流程是为效率服务的**，构建规范化的测试流程，可以使得各项测试工作有条不紊。具体来说包括：①测试尽早进入项目组；②对需求分析和需求分解；③测试负责人编写正式的测试计划；④各系统模块负责人设计用例，并对用例进行评审；⑤搭建独立的测试环境（主要目的在于确保测试环境不受其他因素影响，可以提高测试效率，也可使得测试过程中发现的问题尽快定位）；⑥提供开发自测用例（挑选优先级最高 10%的用例，供开发侧在开发期间进行自测，提高转测试版本质量）；⑦版本转体验期间，投入人力进行冒烟测试（游戏项目开发周期，一般都会预留产品体验的时间，这个时候可以根据实际情况，投入人力提前冒烟，以问题驱动开发进一步提高转测试版本的质量）；⑧明确 bug 管理流程（测试人员提交的 bug 需要提供足够的信息；bug 的关闭只有测试有权力；开发侧或产品侧要拒绝 bug 时务必和测试人员沟通；开发侧修改 bug，严重级别以上的，务必写明修改原因和影响面）；⑨测试团队需要写测试报告（测试报告要体现当天测试的内容、发现 bug 的情况、严重 bug 的情况、可能存在的风险、明日计划）；⑩项目测试总结（研发期间，每个迭代版本的测试都做相应的总结，可以站在测试的角度去看看各方面的问题；运营期间每个版本发布，针对每个版本从需求规划到版本发布、过程中的问题，以及外网漏测等问题进行总结和分析，不断地总结，也推动整个项目组的各方面都越来越好，越来越顺畅）；⑪推动整个项目研发流程（测试是最后的一个环节，但从闭环的角度来看，又是第一个环节。从最后一个环节，往往是最容易去发现很多问题的；从第一个环节，可以驱动整个项目组的角色和职责更加的明确）。

如图 3-8 所示，是我在负责《英雄杀》游戏项目时，推动并落实的项目开发流程。

（1）产品侧。

a．产品在年初给出至少一个季度的版本规划，并进行宣讲，说明每个季度的目标。

b．在每个季度开始之前给出下一个季度详细的版本规划，包括各种活动运营版本，以及程序人员、美术人员一起确定的需要上线的时间。

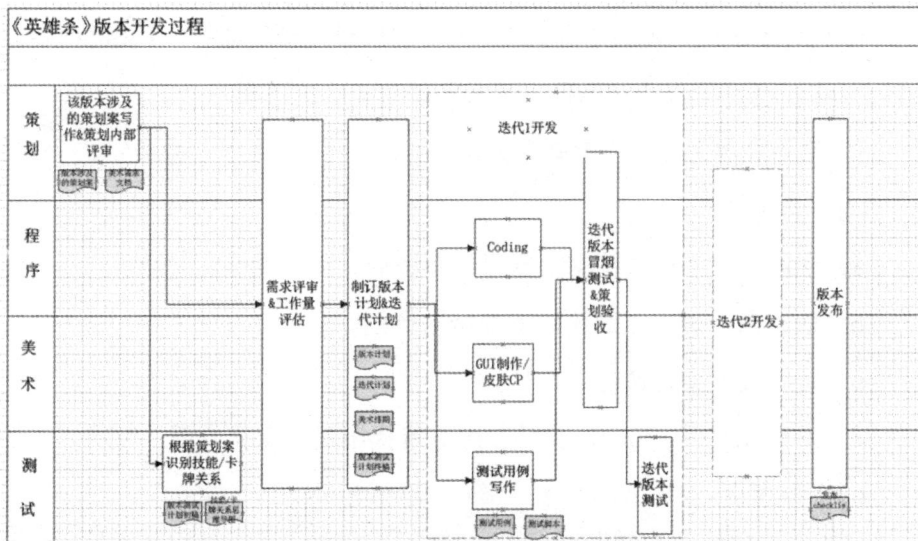

图 3-8    《英雄杀》版本开发流程

c．产品人员根据每个季度提出的版本计划，对于活动运营版本需求需提前 1 个月给出需求文档，包括游戏内 GUI（图形用户界面）及运营活动原画需求文档（按预计发布的时间计算，比如元宵节活动运营版本是 2 月 22 日发布，需求需在 1 月 21 日左右给出）；新英雄，如一个章节（10 英雄）需提前两个月给出需求文档。

d．皮肤和原画需求需要至少 1 个月，产品人员提 TAPD 单给到主美。

e．产品需求文档，需邮件周知需求文档路径；若是小需求，需录制 TAPD 单跟进。

f．需求在开发过程中有变更，产品人员需及时知会项目经理，并周知项目相关人员。

g．产品人员提出需求后，尽快召开评审会，项目经理、产品人员、程序人员、美术人员、测试人员必须参加。

h．在需求评审会结束后，产品人员需解答并整理评审会上提出的问题点，而后邮件周知项目相关人员。

i．在版本功能开发完成后，产品人员需积极地参与体验；开发过程中，时间允许，也请积极参与体验，及时了解功能实现的相符度。

j．产品验收完之后才能转测试。

（2）美术侧。

a．根据产品需求跟踪皮肤原画外包进展，每周同步。

b．版本需求确定之后给出美术排期计划。

c．审核美术交付件。

d..对产品交互、GUI、皮肤、原画等提出优化意见并跟踪解决。

（3）程序侧。

a．在开发需求时，提前给出 CE 版本，供测试录制脚本及产品人员进行技能调整。

b．开发评估的时间计划表需要由主程、项目经理审核，以减少偏差。

c．开发在代码实现需求时，如有需求不明确的地方，要及时和产品进行沟通，并当面确定清楚，而后由产品邮件或企业微信周知项目相关人员。

d．产品人员直接找开发人员实现某个需求时，需找项目经理沟通后，再转到开发人员进行开发。

e.在修复 bug 的时候必须写明 bug 的原因、处理方法、可能的影响点，并进行自测。

f．根据项目经理制订的计划，若出现一段时间内存在两个版本（A 和 B）交叉开发，则最近一个发布版本 A 占用 svn 主干；另一个版本 B 用 tag 分支进行代码与资源 svn 提交，以防止版本 B 的特性带入版本 A 中，被提前发布出去。版本 A 全网发布，外网运行稳定后，版本 B 再合入主干。

（4）项目经理。

a．推动团队一起制订切实可行的开发计划，并端到端监控版本进度，确保计划可实现。

b．项目进展和问题透明化，通过邮件、企业微信及时知会相关人并做好团队内部、外部的沟通工作，减少过程中等待。

c．屏蔽干扰。

（5）测试侧。

a．测试负责人必须参加需求评审会，并提前准备好需求中可能存在的问题。

b．测试在需求开发之前给出测试用例，对于《新英雄》的开发，提前给出用例的同时并录制好脚本供开发自测时用，也便于测试人员进行冒烟测试。

c．测试人员在转测试之前，邮件形式给出测试用例，并评估给出测试用例评审时间。

d．测试人员在需求实现之前，给出自动化脚本，供开发人员自测及正式版本转测时冒烟测试。

e．测试负责人在项目经理制订项目计划时，给出评估的测试时间及评估时间的依据。

f．测试负责人在转测试之前，给出详细计划，和项目组一起确认测试计划中的测试范围。

g．测试提单的时候需要给出 bug 所在项目的具体版本号，严格按照提单要求进行提单。

h．测试在完成版本测试之后，及时提交测试报告，给出版本的测试总结及风险评估。

i．测试在签发电子流时，需进行发布确认，核对提交发布的每一项。

j．在发布过程中，及时到外网体验；同时，及时关注外网论坛玩家反馈，在发布之后，也继续观察外网论坛反馈，收集外网玩家反馈。

（6）项目发布流程。

a．版本发往外网前需要对照发布 checklist 检查，最好 2 个人结对检查。

b．在向外网发布版本时，开发需要提前一天将本次版本修改和修复的问题同步给产品，同时产品需要在前一天准备好官网公告。

c．至少提前半天时间发布公告，同时发布公告时需要邮件发送给客服和论坛责任人，让版主发布论坛置顶帖子和回答玩家疑问。

d．公告内容需要明确：具体版本发布时间、是否停机或者只是重新登录即可、玩家注意事项、本次版本发布和维护的内容、论坛链接入口。

e．版本发布策略以灰度为主，如果切实需要强行 T 人或者停服回档等严重操作时，需要和产品负责人确认才能进行操作。

f．版本发布后产品要在论坛和玩家群观察版本运行状况，有问题即时反馈给开发解决。

g．每次发布完成后团队做发布总结，并丰富到发布 checklist。

### 3．建立良好的沟通机制

良好的沟通是测试的质量和测试的效率平衡的桥梁。作为测试团队，我们沟通的对象主要有两个方面。

（1）测试团队内的沟通。一方面是向上的汇报，在测试团队的组织架构下，作为 TM，我是向测试组的组长汇报的。除了我们固定每周的 TM 周会，会面对面地汇报项目的情况，在测试过程中，也需要将自己的工作透明化、可视化，要让组长知道你在做什么。若遇到有什么问题，提前告知风险，提前预知情况，及时跟领导沟通，告知当下情况，当然要说出你的解决方案或者你的见解，并借助组长的力量推进解决问题，所以向上汇报，积极主动很关键。另一方面是向下的沟通，主要是外包测试人员。需要更加真诚地去待他们，要以身作则，以德服人，获得团队成员对管理方式的认同。在对成员的指导时，要有的放矢，有针对性，能够让团队成员实实在在地从工作中学到其想要学的知识和技能。作为 TM，也要建立起整个测试组的学习氛围，做好必要的团队氛围建设。当然，其实还有同级之间保持开放的心态，多沟通，多了解他人的项目情况，从中吸取经验和教训，避免踩同样的坑。

（2）和项目团队之间的沟通。首先是和开发之间的沟通，从某种意义上说开发和测试是对立的，所以和开发人员之间的沟通，务必实事求是，就事论事，尤其是在对一些有争议的 bug 方面，在沟通时，更要保持足够的职业化，互相理解，共同探讨和分析，必要的时候请团队骨干成员共同讨论，这样可以有效避免争吵；但若解决 bug 的过程中，出现反反复复重新打开的 bug，或解决 bug 引发新的 bug，也必须要敢于站出来挑战开发人员，推动并建立相应的规则和规范，来更好地进行约束，更好地提升测试的效率。其次是和产品方面的沟通，需求是源头，在需求分析和需求测试阶段，就要和产品保持充分的沟通和交流，勇于挑战产品需求，同样是保持客观中立的态度，实事求是。在沟通过程中，保持虚心学习的心态，多问些为什么，多了解些需求设计的目的、背景什么的。在版本体验期间，依据产品重点关注产品的功能和体验，要推动产品人员积极主动地去体验，尽量避免很明显的问题由测试人员提出来。最后是和项目经理或项目的负责人的沟通。可定期汇总测试工作情况、版本质量情况、版本质量的风险，同步项目经理和项目负责人，如有存在风险，可让他们尽早地了解到质量的情况，借力推动问题的解决，保证版本的质量。

### 4．做好测试风险管理

关于风险管理，似乎是项目经理的专利，经常听到项目经理说风险管理，而对于游戏测试项目管理，却很容易被忽略。风险管理是指如何在项目或者企业这样一个肯定有风险的环境里把风险可能造成的不良影响减至最低的管理过程。从概念上来说，测试的风险管理也是整个测试过程中非常重要的一个环节。在负责手游测试阶段，我们时常会遇到一些这样的情况，版本要在什么时间节点发布，但需求开发工作量往往又很大，这个时候开发的时间被压缩，自测就不够充分，导致转测版本的质量大打折扣，而发布时间不可变，版本的质量风险就大大增加；或者开发时间保持不变，原有评估的测试时间被压缩，也会增加版本质量的风险；再或者在版本中后期，有需求的变更或需求的增加，导致测试资源的分散，也是增加质量风险的一方面。

我们回看关于测试的效率和测试的质量平衡矩阵，但凡是打破这个平衡的，都会带来测试质量的风险。所以，作为测试人员，我们始终是要保持对质量的风险意识，做好测试风险管理，并及时整合风险的信息同步项目组，共同为项目质量保驾护航。

## 助力职场的 721 学习法则

努力不一定会有收获，但你不努力，就一定不会有收获。在独立带领测试团队负责支持项目团队的测试时，我越来越相信，**越努力越幸运**。我们知道，互联网时代是一个信息爆炸的时代，每天都可能接触到新的知识，身处互联网浪潮，唯有不断地学习，学习，再学习，才有可能保持永久的核心竞争力。宋代朱熹《朱子语类》有云：曾子一日三省，则随事用力。古人尚且如此，我们更要在实践中经常进行自省，需要更加快速地反应和学习。正如在达人访谈时 Dowson 所说的，我们**要像海绵一样，每天不断地进行吸收，不断地充实自己，提升自己**。

无论是工作还是学习，积极主动都是快速成长的途径之一。2012 年下半年，我们测试组空降了一位正式任命的组长，英文名 Horace。在他的引导和指导下，我所带领的测试小组，负责各项目的测试工作都进展得很顺利。在次年，也迎来了考核五星和晋升 T2.3 的双丰收[1]由于各方面的工作有条不紊，品质管理中心年终的调研，项目组也给予了良好的反馈，在 2013 年下半年的时候，我也主动和 Horace 沟通，承接了《欢乐斗地主》和《98 拳皇》项目的测试管理的工作，团队规模也再次扩大，当然，挑战也更大，但更重要的是，做项目的过程中，能够学习的也更多。

在 2013 年下半年的时候，我所负责的大项目已经有 4 个，包括《英雄杀》《英雄传奇》《欢乐斗地主》《98 拳皇》，还有若干 WGP 平台的页游项目，以及每两个月一款的外包棋牌项目。不同类别的游戏，用不同的测试方式方法；不同的小团队，用不同的管理方式方法。我也开始在思考：大部分的时间都花在了项目上，但从项目中的不断总结与思考，和项目组的沟通交流，却是获得成长最多的地方；"三人行，必有我师焉"，在和团队成员及同组的同事沟通交流过程中，在和团队成员分享或从团队成员的分享中，也同样可以获得学习和成长；还有另外自己业余时间，或晚上，或周末的学习。3 个方面学习时间和精力的分配，使得我在担任测试经理这几年的时间快速地成长起来。

偶然的时间看到有关于 721 学习法则的介绍，再结合自身带团队带项目的经历和学习，也更加验证了在工作中的学习时间和精力的分配。那么什么是 721 学习法则呢？

721 学习法则是由摩根、罗伯特和麦克 3 人在合著的《构筑生涯发展规划》中正式提出的。它告诉我们在成人的世界中，70%的经验的获得来

---

[1] 腾讯的考核是五星制度，五星是优秀员工；2013 年晋升 T2.3 仍然需要答辩，后来通道改革，就只要提交一个 PPT 参与评审就可以了。

自工作中的学习，边工作边学习边总结，不断应用于实践，再进行经验的调整总结，再实践，一步一步循环往复中形成可靠的经验和技能；20%的经验来自通过与身边优秀的人沟通、讨论、交流，从而习得他人的经验，并借鉴参考之，内化成自己的经验；10%则来自常规的培训。如图3-9所示。

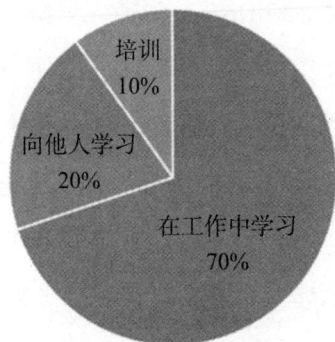

图 3-9    721 学习法则

这就告诉我们，作为学习主体，我们不仅仅要学会知识，还要通过实践去用我们的所学，将所学转化成劳动成果，并通过向同伴学习，通过不断地总结反思，最终形成稳定的工作才干，为自己的企业做出贡献，实现自己的价值。

以我们平时的测试工作为例来进一步说明一下721学习法则。

大家工作中是否多多少少都有这样的一些疑惑：

- 每天都很忙？感觉一直在机械化地执行用例？

- 一周、一个月、半年感觉没有什么进步？

- 测试工作没有得到认可，感觉每一天都挺辛苦的，但往往被测试负责人，或者被项目组否定，心里很郁闷？

- 在项目组没有什么归属感，感觉产品和开发人员，乃至项目组都不重视测试？

- 职业发展方面很迷惑，很茫然，不知道测试工作能做多久？

- 不知道作为一名测试人员的核心竞争力在哪里？

这些是不少在测试这条路上的人都会有的抱怨。按照 721 法则，我们的学习成长，70%是来自自己的工作岗位，那么再来看上面列出来的这些问题，我不知道抱怨的这些测试人员，是否有真正思考过、总结过？比如：

- 每一次跑用例的时候，是否思考过别人的用例是怎么设计的？为什么要这样设计？如果这个系统模块的用例交给你来负责，你又会如何设计？该系统用例设计的思路和设计的思想又分别是什么？

- 测试负责人每次同步的测试计划，有多少测试人员是认认真真看过的？有多少测试人员认认真真分析过？有多少测试人员关注过测试计划为什么要这样制订？为什么要制订测试计划？这样制订计划，好与不好的方面有哪些？同样，换做是你，你会制订一个怎样的测试计划？

- 每一个测试任务完成后，有没有主动去思考，这次的测试任务我花了多少时间？后续类似的测试任务，你是否有可比较、可参考的测试数据对比，以便在此基础上有更进一步的效率提升？如果可以提升效率，又该做什么准备？

- 对于你负责的每个版本或系统模块的测试，是否有统计过发现了多少个 bug？哪些是用例发现，哪些是非用例发现？有没有对发现的 bug 进行系统、全面的分析？从中是否可以分析得出质量的风险？有没有针对性分析 bug 所对应的开发人员，从中更进一步了解对应系统开发人员的常犯的一些错误？

- 每一个版本测试完成后，是否主动去总结整个测试过程中的得与失？是否真正去思考过你在该版本测试中参与的角色是怎样的？是否思考过你在下一个版本是不是可以主动承担更多？

- 在反复测试的过程中，是否主动去总结提炼你的测试方法论？是否有你觉得可以和组内分享的知识等？

试想，如果大家在日常工作中，都会主动去思考这些，那还会去抱怨说你就是纯执行用例，没有什么成长，没有得到项目组的认可吗？

但实际工作中，恰恰相反，我带团队的初期，经常看到的情况是：

- 测试负责人将任务分配完之后，测试执行人员完成分配的任务后，然后就没有下文了……

- 用例设计时，没有对需求分析和对需求的全面了解，没有绘制流程图或者思维导图，拿着分配好的系统模块需求，就开始用例设计。

- 在测试执行过程中，问得最多的就是这个需求是什么？需求文档在哪里？

- 在测试执行过程中，为了快速提交 bug 而提交 bug，往往出现一个 bug 描述不清楚，步骤不是最短路径，尤其是一些偶现的 bug，没有耐心或没有思考去寻找可能的绝对路径。

- 每个版本测试完成后，没有主动地思考和总结，测试负责人总结完之后，分享完了也就分享完了，然后依旧没有下文了……

看到问题所在，在我担任 TM 期间，我对团队成员还是提了很多要求，也有针对性地来进行提升，有如下这些举措：

举措 1：对于有需求文档的需求，必须要进行需求测试，及早地发现一些可能的问题。对需求测试，可以更好地在测试用例设计过程中满足二八法则。针对需求是要设计有效的用例，追求的是质量而非数量。

举措 2：每次用例设计，必须要有思维导图和流程图输出；绘制思维导图和流程图是可以更好地去训练逆向思维和发散思维，更容易发现有价值的测试点。对于用例评审，需要有评审纪要输出，方便跟进。

举措 3：每次用例执行完，必须统计给出所执行用例总数，发现 bug 数、严重 bug 数及以上严重 bug 数占比。对应系统严重 bug 占比超过 45%

的，需要给出分析邮件，从质量风险的交付角度分析当前版本的主要问题和风险，以数据为依据同步到项目组。

举措 4：每次用例执行完，必须统计给出用例发现 bug 数和非用例发现 bug 数，并分析非用例发现 bug，以此来进一步地掌握在初始用例设计中哪些是没有考虑到的点，提取出 checklist，同时将非用例分析的 bug，补充完善对应模块的用例，做好用例的维护。

举措 5：每次提交的 bug，偶现 bug 数不超过总 bug 数的 5%。在初始快节奏的测试过程中，若一时不能复现的 bug，先行标记，但需要补充足够的信息，以便在空闲的时间努力去尝试或配合开发人员复现。5%是以最终解决的 bug 为准[①]。

举措 6：对于外网 bug，测试负责人必须要带领测试小组进行外网 bug 分析，重点是从测试角度去分析漏测的原因，以及改进的措施，并在每个月的月度总结会上分享。

举措 7：涉及新的配置，测试环境操作指南，鼓励主动完成配置文档的撰写。

举措 8：每个版本测试完成，测试负责人要带领测试小组进行总结，小组团队成员在版本测试结束后，要对版本进行各自视角的总结，并输出总结文档。

举措 9：各项目测试负责人需整理其所负责项目的新员工入职指引和初步培养计划模板，并不断地进行完善；还要对各自负责的项目进行文档规范化、标准化。

通过这一系列透明化的举措，以及在实际工作中不断地提要求，一方

---

① 这个数据在后来我负责手游的项目管理工作中，也得到进一步的验证，基本上每个版本发布前，最多只会遗留 5 个左右的 bug，因此偶现 bug 占比远远低于 5%。

面是促使团队成员更高效，更强执行力地完成各项测试工作；另一方面更是让团队成员明白，在工作中不断地总结和学习，辅以和团队成员的沟通交流，再加上自己业余的专业学习，才会不断地成长，才能获得更好的成长空间。在信息高速发展的时代，**不断学习才能真正地以不变应万变**，我们可以在工作的过程中不断提升测试能力、项目管理能力、时间管理、任务管理等专业方面的知识体系；同时，也可以更好地**提升我们发现问题的能力、分析问题的能力、解决问题的能力**。我想，这才应该是 721 学习法则带给我们的根本。

2013 年底，是手游爆发的开始，一个全新的平台，又是一次全新的挑战，借助 721 学习法则，不断地学习，不断地充实自己，才能在这个时代不断提升自己的核心竞争力，才有可能抓住机会，才有可能离梦想更近一些。

# 第四章

## 转岗项目经理初始，菜鸟处处踩坑

## 偶然中蕴含着必然的转岗机会

每一次的转变，看似偶然，但似乎又都有着某种必然的联系。**机会是留给有准备的人的**。2013 年 MBA 联考落榜之后，在日常的工作中，我就开始更加关注管理方面的学习。在负责测试团队各自工作及做好质量守门员的同时，更倾向于学习项目管理方面的知识，因为比较感兴趣，并且学习后运用到实际的测试工作中取得了不少成效，这样更加坚定了我对项目管理的学习。但我也清楚，测试项目管理和实际独立负责一个项目的项目管理，差别还是很大的，至少在负责测试工作时，关注的重心是测试这个点，而负责一个项目的管理工作，是一个更全的面。当然，负责测试团队工作期间，我也有过这样的念头，有一天能独立负责一个项目的项目管理，想必会更有挑战性。想归想，我并没有刻意地去准备，只是在日常工作中，会更加注重这方面的学习、总结和积累。事情的发展，往往会始料不及，没曾想，2014 年上半年组织内的变革，成为我转岗项目管理的催化剂。

2013 年下半年，手游开始爆发。为了顺应移动互联网的潮流，为了更好地服务于手游项目的测试工作，2014 年 3 月开始，腾讯互娱研发部的品质管理中心①开始了内部变革，把负责业务测试的测试人员打包并入了四大自研工作室群②，而我所在的公共产品测试三组，也面临同样的拆分，更意外的是我们组的组长 Horace 离职，要移民去美国。在双重的变化之下，我开始重新审视我的职业生涯。过去的一年多，在 Horace 的引导和指导下，我主动承担了很多工作，本质上还是想多维度地锻炼我自己的管理能力，

---

① 2018 年组织架构变革后，拆分为品质管理部。
② 腾讯互娱的四大自研工作室：天美工作室群、光子工作室群、魔法工作室群、北极光工作室群。

而当下，组长离职，人员拆分，未来会怎样也是一个未知数，还不如主动求变，走项目管理这条路，为更全面地学习和积累管理方面的知识和能力打下坚实的基础。

与此同时，当时的 QQ 游戏产品部也开始了有机的分解，把棋牌和休闲游戏项目的团队划归了光子工作室群，并成立了一个新的产品中心——SE 产品中心[①]。这样一来，之前在 QQ 游戏产品部只是负责项目的开发总监 Anson，在组织架构调整后，独立负责整个 SE 产品中心的业务和团队管理[②]。按照业务的划分，我当时负责测试的业务，也仍然有一部分是属于 SE 产品中心。这样一来，和 SE 产品中心团队的接触和沟通更加频繁了。

由于此前我一直服务于 QQ 游戏产品部的项目，包括《英雄杀》《英雄传奇》《欢乐斗地主》这些游戏项目。在日常的测试工作中，我对测试工作一丝不苟，对各项目的质量把关都比较好。在平时的沟通，以及项目组全员的周会上，都表现得积极，敢说敢做，有的放矢，对风险的把控都准确，在项目组有着良好的评价，也有一定的影响力，这些也从某种意义上奠定了我后来的顺利转岗。

因为沟通更加频繁，所了解的信息也会更全面。我个人也有一个工作习惯，但凡是负责某个团队的业务，会极力去了解项目团队及该部门各个业务的情况。当时了解到，SE 产品中心从 2014 年 5 月份开始，启动了一款新手游——PH 项目的研发，到 6 月下旬的时候，原项目经理因为个人原因要转岗。当时项目正处于核心玩法版本的快速研发期，原项目经理的转岗，需要尽快地补充人力，以便快速进入岗位状态，辅助团队做好下一个里程碑的工作。

---

① 2016 年升级为蜡笔工作室，2018 年再次变革，并入欢乐工作室。
② 后来为蜡笔工作室的总经理，管理级别 L2-2，仍然为总监级别。

在了解到有这样一个机会的时候，我内心还是没有太大的自信。虽然在测试工作期间会主动去涉足项目管理方面，但毕竟没有具体的项目管理经验。不过借助于 SWOT 分析，其实也还是有多方面的优势，比如熟悉公司工作流程，可以快速融入公司文化，可以快速融入团队；和 PH 项目的主要相关方都合作过，也彼此都熟悉，主要相关方沟通方面没有太大的障碍。还有 Horace 和通道评委在上一个年度给了很中肯的评价：具备较好的质量把控能力和对项目的风险评估能力，有良好的预见问题能力，并具备在遇到问题的时候推动解决问题的能力；具备良好的项目管理协调能力，善于总结分享；具备较强的流程意识能力，能够对项目流程进行持续优化；具备良好的部门合作意识，能够根据项目的要求，积极反馈需求和建议，并推动执行。因此，我还是下定决心，要抓住这样一次千载难逢的好机会。

在综合分析之后，我主动找到了原 PH 项目的项目经理 Mandy，把我的想法和她进行了沟通，在初步确定后，后来又和 Anson 进行了近一个小时的沟通交流，谈了一下我对项目管理的理解。出乎我意料的是，从 6 月 20 日提出这个想法开始，到正式确定我可以加入 PH 团队，不足一周时间。之后的事情都比较顺利，安排好测试的交接工作，发起转岗流程。2018 年 7 月 28 日，组织架构正式切换，我正式加入 PH 项目组（这是我转岗后负责的第一款手游项目），担任项目经理，全面负责 PH 项目的管理工作，也至此开启了我的项目管理之路。我现在还清楚地记得转岗成功那会儿的喜悦心情，因为实现了我要走管理这条路的定位目标——项目管理是一个可以全方面锻炼的机会。只不过，让我始料不及的是，在项目管理这条路上面，会一路坎坷，甚至一度怀疑曾经的转岗是对还是错。今天，再回过头来看曾经走过的路，我很感恩，也很庆幸我能够坚持下来，因为一切都值得！

后面的章节我将会以实际负责的几个项目，谈一谈我在转岗项目管理初始时踩过的坑，给予同样步入项目管理这条路的同行们以启示，以借鉴。在开始谈下一章节时，先谈一下从测试转岗项目管理的一些心得。

转岗其实并不是逃避原来的岗位，而是对自己的一次重新定位，一次全新的挑战。腾讯公司也是鼓励大家内部转岗的，为此 HR 推出了专门的活水计划。活水计划自 2012 年推出，已经经过 6 年的运营，帮助了 8 000 多名员工实现了个人意愿转岗，活水文化也在腾讯公司深深扎根。那么从测试转岗项目管理，建议可以从以下几个维度出发。

### 1. 用互联网思维做项目测试

互联网产品的一大特点是小步快跑，快速迭代，快速纠错。在这样的大环境下，作为测试人员也要不断地思辨，并且勇于变革。在互联网这个风云变幻的时代，唯变不破，测试行业也不是以前传统的测试行业，更不是简简单单地会做功能测试就万事大吉。所以，必须不断地思辨，不断地进行自我变革，不能抱着既定的流程规范，按部就班地执行，更不能过于死板地坚持某些所谓的测试原则。流程是为了效率服务的，原则是保障基本的测试规范，但在这个变化的时代，在一个项目中，测试更多是服务于项目的，我们应该主动变革、思辨，想想是否有更好的流程、规范等服务于项目，是否有更有效的测试方法满足敏捷下的项目，是否可以更快更好地保障产品的质量。

### 2. 站在项目的高度去看问题

做测试期间，要把一个项目真正地当成自己的项目来做，因为项目的成功会带来测试的成功。测试作为质量的守门员，在做好本职的测试工作时，更要跳出项目，不断地去思考哪些测试方法可以更好地保障质量，提升测试效率。另外，跳出项目，站在项目的高度去看问题，也可以更宏观、更全面地了解到整个项目，可以从更多角度去提出改进意见，比如需求产生阶段，比如开发编码、自测阶段，以此推动整个项目组一起关注质量的风险，提前规避。

### 3. 采用测试先行的思想做测试

测试要尽可能早地参与到测试中，在需求阶段，参与需求的测试；在编码之前，准备好用例思维导图；在版本还未转测之前，投入人力参与体验测试；在正式版本测试结束，更要分析 bug 数据，找出严重 bug 占比背后的深层原因，利用二八法则为下一次测试做好铺垫。测试驱动开发，从测试先行做起，从一点一滴做起。

### 4. 多从质量的角度分析项目的风险，为项目提供有价值的参考

风险是项目独有的特性之一。那么对于质量来说，任何项目都不能以牺牲质量为代价。因此，在做测试工作期间，每个版本都应该从质量的角度去分析项目的风险，为项目提供有价值的参考。服务项目的同时，以客观事实为参考依据，有的放矢，进一步建立测试团队在项目组中的影响力。

### 5. 敢于表达自己的想法，提升自己的影响力

在测试期间，要敢于去表达自己的观点，敢于挑战产品，挑战开发，挑战项目流程，并且能够提出有建设性的意见，赢得项目组的认可，赢得项目制作人的认可。机会或许在下一个转角，但需要我们自己努力去展现，去赢取。

### 6. 运用 721 学习法则，有针对性去学习目标岗位的技能

转岗还是会涉及领域的跨度，因此熟练运用 721 学习法则，合理分配时间和精力，专注目标转岗岗位的能力和要求，有针对性地去学习和提升，为转岗做充分的准备。

## 角色定位不清晰，不知所措

角色定位不清晰，不知所措是我第一个月的真实写照。当如愿以偿走上项目管理之路，激情满满，以为自学了一点项目管理的理论知识，就想当然地认为，管理一个项目又有啥难的。理想是丰满的，现实是骨感的。由于是公司内部转岗，在测试工作交接期间，我就提前 1 个月进入了项目组。当我正式接手一个手游项目的管理时，当我独自开始负责一个 40+的项目团队时，接连一系列的事情让我不知所措，把我打回了原形。我后来把这个状态定义为洪荒的项目管理阶段。

造成这种不知所措的状况，主要原因之一在于初始的第一个月，并没有很好地进行角色的转变。在未转岗之前，一直担任测试团队的 TM。因此，很长的一段时间，都是以一个 TM 的角色在跟着项目，这就必然会导致力不从心。在主导测试团队工作时，测试项目管理是一个点，我只要关注实际版本测试过程的管理，这个过程中，虽然接触最多的是策划和开发人员，但也仅仅限于在需求用例设计期间的沟通，在提交 bug、跟进 bug 过程中的沟通，对于项目的每个阶段，策划人员要如何去推动，开发人员要如何去推动，没有什么概念，更不要说接触更少的美术团队了。

当全面接手一个新手游项目管理时，需要关注项目的整个研发过程，包括从提案落地到需求文档，从需求文档到功能开发和美术表现，从功能开发和美术表现到产品成形。需要关注不同团队之间的配合，包括策划需求文案的输出，开发工作量评估，美术效果图设计，测试的工作；需要关注各相关方对项目的态度、看法和意见；等等。这些对于我这个刚开始从事项目管理的菜鸟来说，都是一个未知数。最直观的感受就是不知道哪些事情该管，哪些事情不该管；不知道作为项目经理在项目的不同阶段该重点关注什么，也正因为如此，才有了接踵而来遇到的一系列问题，包括：策划需求什么时候输出？需求是否清晰明了，优先级又是什么样的？美术资源说明时间节点输出，有预期的时间吗？是否能匹配得上开发的进度？开发对需求理解是否都正确，给出的时间评估是否靠谱？是否有需求的变更，对整个项目计划有什么影响？项目过程中，存在哪些预知和不可预知的风险，如何应对？系统开发工作结束，如何进行验收，如何保证质量？……这些更加让我不知所措，甚至一度焦虑和恐惧。

洛夫克拉夫特说过：**人类最古老而强烈的情绪，便是恐惧，而最古老最强烈的恐惧，便是对未知的恐惧。**因此，深入分析的时候我才发现，角色未转变只是表象，更深层次的原因在于对项目经理职责的理解。角色未转变，对项目经理职责的认知，使得我对实际项目管理过程中各项具体的事情都不知道如何展开，完全属于不可控的状态。

因此，不知所措的深层次原因在于对项目经理的定位不清晰。《PMBOK®指南》中对项目经理的定义为：**项目经理是由项目执行组织委派，领导团队实现项目目标的个人。**既然是领导，是管理者，那带领团队做项目时，团队成员应该都服从我的安排和调度才是。但事实证明，这是不可能的，因为在腾讯，尤其是游戏部门，项目经理是**引导和辅助**团队实现项目目标的个人。一词之差，实际是对项目经理的全新定位。这也就解释了，项目经理其实是一个有责无权的项目管理者。在起初的很长一段时间里，我并不理解，后面慢慢入门项目管理之后，才发现这是一件非常正常的事情。可见，要成为真正的项目经理，只停留在理论层面，是做不好一个项目的，更何况我当时学习的只是项目管理理论知识的皮毛。关于这部分，我会在后面的章节详细介绍到。

那么，初为项目经理，具体应该怎样才能尽快转变角色，找准自己的位置呢？

### 1. 空杯思维

我是一位项目经理，虽然还是个菜鸟，但实际工作中，必须要以一个项目经理的视角去跟进和落实项目，这是建立准确位置感的基础。要开始学着去关注全局，尤其是每个阶段（启动、规划、执行、监控、收尾），各个团队（策划、开发、美术、测试）应该做什么事情。

### 2. 复盘和学习

理论必须得结合实践。每天总结当天遇到的问题并记录下来，从问题倒推回去，找到问题出现的根源。在倒推的过程中，思考为什么会遇到这样的问题，究竟是哪个环节出了问题，然后再重新梳理，让自己尽快进入角色；遇到解答不了的问题，多和资深的项目经理或者直接领导沟通探讨，寻求解决方案。

### 3. 多问为什么

加强理论学习的同时，多问为什么。为什么要这样做，为什么要那样做，从多问的过程中不断思考，作为项目经理，该在某个阶段做什么。此外，在实际工作中关注每个团队（开发、测试、美术、产品）所遇到的问题，将这些问题串起来思考（整体流程问题），然后从整体上去推动、去解决，让自己的角色慢慢得以转变。

## 美术风格迟迟未定，延期的开始

一款游戏是否好玩，是否吸引玩家，最主要还是它的核心玩法，这点毋庸置疑，但游戏的视觉效果、整体的美术风格，在玩家初始接触到游戏时，也是至关重要的。对于一款游戏的研发，美术往往是我们项目启动时要重点关注的，尤其是涉及 3D、动作和特效等资源的情况下，更需要提前计划和落实，一方面是美术资源量大，另一方面是制作时间及合入调整时间非常长，通常都是整个项目的关键路径。引用我们游戏制作人①的一句话：**一个项目，可能会被策划害死；一个项目，可能会被程序坑死；一个项目，可能会被美术拖死。**可见，美术的问题如果没有提前落实到位，一旦有延迟，就是整个项目研发噩梦的开始。

PH 项目自 2014 年 5 月底立项，经过一个半月的紧张研发，到 7 月中旬的时候，已经有了一个较为稳定的核心玩法版本。我当时提前一个月进入了项目组，重点跟进的是核心玩法版本。由于我未能很好地转变角色，也对自己的定位不清楚，因此美术这方面压根儿就没有去关注过，后来我们整个项目在美术方面耗费的时间近两个月。

在刚开始进驻项目组的时候，核心玩法版本的美术 UI 资源就出现不同程度的 delay（延期），那个时候项目组没有专职的 UI 人员投入，这或许就已经为后期的 delay 埋下了伏笔，但由于当时大家的重心都在核心玩法的预演和研发上，整个项目组从上至下都没有重视过这件事。2014 年 7 月 28 日，组织架构切换，我的编制正式划到了项目组这边，核心玩法版本的打磨也告一段落，即将开始的是完善其他核心系统和周边系统的开发工作。在进行工作安排和计划落实的时候，我发现开发人员用的都是非常临时的美术 UI 资源，很是疑惑，不知道当时是一种什么心理，这个疑惑并没有及时地提出来，更没有和项目的主要相关方沟通。一周后，老板第一次质疑了我对项目的管理情况——为什么美术 UI 风格迟迟没有确定，都开始要铺系统了，美术 UI 风格稿都还没有敲定，又怎么能进行 UI 资源的量产，如果不尽快敲定 UI 风格稿，这肯定会对开发的进度有影响了。

---

① 游戏制作人：是指全面掌握了从研发到运营整个体系知识的游戏项目的总负责人，在其管理下实现游戏研发运营一体化。在腾讯游戏部门，游戏制作人等同于总监级别，对应的管理职级是 L2-2。

如果说此前是因为我作为项目经理没有关注美术资源的重要性，不知道在项目启动之初的时候要让**美术先行**，那在接下来发生的事情上，是作为项目经理根本就没有这方面风险意识的问题，是对项目管理过程完全没有认知的问题。

8 月初的某个早上，老板紧急拉起了会议，会议的主要成员有主策、主程、主美、APM（美术的项目经理），我们一起召开了关于确定美术 UI 风格的会议。会议的目的很简单，就是我们需要尽快确定 UI 的风格，因此很快就达成了共识，其结论是：为尽快落实美术 UI 效果图，我们协调光子工作室群 UI 组的设计师来支持我们，要求一周内，给我们提供几个版本的风格供我们选择。有了结论和方向就好办了，我紧急地去跟进和落实了这件事情。一周后，UI 设计组给出了 6 版风格稿。拿到这 6 版风格稿之后，我发起了一个内部调查，大家投票选择最喜欢的两版，然后再二选一，以此确定我们游戏的 UI 风格稿。投票结束后，我们核心管理组从中选了一版，打算作为游戏 UI 风格稿，并计划马上投入人力开始进行量产。

没曾想第二天一上班的时候，意料之外的事情发生了，主美提出了意见，表示对 UI 设计中心提供的 UI 效果图不满意，他本人有更多创新的想法，需要一周的时间重新设计一版。作为项目经理，我原本应该站出来，从项目管理的角度提出我的质疑和风险的，一来重新设计 UI 风格稿，耗时一周时间，新的风格稿出来是否会让大家都满意，是个未知数；二来，8 月初，项目已经开始铺系统了，美术 UI 风格稿再延后一周确定，对开发进度影响非常大，相当于第一个里程碑计划我们肯定是无法完成了。但问题在于，我初始并没有这方面的意识，还有比较关键的一点在于，当主美提出这个要求时，执行制作人和主策都表示了极大的赞同，我们制作人也没有表示反对。既然老板们都没有反对，我一个项目经理，转岗又没有多久，进入项目组也还不足一个月，主要核心相关方都同意，我就更没有反对的理由，也就没有更进一步去从项目目标这个层面去思考了。

就这样，一句"相信我们的主美大神，我们追求精品"，项目组弃用了 UI 组给我们提供的风格稿。其实，从这次弃用 UI 组提供的风格稿开始，PH 项目似乎就注定了要延期。10 天后，主美终于输出了一版美术 UI 风格稿。新的风格稿比预期晚了 3 天才输出，但整体效果看起来确实耳目一新，项目组的核心成员也都比较满意，也当即拍板敲定启用了新的风格稿开始量产 UI 了。事实上，前后算下来，美术 UI 效果图的最终敲定，比原计划晚了两周，而此时我们整个项目的系统开发，一直在沿用临时的美术资源。在后来我们复盘时，因为这延期的两周，导致整个项目因为 UI 效果图的事情，延期了差不多两个月的时间。之所以这么说，是因为美术 UI 直接影响的是整个版本的完整性，包括每个系统开发完成后，都仅仅是代码上的完成，根本没法体验和验收，后面再替换 UI，又涉及交互操作的改动，基本上等于重新开发了该系统，重复增加了开发的工作量。

美术风格稿敲定之后，我们要开始投入量产了。初始没有关注到美术的问题；进驻项目后，没有美术风险意识和目标管理意识，就已经为项目延期埋下伏笔了；在开始对 UI 进行量产的时候，乐观估计 UI 设计的工作量，进一步坐实了项目延期。

UI 的设计并没有我想象中的那么简单，UI 效果图的输出，仅仅一个效果图，其还涉及很多细节，比如一级面板框、二级面板框、通用小控件、按钮大小规格、字体、标题标签、通用弹窗等，而这些都需要耗费时间来细化，否则合入版本里面的效果是非常差的；还要在正式设计各系统 UI 时，定好规则和标准；各系统的优先级也要敲定；哪些是可以复用，以及一旦进入量产，需要避免交互操作的改动。乐观估计的另外一个维度在于，美术侧为了创新而创新，增加了很多额外的设计工作量，这在后面章节介绍范围不断蔓延和镀金时也会谈到。一系列的事情使得各系统的 UI 在量产阶段超级被动，美术资源的输出一直是延后开发的合入，结果就是进度和验收的不断延期。

美术效果图迟迟未定使得项目出现了严重延期，也成为我后续负责任何一款项目时必定重点和优先考量的事情之一，也才有了后来**美术先行的策略**。再综合去看待这样一件事情时，或许这里面确实有很多原因，但归结到一点，项目经理始终要从项目目标的角度出发，以目标为导向，要有项目的全局意识，更要有一种执着和坚持的态度，更要客观地去评估，但凡是会影响项目目标达成的风险，都要客观、专业地提出来。

另外，要有更超前的意识，及时地清楚项目每个阶段存在的最大风险，然后去规避。对于一款游戏来说，玩家登录后的第一印象就是美感。因此，美术效果图的确定，应该在立项之初的时候，就要高度重视，demo 研发的同时，就要同步甚至更早投入人力确定好美术的风格，避免在核心玩法之后才投入人力；同时，**要忠于需求**，美术要高质量，但不能为了创新而创新，忽略项目的整体进度。

## 拍脑袋制订计划，里程碑反复延误

眼睛盯住细节的，是工程师；眼睛盯住结果的，是老板；眼睛盯住过程的，是项目经理。并不是说结果不重要，结果是靠过程来保证的。对于项目控制来说，里程碑就是最有效的过程控制手段。

项目的计划过程原本应该是一个非常现实的过程，而对于 PH 项目来说，项目计划制订的过程，却有着太多的主观臆断，有太多的理想假设，这些没有经过详细论证，没有经过详细分析和准确评估制订出来的计划，都可以称为"拍脑袋"。试想，项目团队成员如果知道项目计划是这样做出来的，会不会哭死。这种带有"先天缺陷"的项目计划，在执行过程中，怎么可能有效地把控进度，里程碑反复延误则是家常便饭了。我们也许会认为，项目计划的延误，会有很多的理由，比如需求量大、需求变更频繁、团队执行不到位、人员的变动等，但事实并不是这样。里程碑的反复延误，往往源于项目规划的本身不合理，甚至于项目规划本身是无效的。

2014 年 7 月 4 日，我进驻项目组后，从原项目经理手中接过了一份项目计划。当时核心玩法版本的开发已经接近尾声，在快速了解了项目背景和目标之后，我继续推进核心玩法版本的完成，要达成第一个里程碑目标。因为担任测试经理期间，会经常性地制订测试计划，所以对计划还是有一定的敏感性，因此在交接工作的时候，特意了解了项目总体规划的制订过程和细节，当时得到的回复竟然是核心管理层大致拍脑袋拍出来的（见表4-1）。

表 4-1　初始制订的里程碑计划

| 5月底 | 5月底—7月16日 | 7月21日—8月底 | 9月1日—9月30日 | 10月1日—10月24日 | 10月27日 |
|---|---|---|---|---|---|
| 立项 | 核心玩法完成 | 周边系统开发 | 技术测试版本打磨 | 发布准备 手Q预热 应用宝抢号 | 全量放开 |

第一个里程碑目标达成后，一切似乎都进展很顺利，PH 项目也正式启动了周边系统的开发，从 8 月中到 9 月中这一个月的时间，单纯地看开发进度，似乎各个系统的功能开发都有序地进行着。但始料不及的是美术 UI 效果图迟迟未定，使得各系统的功能开发完，根本不具备可验收性。9 月初，我第一次调整了整个计划，一方面是因为美术资源的问题影响了后期的验收进度；另一方面，也是高层传递了新的信息，追求品质为主，做精品（见表 4-2）。细心的人可能已经发现，虽然这次调整时间是没有变化，

但很明显的是发布策略已经从全量放开调整为内测了。原本这次调整计划我是可以做得更好的，但后来复盘的时候发现，作为项目经理，居然也踩了同样的坑——拍脑袋制订了这个内测计划，即调整的过程是我独自完成的。

表 4-2　第一次调整的里程碑计划

| 5 月底 | 5 月底—7 月 16 日 | 7 月 21 日—8 月底 | 9 月 1 日—9 月 30 日 | 10 月 1 日—10 月 31 日 | 10 月 27 日 |
|---|---|---|---|---|---|
| 立项 | 核心玩法完成 | 周边系统开发 | 周边系统打磨 | 战斗打磨<br>周边系统功能打磨<br>UI 资源替换 | 内测 |

时间在继续，项目也在不断地推进，10 月国庆节之前的很长一段时间，项目推进的时候都很顺利，殊不知，这一切都是假象。从我拍脑袋调整的这个计划开始，就意味着里程碑目标无法达成。国庆节之后，来自制作人和项目主要相关方的怀疑，使我也顶着很大的压力，这压力主要来自里程碑目标没有按预期时间达成。对于项目经理来说，里程碑目标的达成是一个重要的考核指标。于是，我不得不开始第二次调整了整个项目计划。在有了第一次踩坑的经历后，这次调整计划之前，我相对做了比较充足的准备工作，梳理了后续阶段项目的主要工作情况、可能存在的风险，在正式制订计划的时候，参与人不再是我一个人，还包括主程、主美、主策及项目的主要相关方。当时在调整完项目计划之后（见表 4-3），我心里还暗自在想，这次各个里程碑计划，应该是可以按期达成吧？毕竟这次不是我一个人拍脑袋制订的计划，是和项目核心骨干一起制订的计划，具备一定的可执行性。

表4-3　第二次制订的里程碑计划

| 5月底 | 5月底—7月16日 | 7月21日—8月底 | 9月1日—9月30日 | 10月1日—10月31日 | 11月1日—12月1日 | 12月1日—12月19日 | 12月22日 |
|---|---|---|---|---|---|---|---|
| 立项 | 核心玩法完成 | 周边系统开发 | 周边系统打磨 | 战斗和周边系统功能打磨 UI资源替换 | 持续打磨 关卡重构 数值调整 | 打磨优化 版本稳定 | 应用宝删测 |

　　就这样，从10月国庆节放假回来之后，又过了一个月，回顾这一个月的项目推进，似乎比此前的计划执行得要好一些，但该来的总归还是会来，没有团队成员参与的计划，该延期的总归还是会延期，不仅如此，还给团队成员带来了逆反心理，可以想象的是，计划的执行仍然会大打折扣，里程碑目标还是没有办法按预期达成。

　　当时这种情况还是蛮严重的，11月17日的时候，我召集项目核心管理层开会，沟通计划和目标的事情，得到的反馈都是很悲观，表示我们12月22日应用宝删测的这个计划按目前进度，根本达不成。而大家持悲观态度的原因在于，时间都已经到了11月中下旬了，我们还在重构关卡，UI资源也没有完全替换完，版本的完整度还差着很远，更别提解决质量的问题和对性能的优化了。事实如大家所预料，12月初的时候，计划再一次被迫调整，当再次回顾第二次调整计划时，原来仍然是核心骨干拍脑袋制订的计划。

　　到12月初的时候，我已经转岗整整5个月了，项目计划一而再再而三地延误，对我当时的积极性和自信心打击也是非常大。作为一个项目经理，连项目的计划都做不好，这就是一个不合格的项目经理。我也曾一度怀疑，我是不是不适合做项目经理，怎么制订的里程碑计划会出现反复延误的情况呢？但既然选择了这条路，唯有坚持。我也默默地在心里和自己较着劲。

有了前两次拍脑袋的经历，第三次调整计划，我并没有很快速地就完成。我首先和各个策划人员进行了充分的沟通，把后续涉及的需求都进行了汇总，并和所有的策划人员都沟通明确了优先级；其次，根据开发各自手上负责的工作，把后续的需求和前后台技术骨干、主程充分沟通，让他们给出预估的时间；再次，把美术侧所涉及的需求和具体的工作量也都进行了汇总，排好优先级，并列出对应的工作量；最后，和制作人等项目主要相关方进行了充分的沟通，获取项目过程中可能存在的风险，然后根据这些有效的信息，做深入的分析，排入计划，推演时间，留缓冲时间，这才有了如下新的计划（见表 4-4）。计划制订好之后，召开了一个沟通同步的会议，把新的计划和里程碑目标和制作人及主要相关方同步，和大家达成一致的意见。经过仔细分析和推演，项目最后确定的上线时间是 3 月底。

表 4-4　第三次制订的里程碑计划

| 5 月底 | 5 月底—7月 16 日 | 7 月 21日—8 月底 | 9 月 1 日—9 月 30 日 | 10 月 1日—10月 31 日 | 11 月 1日—12月 1 日 | 12 月 1 日一次年 1月 19 日 | 1 月 19日—3 月 31 日 | 3 月 31日 |
|---|---|---|---|---|---|---|---|---|
| 立项 | 核心玩法完成 | 周边系统开发 | 周边系统打磨 | 战斗和周边系统功能打磨UI 资源替换 | 持续打磨关卡重构数值调整 | 打磨优化功能扩展UI优化数值调整 | 新功能开发运营需求开发 | 应用宝删测 |

事实证明，这个计划调整之后，整体的执行力大大地提升了，团队的积极性也高了起来，后期的各个里程碑计划都顺利达成，项目在 3 月 31 日顺利上线应用宝，开始删测。我也第一次有了一种成就感，虽然比项目最开始预期的时间晚了 4 个月，但至少证明了项目计划制订方向的正确性。

毕竟拍脑袋制订计划，是里程碑计划反复延误的重要原因之一，但其实这个过程中，还有其他方面的一些原因，比如后面章节会介绍到的范围不断蔓延和镀金。

作为一名项目经理，制订计划的能力是最基本的能力，也是最重要的能力之一。因此，在项目正式删测期间，我也再次对整个过程进行了回顾总结，总结的维度分为两个方面。

### 1. 拍脑袋制订计划带来的后果

（1）项目计划具有先天的局限性。拍脑袋制订的计划，是没有对项目进行深入的梳理，往往会造成很多工作的遗漏，尤其是没有进行 WBS 分解的大系统，很容易遗漏很多没有考虑周全的工作，最终影响交付验收的时间；没有对可能存在的风险进行客观的评估，包括项目各系统间的优先级关系，拍出来的时间看似满足项目目标，但具体系统之间的依赖关系没有考虑清楚，却严重影响目标的实现，从而使得里程碑目标无法顺利达成。

（2）项目计划可执行性非常差。团队成员执行项目经理或项目核心团队制订的计划，本身就是不合理的，也会出现不同程度的抵触，因为对于实现过程中的细节，具体执行人才是最清楚的。不合理的时间，自然会导致执行性非常差。

（3）项目计划很难校准。没有经过细致的 WBS，拍出的项目计划往往工作包较大，开发周期也较长，在对计划进行校准时，往往难以估计完成情况。

（4）项目计划缺乏可控性。当里程碑计划出现延误时，不能进行科学的、有效的评估和判断，也不能引起管理层的足够重视，出现问题不断被放大，计划反复延迟，也可能出现急忙赶工，多做无用功。

### 2. 合理规划，制订计划

要合理地规划，不能拍脑袋决定，而且制订的计划要有可验收的价值。

（1）在制定里程碑目标时，一定是有实际可以依据的论据作为支撑，项目经理应该掌握更多的项目信息，关注全局。

（2）要让团队成员自己参与进来进行 WBS 和工作量评估。

（3）在里程碑制定好之后，正反倒推时间，细化分解为项目目标，切实可达成。

（4）在确定这些的同时，及时地咨询相关专家（制作人、主程、主美、主策、有项目意识的成员、核心骨干），预知可能的风险，并给出可应对的计划。

（5）里程碑目标是用来控制过程的，要切实地清楚每个里程碑确定的意义，并将预知的风险分解到每个迭代计划中消化。

（6）保持信息高度透明，出现问题或风险不可控时，及时和核心团队成员沟通解决，要寻求实际的帮助。

## 过于专注技术细节，忽略项目目标

我们先看一个段子，摘自《做项目，就得这么干》一书：

一个人坐在热气球上飞行，突然发现自己迷路了。他降低高度，发现下面有个人。他把气球降得更低，大声向下面的人问路："请问，你能告诉我在哪儿吗？"

下面的人说："当然，你在一个热气球上，距离地面 30 英尺高。"

"你一定是个搞技术的。"热气球里的人说。

"没错，"这人回答道，"你怎么知道的？"

"很简单，"热气球里的人说，"所有你告诉我的东西在技术上都是正确的，但对我一点用处也没有。"

下面的人回复说："你一定是个项目经理。"

"没错，"热气球里的人说，"你怎么知道的？"

"很简单，"下面的人说，"你经常找不到北，或者不知道该去哪，你希望别人能够帮助你。在遇到我之前，你也是这样，但现在是我犯了个错误。"

某天我在这本书里看到这个段子的时候，挺有感触的。结合自身的情况，回顾我当初转岗项目管理很长的一段时间里，也犯着同样的错误——过于专注技术细节，忽略项目目标。

虽然我之前是带项目团队负责游戏的测试工作，但也仍然会偏向于了解技术实现，尤其是当遇到一些比较有挑战的项目，或者在项目过程中，发现一个很有价值的 bug，会花很多时间去和开发探讨技术的实现和问题所在。这种思维在我转岗项目管理之初很长的一段时间内，都有一定的延续。比如会和主程讨论技术实现框架，PH 项目客户端是怎样的框架，服务端又采用的是什么框架；系统在需求评审完后，又参与到和技术负责人讨论如何去实现；然后遇到不懂的技术问题，还会花不少时间去学习和了解清楚，直到弄懂为止。

在如今对项目经理能力要求越来越高，越来越需要通才的时代，并不是说了解技术细节不好，问题的关键在于，作为项目经理，首先要清楚的是自己的首要目标是什么。我们再来看看《PMBOK®指南》对项目经理的定义：项目经理是由执行组织委派，领导团队实现项目目标的个人。可见，**时刻铭记项目目标才是项目经理首要关注的事情**。也就是说，项目各项工作的开展，都是围绕项目目标来的。

过于关注技术细节之后，一天到晚，耗费大量的时间，有时候还会费力不讨好，这也是我最初始为什么总是会觉得一天到晚很忙碌，但事实上一天下来又没有太多的收获，而且还会遭遇来自多方不同的质疑声音的原因。很自然，论技术，我肯定不如主程、技术骨干和具体实现需求的负责人，当我花过多的时间去和他们讨论这些，甚至去干预他们的时候，就显得有点画蛇添足了，专业的程序员们肯定会质疑；花了时间在技术细节上，就忽略了项目目标实现的过程中会有哪些可能的风险，跟踪和控制的过程中有哪些是没有考虑到的，老板和主要相关方又有什么意见或建议，计划的执行有没有按照预期的时间在走，是否有偏离轨道，制作人和主要相关方也会质疑作为项目经理的专业性。

在负责 PH 项目管理的过程中，过于关注技术细节不仅仅体现在程序侧，对于美术方面也同样有一件值得深思的事情。在我们开始实现关卡系统的时候，最初始策划期望的设计是通用的 UI 表现，但在需求评审完之后，由主美牵头，期望能将关卡设计成 3D 表现。当这个需求提出来之后，我参与到其中，一起和开发、美术等具体实现的成员讨论如何去实现，技术上有什么难点，滑动的过程中，对手机的性能消耗有多大，会不会卡顿等一系列和技术相关的事项。在讨论完之后，按照新的实现方案制订计划，两周技术实现，两周调优，一个月做一个关卡。当时我还沾沾自喜，觉得很有成就感，但事实远比我想象的要糟糕。一个月后，关卡确实是按照新的方案实现了，无论是操作还是美术效果，都很华丽，也很高大上，但在性能方面，后期还耗费了近两周的时间在做优化。

再从项目目标的角度来看待这样一个案例时，这是一个非常失败的项目管理过程，显而易见，项目目标是没有达成的。如果再来一次，从需求评审之初，作为项目经理，就应该先了解清楚策划设计一个关卡系统的主要目标是什么？是为了解决什么问题？如果是改为 3D 表现来实现，开发工作量有多少？我们现有的技术、人力是否会存在瓶颈？后期的维护和扩展会不会有严重的问题？评估所需要的时间对最近的一个里程碑计划是否会有影响，对项目的整体计划又是否会有影响？制作人和其他主要相关方对这种实现方式的态度又是如何的？综合这些情况之后，再决定是否按照新的方案启动开发。这才是一名以项目目标为导向的合格项目经理。

当项目经理过于关注技术细节时，就很容易会忽略项目目标。就像段子里面说的："经常会找不到北，或者不知道该去哪。"

## 项目范围逐渐蔓延，导致加班无限

刚开始负责 PH 项目时，充满了激情和干劲，懵懵懂懂，还竟全然不知，以为做项目多简单呀，闷头干就完了。虽然过程中各种波折，但加加班，努力努力，还是可以做完的。在这种境况下，我依然傻傻地相信，只要努力，没有什么不可以。现在想想，当时的这种冲劲，那种混沌蒙昧的状态，即便使用了"洪荒之力"，项目仍然一路坎坷，原来是完全不懂什么是项目管理。

在不懂什么是项目管理的那几个月里，也就不知道怎么去执行和监控项目，只知道傻傻地加班，把自己累得半死不说，项目的进度还没有真正有效的进展，而当发现一些其他项目组也都是这么干的——为了完成目标，不惜代价地加班，区别只在于加班多少而已，似乎是找到了同类，在牢骚过后，又打满鸡血。不可否认，是不是也有不少项目都是这样做的，或者是没有项目经理的项目组，是这样做项目的。但事实上，这样加班做项目，并不是存在即合理，必定是有深层次的原因。这个深层次的原因就在于项目范围不断地蔓延。

先了解下什么是范围蔓延。在《PMBOK®指南》中提到，范围蔓延( **scope**

creep）是指未对时间、成本和资源做相应调整，未经控制的产品或项目范围的扩大。也就是说，未得到控制的变更，或者范围不受控制的膨胀，都会导致范围蔓延，而一旦出现范围蔓延，项目的资源会被慢慢地蚕食，更严重的是，整个团队还无感知，这也就是团队成员为什么会一直在加班，总是感觉有做不完的事情，不仅如此，里程碑计划还一而再再而三地延误。范围不断蔓延，也是团队无效加班的根由。

在我负责 PH 项目的过程中，范围蔓延主要来自 3 个方面：

一是策划需求本身，一些核心系统或周边系统，一开始并没有考虑得很清楚，然后在实现的过程中这里修改一点，那里修改一点，结果导致整个系统偏离原来的设定，然后又重新设计。以我们当时游戏中的英雄系统为例，就是在这种情况下，前后调整了 5 个版本。试想，一个系统在整个项目开发期间，改了 5 个版本，对人力是多么大的浪费。

二是美术需求，在 PH 项目过程中，有不少系统的需求，美术人员为了创新而创新，导致后期更换 UI 时，不能快速地进行替换，耗费巨大工作量。最典型的就是打开 UI 面板的显示，正常情况下，只要一个蒙版就好。当时为了做一个好的表现效果，美术人员要求开发人员实现打开 UI 面板实时模态显示（实时模态就是无论在哪个界面打开对应的 UI 面板，蒙版都取底层面板为蒙版背景），这样看起来确实会漂亮很多，但涉及技术实现、性能消耗，还有 3D 角色穿透等各种问题，以致后来测试都无力吐槽这部分，因为对应的 bug 实在是太多了。尤其是当出现 UI 面板叠加的情况，更是各种问题层出不穷。

三是来自管理层，比如制作人、主程、主美、主策，有时候会单独给负责具体执行的开发人员提一些小的修改需求，而这部分细小的工作往往是计划外的，这也是导致范围悄悄发生改变的原因之一。关于这一点，项目经理并不一定能意识到这种变化对项目进度的破坏，毕竟老板们提的需求，开发人员不得不去修改，当这些由量变引起质变时，就会导致整个项目严重延期。

既然范围蔓延会无声无息地蚕食项目的资源，项目经理在项目管理的过程中，必须要有效地去控制范围的变更。游戏项目也好，互联网相应的产品也罢，都提倡拥抱变化，需求的变更我们无法避免，但可以很好地去做到有效地控制变更。因此也可以针对以上 3 个方面做出相应的控制手段：

首先是策划需求方面。在需求未明确的情况下，切忌尝试去做，要对需求进行分析，而且这个分析是以业务为导向，一切围绕项目目标进行，避免节外生枝。同时，建立必要的变更流程，将变更控制提升到一个高度，也增加变更的成本，从根本上控制需求范围的蔓延。

其次在美术需求方面。好的美术效果是游戏的第一感觉，但美术始终是要忠于需求，一切以需求为出发。不能为了创新而创新，忽略后期更新的成本，尤其是做游戏的都清楚，UI 的更换在上线前，往往不是一个版本就可以敲定的，这期间必然是会涉及很多版 UI 的替换。那么在 UI 效果图设计初始的时候，就要严格要求，只做资源的替换，避免交互的改动，更拒绝堆加额外的表现效果。

最后是管理层的需求方面。管理层的意见往往也是非常重要的，项目经理要特别重视管理层，尤其是核心管理层提交的意见。在项目启动之初，可以和管理层及主要相关方约法三章，管理层提交的需求和意见，统一划归项目经理调度和管理。当有需求提出来时，项目经理要和管理层做充分的沟通，了解需求背后的原因和期望，明确优先级，明确修改的工作量。如果是非常简单的，可以快速调整的，且与系统功能本身相关的改动，可以快速安排落地，并且在版本里面体现；如果涉及改动比较大，要和项目团队进行充分的评估，给出可行性意见或方案，并同步到管理层修改和调整的预期和计划。

## 权责不明晰，团队成员相互推诿

PH 项目在初始分配任务的时候，没有严格意义上的权责划分。策划团队，各独立的系统倒还好，但有的大系统，并没有明确定义具体哪位策划负责；开发团队，各系统的划分，是根据项目计划来的，但这个系统具体哪位开发负责，并没有界定；美术团队，有 UI、原画、3D 模型、动作和特效，当一个功能系统都涉及这些资源时，没有明确由谁统一跟进，只是各自负责各自的事情。

看起来没有明确定义各自的职责，似乎没有什么问题，尤其是在项目初期，团队成员各自完成其所负责的系统功能开发，彼此独立、相安无事，但项目进展到中后期的时候，却让我吃尽苦头，经常因为权责界定的问题，团队间彼此推诿。简单来说，某项工作，小王确定小张会去做，小张又觉得小王和小宋都可以做，结果往往是没有人去做这件事。而没有做的这件事，又会对项目的进度造成影响，项目经理来核对进度时，就会出现小王指责小张没有做，小张又指责小王或小宋，推来推去，结果就是大家心里都很生气，都不想承担责任。如此一来，原本项目进度延期，就更加雪上加霜。

手游开始爆发的时候，项目研发的周期是相对比较短的，一般是 6~12 个月。因此，相比较一般类别的端游项目，团队规模会比较大一些。我当时负责 PH 项目时，也是 40+ 的团队，涉及多个团队的协作，包括策划、开发、测试、美术，美术又分为 UI、3D 模型、动作和特效。涉及这么多人的协作，没有明确清楚各自的职责，各团队间、各成员间的推诿还是次要的，最关键的在于，各团队间是工作基本上没有协作和配合，都是独立运转的。但事实上，手游的项目推进时，非常讲究多人的协作和配合，在出现各种推诿的情况下，项目是不能有机地自运转起来的，那项目的进度自然也就会受到很大的影响。

因此，为了解决这种推诿，使得团队可以有效地进行自运转，提升团队执行力，最有效的办法就是明确定义团队成员的职责，制定责任矩阵，而且需要从项目规划初始的时候就要明确定义团队的职责。在《PMBOK®指南》第六版第九章资源管理部分，有关于责任矩阵的详细介绍，如图4-1所示。

| RACI 矩阵 | 人　员 | | | | |
|---|---|---|---|---|---|
| 活　　动 | 安 | 本 | 卡洛斯 | 迪　娜 | 艾　德 |
| 创建章程 | A | R | I | I | I |
| 收集需求 | I | A | R | C | C |
| 提交变更请求 | I | A | R | R | C |
| 制订测试计划 | A | C | I | I | R |
| R=负责　　A=问责　　C=咨询　　I=通知 | | | | | |

图 4-1　RACI 矩阵

这个责任矩阵的好处有 3 个方面。一是团队成员各个职责都明确清晰，不会出现推诿的情况。团队成员各自做好自己手头上的事情，边界模糊的事情也有人管。二是可以比较好地平衡大家的工作量，不会出现有人有事干、有人没事干、有事没人干的情况。三是赋予权责与团队成员，也可以提升他们的参与度和积极性。在保证项目自运转的同时，还能积极主动地解决项目中的问题，推动项目往前走。

## 未厘清沟通模式，相关方满意度低

在项目团队的沟通架构中，项目经理属于核心，包括对上、对下，对内、对外的沟通。而明确目标，厘清模式，是项目经理在沟通中的主要工作。当出现某个问题时，作为项目经理，首要解决的是模式问题，然后才是具体的问题。这样，达成有效的沟通，不仅解决了具体的问题，还可以在以后的项目中不再出现同样的问题。另外，还有很重要的一点，就是相关方的满意与否，很多时候并不是取决于问题本身是否解决，而在于你是否与他们进行了充分的、良好的沟通。因此，作为团队沟通的桥梁，项目经理一天有近 80% 的时间是在沟通，厘清沟通模式就显得非常重要了。本小节通过 PH 项目中两个实际的案例来进行阐述，也给读者朋友们一些借鉴和思考。

**案例 1：关于加班问题，主策和项目经理之间沟通不充分的事情**

事件回放：作为项目经理的我在 11 月 7 日晚和开发沟通计划时，和所有开发人员达成共识，决定周六来加班，冲刺 12 月 22 日里程碑目标。第二天 11 月 8 日，我在发计划邮件时，备注了一句话："为冲刺新的里程碑点，开发侧从下周开始，每周六加班，持续到 12 月 13 日。"

事件冲突：主策 11 月 8 日下午到公司，看到邮件里面写了这句话，然后在微信核心群里面开始各种吐槽，吐槽的意思可以概括为：

（1）决定开发加班与否，并没有和他商量，他完全不知道这个事情。

（2）即便没有说周六加班，开发人员每周六自觉来的也不少，而通过邮件正式发出来，太过于行政化，属于强制加班行为，让开发人员情何以堪。

（3）现在进度不匹配，开发人员来加班，其他关键里程碑的人并没有来加班，会更加导致进度不匹配。

（4）加班就一鼓作气，定一个时间段，否则会使得里程碑目标达成出现状况。

在微信核心群里面看到主策提出的疑问后，我也随后在群里面进行了解释说明：

（1）我决定开发是否加班，是根据整个项目的里程碑目标来定的，确实没有知会到核心成员（主要是因为周五对齐计划，周六发邮件，打算周一过来和大家同步相关信息）。

（2）我确定开发周六过来加班，是和前后台负责人协商，并在对齐计划时，和所有的开发人员达成共识的，觉得当前开发侧还有很多工作要做，之前快速迭代开发，已经踩过很多坑，需要单独的时间来完善这块，比如crash（崩溃）率、代码优化、性能压测、模块调整等。

（3)项目当前进度整体上正常,开发侧的需求实现、美术侧的 UI 优化、UI 特效的制作、美术侧的技能特效制定、新需求的 UI 设计、关卡系统和英雄面板大改版方案确定，这些都在按既定计划进行，只是人力方面存在一定的紧张（一个 UI 员工休假），其他的进度问题在于策划当前运营需求并未细化，策划压力很大。

（4）制定这个时间段是基于项目本身需要，大家一起协商同意，且大家都是把项目当成自己的项目来做，所以齐心冲刺这 5 周。5 周之后，到12 月 19 日，这一天是周五，公司圣诞晚会，第二天 12 月 20 日周六，正好大家阶段性地休息。

事情并没有因我的这个解释说明而终结，主策仍然在群里面表达了其他的事情，包括提到美术资源一直紧张，为什么没有安排美术人员来加班。到周日的上午，主美也针对主策提到的问题说了很多情况和理由，也说了各种问题。看着大家在群里面激烈地争论着，因为周末，我只能在微信群里面说道，"周一大家早点到公司，当面进行沟通"，这才稍有平息。

事件分析：从我自身来看，做这样一个决定，在项目管理这个角度，作为项目经理觉得是没有什么问题的。项目经理也有这样的一个权力，根据项目本身的情况来决定团队是否需要加班。问题来了，为什么这样一件很简单的事情，就是邮件中的一句话，会导致主策对项目经理有很大的意见和不满呢？

事件解决过程：周一早上我很早就到了公司，定好了会议室组织面对面沟通。在沟通过程中，制作人和助理制作人始终没有发表何种支持的言论，就问题本身听取大家的汇报。问题的焦点在于，主策觉得这种做法不对，不应该用行政的手段压制，安排单一方面来加班，应该综合考虑整个项目目标的情况。即便需要安排加班，也应该和核心管理层沟通同步。

通过沟通之后，进一步聚焦了问题所在，安排加班本身没有什么，但因为主策是对整个项目负责的，他有知情权。[①]聚焦问题之后，在会议结束前，制作人也提到，项目经理再去核对一下，到 12 月 22 日里程碑版本的目标，根据目标来进一步细化工作量，看看各个团队的工作情况，具体加班的情况如何安排。

可能看起来是一件很简单的事情，但仔细分析还是会发现，在项目进程中，要针对项目组不同的团队成员、不同的角色，采用适合对方的方式进行沟通。对于项目的核心相关方，要及时同步项目的信息，包括要做的一些决定，达成共识之后再书面同步到项目组。项目经理做决定不是为了让所有人满意，但在同步结论之前，要和主要相关方进行充分的沟通。在任何一次沟通的过程中，项目经理始终要保持开放的心态，要解决冲突，不要引起冲突。

这是一种启示，但从项目启动开始的时候，作为项目经理，就应该对相关方进行分析，尤其是对核心相关方的期望要有充分的了解。那么在项

---

① 腾讯是产品责任制，策划提出的提案，项目的成败也是由主策全权负责的，策划对项目上线后业务目标负责，简单说就是游戏上线后能不能赚钱，数据能不能做起来；项目经理负责整个项目的研发过程和进度管理，对过程负责，对项目目标达成负责。

目开始进入执行阶段之前就要建立和梳理好沟通模式，包括在遇到问题时，优先解决沟通模式的问题，再来解决具体的问题。

**案例 2：项目经理和制作人及主要相关方汇报项目进度的沟通模式问题**

事件回放：由于 11 月 22 日的版本出现一些严重的问题，我在核心管理群周知当前的版本存在的部分问题，暂时可不用体验，待 11 月 24 日这天修改完之后再进行体验。以下是我和制作人的一段对话：

> 制作人："这个达到我们的预期目标了吗，还是有些偏差？"
>
> 项目经理："是有偏差的。"
>
> 制作人："偏差在哪里，时间多少？"
>
> 项目经理："关卡和英雄模块完成度只有 70%。"
>
> 制作人："那还是偏差挺远的，还得 2 天的时间呢，后续还要进一步优化。"
>
> 项目经理："缺少很多资源，关卡资源需要进一步补充。"

在说完这句话之后，我又罗列了对应系统接下来需要完善的功能点和美术资源。

制作人在看完我的 list（清单）之后，就回复了一句："缺少资源，关键是美术人员。"

其实，到这里，我当时并未意识到同步项目进度的沟通模式有问题。按照我们当时的项目计划，第一期的功能开发是完成的，第二期是进一步优化和完善，而优化和完善会涉及很多美术的资源，但我却在核心管理群里面同步说这两个模块的完成度只有 70%，而且还列出了很多需要美术人员跟进落实的工作项。

这样一来，主策和 APM（美术项目经理）就开始关于缺少美术资源的情况在核心管理群里面一顿 PK 了，然后核心团队群里面各种火药味。这种情况持续了近一个小时。看着他们在不断地 PK，我开始意识到，我的这种沟通模式是有问题的，原本只是想例行地同步当前版本的进度，但由于表达上有误，且在回复制作人信息的时候，也没有完全客观地表述清楚，以至于核心管理层的主策和 APM 各自站在自己的立场提出挑战。

意识到这个问题之后，我也是当即在群里说道："大家不要在群里面在 PK 了，有问题当面沟通，文字沟通总归是有歧义和误解的。"但考虑到当时已是中午 12 点，并没有及时拉起沟通会。（后来和制作人一对一沟通的时候，制作人也建议遇到问题，应该及时主动地拉起沟通会，不用等到特定的时间，这样的效果会更佳。）

午休之后，我立即组织了核心团队沟通上午的事情。在会上，可以看得出来，一开始，主策、APM、主美的情绪仍然有些激动，在一段 PK 之后，大家也终于平复下心情，来就事论事地进行沟通。在本次沟通会之后，达成了一些共识，参考如下：

（1）项目经理每周发计划时，给出这个迭代版本可验收的 list（和团队成员核对达成一致的）。

（2）及时汇总并同步版本可验收的信息，及时规避可能存在的风险，确保可验收的 list 在可控范围内，保证信息的对称性和透明性。

（3）开发人员在整合 UI 时，严格按照 UI 效果图进行，在开发自测时，主动拉起 UI 设计人员一起核对效果图在版本里面的实际体现。

（4）涉及美术资源的调整，若调整比较大，则转入下一个迭代；若只是微调，则由美术人员完成或和开发配合共同完成。

（5）美术侧主动关注到项目计划的进展，关注整个过程，确保所涉及的资源全部匹配上版本计划。

（6）保持良好的沟通机制，后续遇到一些问题，优先拉起面对面进行沟通，避免文字沟通产生的误解。

事情总算告一段落，达成的共识是次要的，由此引发的思考很多，对后续项目的启示也比较深远，尤其是关于沟通模式的梳理方面，主要有如下几点。

（1）发现沟通有问题时，及时组织人员沟通，梳理沟通机制，确保有一个好的沟通方式，其中面对面沟通是解决冲突最有效的一种方式。在这件事之后，我们也重新建立了固定每周一上午核心管理层体验版本，沟通版本风险的模式。

（2）项目经理在给核心团队成员，尤其是制作人汇报项目进度时，要客观、实事求是地汇报项目的情况，不要以自己理解的方式和口吻汇报。

（3）在汇报之前，要对项目的信息有充分的了解和整合，切入重点，说问题的同时，更要汇报后续的解决方案和当前正在做或即将做的工作。

（4）项目经理在整个项目进程中，多关注过程，多关注问题，发现问题及时解决，并避免后续出现类似的问题，同时针对解决的问题，提升效率，注重效果。

（5）项目经理应该保持高度的开放的心态，客观地面对老板吐槽、策划人员抱怨，他们这么说并不是指责项目经理的工作做得不好，更不是追究某某的责任，而是就事论事，项目经理应该虚心地去接受，去剖析出现这些问题的原因。

## 风险管理意识不够，项目救火不断

在带测试团队期间，包括在用项目管理思维做项目测试时，风险管理都是我在测试组和项目组的突出优势，这也是我当初能够顺利转岗的必要条件之一，但开始担任项目经理后，却因为风险管理意识不够，导致救火不断。最明显的表现就在于，当全面负责游戏项目管理时，每天都在解决各种问题，每天似乎都是风风火火的。

事实上，当一个项目经理天天忙得焦头烂额的时候，如果排除组织层面的管理问题，更重要的原因就在于没有提前积极地管理风险，从而导致风险都转变成了问题，表现在项目上就是处理不完的问题。在负责 PH 项目和 JQ 两个项目期间，有几个比较典型的案例，都是因为风险管理意识不够，导致在项目过程中不断地救火，一天天充当"消防员"的角色。

### 1. 误以为计划做好就万事大吉

初任项目经理的时候，走入了一个误区——以为有了流程，有了计划就有了一切保障；以为计划制订好了，团队成员就会按预定计划去执行和完成。我想这可能会是很大一部分初做项目经理的人的一种错觉。PH 项目在前几次制订计划的时候，对各个方面的影响面并没有考虑周全，包括对目标的理解、目标的传递、美术资源的影响、关键路径的识别、团队成员的参与度、WBS 工作任务分解、主要相关方的期望，使得计划从一制订开始就意味着不能按照预期的时间完成。在计划执行期间，对需求范围的蔓延没有进行有效的控制、对美术资源的输出的评估过于乐观、对目标的校准没有深入分析和总结，进一步使得计划偏离可控框架。从项目规划开始，没有足够的风险意识，以至于在项目推进期间频繁出问题，属于典型的头痛医头脚痛医脚。

### 2. 对手游版本发布特点不了解

相比较端游时代，手游在发布版本的时候会相对复杂一些，而且成本也会更高，并且手游是双平台（android 和 iOS），所以，在发布每一个版本的时候，都要充分考虑到玩家的利益，保证活跃度，那就要充分考虑版本更新的便利性。版本更新的便利性主要包括版本更新机制（游戏内可以快速更新）、活动框架开发（通过不停服，不强更就可以发运营活动）、公告（版本更新时，不停服，且可以发配置，更新图片资源就可以预告版本），还有性能等方面。

当时在负责 JQ 项目时，在版本发布便利性这方面，明显考虑不足，以至于在后期的很多版本更新时，要么出现版本不兼容，要么更新一个版本就必须得进行强更。这样一来，导致一段时间内，各种加班加点地完善这部分功能，更有甚者为了降低对玩家的影响，凌晨四五点钟来发版本的。所以，风险管理不仅仅是在项目推进的过程中所遇到的一些问题，还需要结合手游版本发布本身的特点，包括后来还有的小游戏发布的特点，提前和项目团队沟通，如何预埋好功能，为后面更新版本做好铺垫，降低发布成本。

### 3. 对研发过程到运营上线的过渡流程不了解

项目在研发期的时候，可能不用特别关心和平台及运营团队的沟通和对接，但当项目版本已准备好，开始删档测试，到限号不删档、不限号不删档这些阶段，还有一些需要特别注意的地方，作为项目经理，这些流程和阶段都需要提前了解清楚。比如在限号不删档期间，什么时候敲定落实 PR3 时间？什么时候开始导量申请，导量申请需要提前多久？PR3 数据达标到什么程度才满足 5 星、6 星标准？什么时候进行 PR3 评审？PR3 评审之前，TDR 的要求是否达标？在开启不限号不删档时，平台能力要求如何？什么时候和平台沟通，提前预热？需要准备哪些美术资源？还有其他渠道各有什么要求？公测前，什么时候提交平台能力验收？涉及方方面面，一旦有遗漏了某个环节，会对项目上线时间安排有影响。

游戏侧的项目经理，不只是研发期间跟进版本，还要关注全局，包括从研发期到运营期的过渡期间，需要提前准备什么，需要提前去和哪些合作部门沟通，需要提前多久准备上线的各个事项，都需要有充分的了解，这样才不至于临近上线的时候手忙脚乱，让既定的这部分也成为项目上线的风险。对于腾讯游戏来说，需要详细了解自研和代理的 IGP（Integrated Game Publishment，系统集成游戏发行流程），详细了解平台对接流程。对于不确定的流程和需要做的准备，一定不能按照自己的理解去推进项目，要不然，在哪个地方踩坑，你自己可能都不知道。比如，JQ 在公测期之前，由于我理解的偏差，以为 android 版本可以先发，iOS 可以后发，导致对 iOS 版本的重视程度不够，使得原本公测两个版本的匹配度出现问题，后期又耽搁了时间重点处理 iOS 版本的问题，导致公测时间出现延期。

事实上，项目推进的过程中，还会遇到很多类似的问题，这几个案例只是一个引子。想借此说明的是，**作为一名合格的项目经理，一定要把重心放在管理风险上，而不是疲于应对问题，要想办法从根本上解决问题。**可能不少读者朋友都有过这样的评价，或者听到过这方面的评价："某某真能干，特别善于解决问题""某某从不逃避问题，有问题都马上解决""某某特别负责，整天忙前忙后解决项目的问题"。不可否认，积极地解决和处理项目中的问题，是一种良好的工作态度，也是一位合格项目经理的基本素养，但当项目经理一直都是这种疲于奔命地解决项目中各种问题时，需要静下心来认真地思考一个问题，是做一个消防员好还是把火灾消灭在萌芽中好？毫无疑问，防患于未然是上上策。

大家对扁鹊三兄弟的故事想必都不陌生吧。故事讲述的是名医扁鹊与他两个哥哥的故事，典记里面有完整的记载。

魏文王曾求教于名医扁鹊："你们家兄弟三人，都精于医术，谁是医术最好的呢？"扁鹊："大哥最好，二哥差些，我是三人中最差的一个。"

魏王不解地说："请你介绍得详细些。"

扁鹊解释说："大哥治病，是在病情发作之前，那时候病人自己还不觉得有病，但大哥就下药铲除了病根，使他的医术难以被人认可，所以没有名气，只是在我们家中被推崇备至。我的二哥治病，是在病初起之时，症状尚不十分明显，病人也没有觉得痛苦，二哥就能药到病除，使乡里人都认为二哥只是治小病很灵。我治病，都是在病情十分严重之时，病人痛苦万分，病人家属心急如焚。此时，他们看到我在经脉上穿刺，用针放血，或在患处敷以毒药以毒攻毒，或动大手术直指病灶，使重病人病情得到缓解或很快治愈，所以我名闻天下。"

作为项目经理的我们再看扁鹊三兄弟的故事时，我们应该成为扁鹊大哥这类项目经理，因为扁鹊大哥总在问题发生以前就从容应对，或者充分地应对，而不是出事了再忙于救火。

正所谓"吃一堑，长一智"，在后来负责的项目中，每个项目从启动开始，我都会重点去关注项目可能存在的风险。我们都知道，随着项目的推进，项目进展得越深入，风险对项目的影响就越大，从而处理风险的成本越高。越是在项目早期，对项目的可控性越高。所以，**风险管理的原则之一就是越早越好**。尽量提前识别风险，应对和消除风险的成本就越低，风险转化成"问题"的概率就越小，对项目的冲击自然就越小。同时，识别风险不仅要越早越好，而且要**时时监控和评估**。随着项目的进展，有些特定条件及项目的假设和前提可能都已经发生变化了，原来不是风险的现在可能变成了潜在风险，之前识别的风险现在也可能已经消除了，这也是风险的不确定性，所以风险也是一个持续的过程，并不是说项目启动之初把风险识别了，出了一个风险应对计划，然后就高枕无忧了；相反，我们要不断地识别风险，并积极地对其进行管理。

# 信息同步不到位，时常被动应对

项目经理既是沟通的桥梁，也是项目信息处理的枢纽。初入项目经理岗位，或从技术岗转项目经理的技术人员，在实际项目过程中，往往会陷入信息同步不到位的坑，当老板来问进度的时候，又委屈巴巴地觉得不被认可，不被信任；当团队成员吐槽的时候，又觉得团队成员不够理解，不够配合，甚至觉得他们不好管理。事实上，遇到这些情况，都有可能是因为项目经理在信息同步这方面并没有真正做到位，以至于时常被动去应对一些问题。

我们看项目管理过程中几个典型的例子：

（1）项目经理接到老板分配的一个任务，然后就带着团队埋头苦干了，项目计划、里程碑目标、关键时间节点都没有及时同步给老板，老板自然会来问。

（2）项目经理在跟进项目的过程中，项目主要相关方都关心项目的进展情况，项目经理没有及时整合并同步项目信息，相关方对项目进度不了解，自然也会来询问，这个时候也会很被动地应答。

（3）制作人交代要一份项目的数据，但这个数据整理可能需要耗时比较长，项目经理在这一期间没有阶段性地汇报和同步进展，制作人来问的时候，也同样使得项目经理同步信息时很被动。

（4）项目计划在执行过程中，策划需求有调整，有变更，这个时候没有及时和开发、测试同步，导致版本转测试出现延期，策划、开发、测试人员都会表示不满意。

（5）项目经理在发现进度赶不上，临时抽调了其他项目成员，但相关的信息没有及时同步到职能经理，也会使得职能经理知道之后表示不满。

（6）项目即将按照原定计划上线，此前和资源部门也沟通联系好了，但由于项目临时出现问题，以致项目上线计划要推迟，结果这个信息没有提前和资源部门沟通同步，使得资源部门不满意，甚至造成已经准备好的资源出现浪费。

（7）项目上线了，相关的数据，比如次留（次日留存=第一天的新用户中第二天仍然打开 App 的数量/第一天的新增用户总数）、三留、DAU 这些，没有和团队成员同步，使得团队成员不知道自己做的项目在市场的情况如何，也会使得团队成员士气低落。

（8）运营期间，项目团队不断地在做需求，发版本，但每个版本发布出去之后，都没有和团队同步项目的收入情况，也会打击团队的积极性，会让团队成员觉得就是做事的机器，没有项目的参与感和项目投入的荣誉感。

其实还有很多类似的场景，读者朋友们可以根据自己项目的实际情况进行自查。当出现这些情况的时候，项目经理没有起到信息传递的枢纽作用，往往会很被动。项目经理是整合专家，是信息汇总的枢纽，无论是主动还是被动获取的信息，在项目推进的过程中，都要保证项目信息的可视化、透明化，这是一项非常重要的工作。作为项目经理，对信息的有效整合，一方面可以让项目相关方及时了解项目的进展和状况，另一方面，有效的信息也是核心管理层决策的重要依据之一。要记住，尤其是核心管理层，或者是你直接汇报的上级，永远不要让他们从别人那里得知你该给他的信息，否则，对项目经理来说，持续这样之后，信任度会大打折扣。

关于项目信息可视化这部分，在后续的章节还会再详细地介绍，尤其是项目管理过程中的可视化部分。项目信息的可视化，把信息同步到位，也是项目经理的核心价值之一。

# 第五章

## 破冰行动，打开
## 项目管理之门

## 痛定思痛，从零开始学习项目管理

PH 项目在一路坎坷之后，终于上线开始测试了，但遗憾的是，在经历过两次测试之后，次留不达标，项目没能继续走下去。之所以说是一个遗憾而不是失败的项目，是因为，虽然最终没有获得商业方面预期的收获，但从整个组织架构来说，我们是收获满满的，团队成员从中得到了历练，积累了很多宝贵的经验。一个项目的失败，原因是多方面的，PH 项目最后被验证的是核心玩法水土不服，以致不吸量，次留也不高。但作为项目经理，从项目管理的角度来说，一路走来，很多方面是可以做得更好的，至少如果没有踩这么多的坑，可以更早一点地推动项目达到上线发布的标准。

当再次回顾整个项目过程时，脑海里浮现的是：踩过那么多的坑，经历着不同程度的打击，无数个日日夜夜拖着疲惫的身躯回到家，我陷入沉思，也开始有点怀疑人生，难道做项目就这么难吗？不仅身累，还心累。在回顾的过程中，我已经意识到做项目的方式方法必须改变，否则就真的可能如段子所说，如果你想毁灭一个人，就让他去做项目经理。

于是，借着项目的空档期，我痛定思痛，从零基础开始学起。

### 1. 继续学习"招式"，即做事的方式方法

毕竟接下来还要承接新的项目，我希望自己可以快速地进入状态，不再踩坑。当时抱着试试的态度，找到了一本《漫画中国式项目管理》书籍，这本书没有那么多理论知识和框架，但却是一本言简意赅、引人思考的项目管理书籍，是有不少解决项目管理中具体和现实问题方法的书籍。正好复盘时，想到我初始担任项目经理负责 PH 项目时踩过的那么多坑，一个晚上就快速读完了，受益匪浅，其中最大的感触在于：**项目是基于过程控制的结果导向；项目经理是一种推动力。**

当然，这个时候我对五大过程组、十大知识领域仍然还没有太多的理解，但学习的这些"招式"在接下来负责的项目中还就真的用上了，不再是莽莽撞撞地跟进项目。主要表现在以下几点。

（1）开始学会从"业务"的角度去思考问题，而不仅仅是技术实现。一开始负责PH项目时，总是会不知不觉地陷入讨论技术细节的实现中去，而忽略了项目的目标。在负责新项目的时候，则会考虑从业务的角度去思考问题。比如说，设计这个系统的目的是什么，对核心玩法可以起到什么效用？新增加的系统，设计目的又是什么？对次留的提升、对付费率的提升是否都有帮助？我们的游戏相比竞品优势在哪里？当倾向从这些层面去思考问题时，眼睛盯着的就是实现的过程，团队是否可以达成这个目标，而不再陷入技术实现的细节。

（2）里程碑节点比验收节点更重要。每个迭代版本都明确一个验收的时间节点，好比说某个版本必须在某个时间节点之前完成，那么要达成这个验收的时间点是需要设定一些关键里程碑节点来进行过程的管控，保证好的过程，才可能有好的结果。对于项目经理来说，这个关键里程碑是类似于每个迭代版本的目标，必须要清楚的是，只有尽量保证每个迭代版本目标的达成，才能保证最终验收的目标达成。清楚了每个里程碑目标（迭代版本目标），这样就不会茫然，在实际项目中有了跟进的方向，一旦发现对里程碑目标达成有影响的问题，都要优先去解决。

（3）对待产品需求，必须要经过确认，才能落地。范围蔓延最大的一个原因就在于，产品的需求往往是没有经过确认的，没有进行有效的变更控制，使得资源被悄无声息地蚕食掉。因此，在负责新项目开始就约法三章，任何需求的提出，必须要经过产品内部团队的确认，再和团队成员沟通确认，如果是计划执行过程中有变更，需要经过变更委员会的准许才能落地。

（4）做项目计划，不再是拍脑袋。曾经的拍脑袋制订的计划，导致项目一而再再而三地延期。接手新项目后则更加的谨慎，对目标分解后进行了更系统的规划，同时让团队成员一起参与到制订计划中来，再和主要相关方沟通明确，达成共识，这样让项目计划的执行有了目标导向，也有迹可循。

### 2. 系统地学习项目管理知识体系

空有"招式"只是乱拳打死老师傅，项目的成功与否仍然没有踪迹可寻。因此我下定决心，报了个 PMP®辅导班，开始学习《PMBOK®指南》。这个阶段开始系统地接触到项目管理四要素（也说项目铁三角）、五大过程组和十大知识领域，如图 5-1~图 5-3 所示。一时间，各种工具、方法、技术、输入输出，看得我眼花缭乱的，虽然学的还不是那么容易消化，但至少感觉很专业。

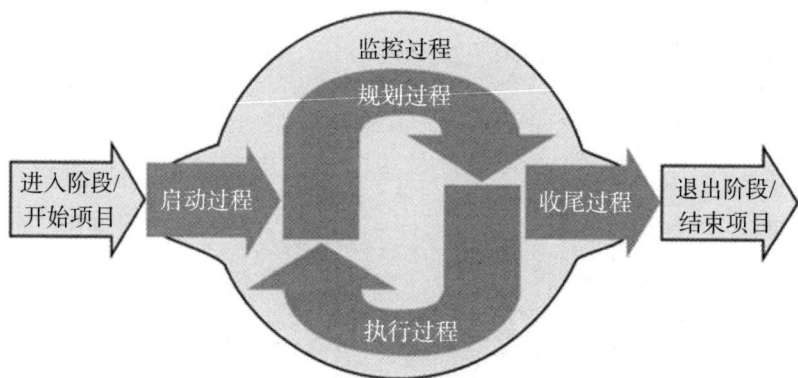

图 5-1　五大过程组

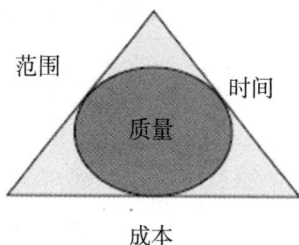

图 5-2　项目铁三角

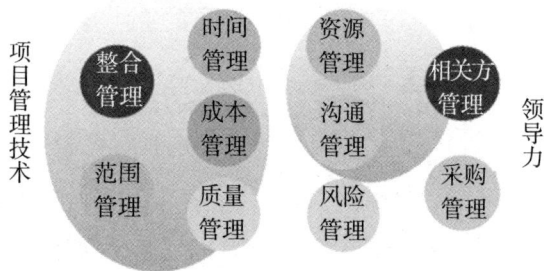

图 5-3　十大知识领域

足有几斤重的《PMBOK®指南》，培训机构通常是在 3 个月左右时间学完。因为时间紧，任务重，这几个月的学习过程，实际更多是边学边背诵的过程，所以，几个月以后，也为了 PMP®考试，算是把五大过程组、十大知识领域学了个遍，但说实话，脑子里却还是稀里糊涂的。因为学习之前已经有一些项目的实践，发现理论学习和实践的差别不是一点点。不过既然下定决心学了，迷糊就迷糊吧，先学完再说，至少在大脑中先建立一个项目管理的知识框架，后续再慢慢地领悟和理解。不过有一点我很认同，即**学完《PMBOK®指南》后，很重要的一点是了解了项目管理的统一的语言。**

再来说说，为什么会迷乱。在学知识的时候，我们理解的问题都是理想化的，PMBOK 是经过几十年发展，总结提炼概括出来的通用的方法论，它为了传播知识的方便，而把所有和人、环境相关的因素都过滤掉了，而且是强矩阵下的项目经理，有比较大的职权，且是就事论事。而当我们实际参与项目时，必须要关注人，考虑当前的环境，项目的背景，各团队成员所关心的是什么，项目目标是什么，哪些人和我（项目）有关系，他们怎么思考的，我自己的位置是什么。就像《PMBOK®指南》第六版，对项目经理的定义是：项目经理是由执行组织委派，领导团队实现项目目标的个人。但实际上在腾讯游戏，弱矩阵架构下的项目经理，项目经理应该这样来定义会更合适：项目经理是由项目执行组织委派，**引导和辅助**项目团队去实现项目目标并促使项目为组织创造价值的人。

一词之差，但**思维方式**却要有一个很大的转变。学习《PMBOK®指南》的时候，我们是理想地认为项目团队成员会听我们的，但实际在项目中，我们需要面对的是，他们凭什么听我的，我又没有实际的考核权，又不给他们发工资。所以，这个时候，就必须得思考，弱矩阵下，微权力下，作为项目经理，如何去管好一个项目了。因此，系统地学习项目管理的知识，并不代表就能做好项目管理，就能成为一个合格的、优秀的项目经理，《PMBOK®指南》的学习只是项目管理的起点。

在经过系统的学习之后，结合 PH 项目的种种经历，理论结合实践，让我从行为到思维都有了一个不小的变化，不仅角色的定位有了一个转变，更重要的是思维方式的转变。一切的准备，能量的积蓄，让我更加坚定地在项目管理这条路上走下去。

## 接手项目，先弄清楚背景和目标

当项目经理接手一个项目后，**首先要弄清楚的是项目的背景和目标**。简单来说，就是要清楚这是一个怎样的项目。拿游戏项目来说，项目经理要清楚：要做一款什么游戏？这个游戏是什么类别的？有没有相关的竞品？和竞品相比，我们要做的这款游戏的优势和亮点在哪里？项目主要相关方有哪些，有哪些人会参与？游戏制作人预期的目标是什么，是主要做活跃，还是做收入，还是收入和活跃都要？这些都可以概括为项目的背景和目标。

详细了解项目的背景，有助于项目经理更好地去理解项目的目标，而明确的项目目标有利于项目组成员之间的沟通，有利于项目相关方之间的沟通。项目目标的确定，可以使得项目组成员调整个人目标，让每个人的目标都与项目目标达成一致，从而实现个人的目标，进而激励每一位项目组成员为实现项目目标而努力。有了明确的项目目标，就可以确定项目产品的质量要求、项目完成的时间、完成项目所需成本，这样就顺利地为制订项目计划打下基础，也为项目的计划明确了方向。可见，背景、目标、计划，一环扣一环，它们是相辅相成的。

对于游戏项目来说，项目的业务目标一开始就会比较明确，比如工作室投入资源做这样一款游戏，就是要做大 DAU，做高收入，为整个部门创收；或者说是为了快速占领这个品类的市场；或者是为了拓展海外市场，具有打开游戏海外之路的战略意义。所以，业务目标是指做一个项目或者一款产品，所期望或者会带来怎样的收益和成果，是投资项目真实的目标。**项目目标**是指投入多少人、多少时间，要做多少事情，要做成什么样，要在哪个时间点达到上线发布的标准，是项目最直接的目标。项目目标确定之后，又会进一步细分至里程碑目标，进而细分到周目标或迭代目标。这里我其实是对项目的目标进行了一个细分，也即项目目标是为业务目标服务的。

了解清楚项目背景和目标之后，还得在整个项目的过程中，清楚地把握和理解项目每个阶段的目标，并且要贯穿整个项目周期。对于游戏的项目目标来说，有时候目标并不是一成不变的，会随着时间、市场乃至工作室的战略变化而变化，比如为了快速上线占领市场，项目要提前发布；比如为了做精品，打造游戏工匠，尽可能让项目一次性成功，项目延后发布。作为项目经理，是需要清楚和及时掌握每个阶段性的项目目标，这样才更有利于对项目进行掌控。此外，要对目标进行分解，从项目/产品战略目标，到项目业务目标，到具体每个迭代版本目标，每个版本里程碑目标，到每周每日目标，都要有比较清晰的分解，并且在项目的进程中，清晰地传递给团队成员。**执行力来源于对目标充分的理解。**对目标清晰的把握和理解，也是减少团队成员无效加班的一把利剑。

2015 年 8 月，我开始负责第二个 JQ 项目，当时接手项目后，并没有一接到项目就马上开干，而是花了大量的时间把项目的背景和目标了解清楚。JQ 项目从立项开始，目标就是要做五星棋牌精品（次留要在 50%，登录比和二阶登录比要达到 70%），并上线精品双平台（手 Q 和微信）。因此，在具体跟进过程中，我们按照规划的目标，顺利达成项目的各个里程碑目标，开始上线测试。上线测试的第一个版本，次留仅 18%，然后以业务目标为导向，从第一个版本上线开始，快速小跑，不断迭代，将数据做到了次留 50%，登录比、二阶登录比提升 70%，最终达成棋牌五星的标准，成为棋牌的标杆之一。

## 充分理解需求，把握产品意图

在了解清楚要做的是一款什么游戏，以及要达成的目标之后，接下来更重要的事情是要明确项目的需求和范围。换句话说，做一款××品类的游戏，涉及的核心系统有哪些？周边系统有哪些？涉及的资源量又有多少？这些是在正式制订计划之前要花时间梳理清楚的。作为项目经理，要去论证目标的可行性，也就是说，在有限的时间、有限的资源下，哪些需求是上线版本必须要做的，哪些需求是可做可不做，哪些是不做的。明确需求的范围之后，对于必做的需求，在制订计划的时候，才会更加有的放矢；可做可不做的需求，则可以根据项目进度情况酌情增加；不可做的需求，则上线版本暂时无须考虑。这样区分之后，好处在于，我们开发过程中会更加地聚焦，可以从某种程度上控制好需求的范围，可以在项目执行过程中比较好地避免该做的没有做，不该做的又优先做了。

对于游戏项目来说，明确需求范围，我从负责 JQ 项目开始，到后面负责的一系列项目中，主要采取的是这样的策略：建立项目核心管理组（主要成员是制作人，主策、主程、主美、项目经理）、需求管理组（主要成员是主策、各系统策划负责人、项目经理）、需求评估组（主要成员是主策、主程、客户端和服务端各技术骨干或负责人、项目经理）。需求管理组根据游戏的背景和目标，确定整个游戏的系统框架（要做哪些系统功能），并且在产品内部达成共识，而后提交需求评估组对需求进行大致的评估，项目经理根据这个评估的时间进行整合，给出初步的项目总体计划，再提交核心管理组来进一步讨论明确项目首次上线的版本所需要开发的需求。通过这样的策略来明确需求的范围，有据可依，也有数据作为支撑。

项目范围明确之后，作为项目经理，要对目标进行分解，在分解的过程中，进一步论证目标的可行性，盘点需要投入的人力资源，而后制订详细的计划，这些在后续的章节会陆续介绍到一些具体的方法。这里还有一点我认为是非常重要的，那就是作为项目经理，不仅要完成项目的计划，还要和需求管理组各系统负责人做充分的沟通，详细了解需求，对需求进行充分的理解，把握产品的意图。用我们总监 Anson 的一句话：**项目经理要能够或者多培养自己从产品层面思考，让项目的推进能够更加贴合产品的最终形态，这样更有利于对项目的把控。**Anson 不仅是当初把我带进项目管理大门的贵人，在对产品的理解方面，也给我了很多启发，这是其中提到的一个观点。基于这个启发，在负责后续一系列的项目时，我都会深度参与到策划（产品）的工作中去，甚至包括项目提案前期的研讨。

从某个层面上说，这也对项目经理提出了更高的要求。作为游戏的项目经理，不只是制订项目计划、管控进度、梳理流程，更需要具备一定的用户思维和产品思维，并且在实际工作中，深度参与策划的工作。当我们能够对需求有充分的理解，能够把握产品的意图时，在项目的推进过程中，对项目目标的把控会更加清楚。

关于充分理解需求，把握产品意图，可以对目标把控更加清楚。这里有一件很有感触的事情：2016 年国庆节后的某一天，我参与了原 SNG（2018 年组织架构变更，和其他 BG 合并为 PCG）项目管理岗位的面试。当时是抱着试试的态度，想着经过两年的摸爬滚打，我自己对项目管理也有一些理解，看看不同的业务、不同的项目，对项目经理的考察会是怎样的。在谈到计划制订、流程规范、项目过程管理等这些方面，谈得都还挺好的，至少是肯定了我在执行层面是可以做好项目管理的各项工作的。

面谈结束后，给我留了一道作业题，题目是这样的："手 Q 项目某版本计划确定是在 10 月 1 日发布，版本快要发布的时候，空间这边说还有×××功能要在这个版本中带出去，现在需求还未实现完，未进行合流，版本发不了，作为项目经理，该如何处理？"

经过两天的思考，我当时的回复是这样的：必要的时候，还是要坚持原则，因为前提是和各部门间建立过这样的制度，一旦对空间放开这样的口子，那增值、QQ 群等其他部门，在后续则有类似的说辞。这也是作为项目经理解决冲突的一个基本原则，即从项目的根本利益出发，坚持公平公正，不偏袒任何一方。具体解决方案：

（1）及时和空间的项目经理沟通了解具体的情况，空间的这个需求一定要合流的深层次原因是什么，可以延期，手 Q 版本按时发布。

（2）如果空间的这个需求不能延期，那要沟通了解该需求的重要性和紧迫性，如果该需求是非常重要的，必须合流到手 Q 这个版本带出去的，需要空间项目经理和他们的技术负责人、产品负责人、测试负责人一起评估，要完成该需求且质量满足合流要求，还需要多久的时间，在这个前提下，时间方面可以赶得及，那建议空间这边加班赶进度，在发布之前合流到手 Q，这里也同样要达成共识，在可控的情况下，给出可执行的方案和时间节点；如果时间方面来不及，那就明确必须要带的功能点先合流，其他的功能点，后续的版本再更新。

（3）如果需求并不是一定得跟着这次的版本更新出去，那依然是坚持原则，我们的版本按时发布，空间的这个需求，下一个版本合流后，再发布。

（4）以上，如果空间还是坚持按需求全部做完，合流后发布，要求手 Q 这边延期，那手 Q 的项目经理先和空间项目的负责人初步沟通，而后约好双方负责人一起沟通，寻找最佳的解决方案。当然，从整个 BG 的利益角度来考虑，我们的目标其实是一致的，合作本身是为了更好地实现共赢。

在回复完以上解决方案之后，我继续谈道：出现这样问题的时候，手Q 的项目经理和空间的项目经理，在计划、执行乃至验收阶段都缺少很多关键性的沟通。我给出了对这件事情的总结和后续的解决方案：

（1）各项目间建立核心管理小组，定期沟通项目的风险，将风险控制落实到计划中。

（2）建立各团队合作的流程制度，在项目中遇到一些问题时持续不断地优化，使得流程更好地为效率服务。

（3）建立项目经理间的定时沟通机制（每周），明确项目目标和收益。同时，约定重要信息及时同步，保障各项目间关键里程碑上的信息透明，并且每次沟通会之后，形成邮件记录，抄送各项目主要相关方。比如手 Q 定了一个版本发布时间是 10 月 1 日，手 Q 的项目经理要和空间、增值、QQ 群等部门的项目经理同步，同时也了解这些部门在这个版本更新期间，有什么功能要更新，通过项目经理间的定期沟通机制，将风险控制在最小。大家都做事前诸葛亮，拒绝事后诸葛亮。

（4）做好变更管理，建立对特殊情况、特殊需求的应急处理预案，并和各项目经理讨论，形成初步结论，而后召集各项目负责人一起开会审核，便于后续出现相关的情况，可以灵活处置，以便共同达成项目的目标。

（5）积极主动，项目经理或项目成员都能够从项目利益出发，从部门利益出发，乃至从整个 BG 利益出发，大家为了共同的目标，在合作中寻找最佳，在合作中寻找最大的共赢，是每个项目成员要有的共识。

读者朋友们，当你们看完我当时对这个问题的回复时，感受到的是什么？是不是通篇我都在谈怎么建立流程，怎么规范流程，甚至是建立必要的制度，根本没有谈到本质上的解决方案？事实上，我收到的回复也是如此："对这个问题的思考，并不是如何去建立流程，而在于面对突发的情况、复杂情况，如何去选择和决策。"我也因此被评价为处理一个问题思考的深度和广度不够。

两年后，当我再回顾这个问题时，我发现可以更加坦然地去面对，去思考这样的问题。这也更加印证了一点，即便是项目类别不同，作为项目经理，都需要对需求有充分的理解，这样可以更好地去把握产品的意图，更加容易把控项目的目标。再就这个问题来说，其实考察的是项目经理对突发问题和复杂问题的思考，版本和功能到底谁重要？谁说了算？有时候是市场压力，有时候是来自用户，有时还得看当前版本其他功能的紧急程度。思考的维度是这样的，但背后其实还是对产品意图的把握，对目标的把控。

再回到我们游戏项目管理上来说，对需求有充分的理解，可以更好地把握产品的意图。那么项目管理的过程中，则会更加的游刃有余，什么时候该妥协，什么时候该坚持原则。市场千变万化，我们要敏捷，要坚持原则，更需要拥抱变化。

充分地理解需求，把握产品意图，还有一个方面需要项目经理谨慎并重点关注，即在项目进程中，不要一味地为了赶时间，在某些时候使用临时方案，想着后续有时间来优化，一旦这样的想法落地了，那是另外一种噩梦的开始，因为到后期，你会发现基本上很难有大把的时间来优化，即便是有，成本也是相当的高。因此，需求实现初期，在方案出来之后，就要组织团队中有经验的成员，一起讨论沟通明确清楚性价比更好的可行性方案，避免因为后续扩展，因为不支持功能，而引发更多的问题。

## 制订计划，用时间抓住项目关键点

曾经在一本书上看到，**制订项目计划是项目经理必须掌握的项目管理**

相关的技能之一，而且也是最重要的技能之一。在经历过 PH 项目的拍脑袋计划，以至于在计划反复延期后，我越发觉得一份**科学、客观、合理、有效**的计划的重要性。

### 1．科学地制订计划

2015 年 8 月接手 JQ 项目后，我先是把项目的背景、目标和系统（需求）框架都了解清楚了，这是制订一份科学计划的前提。我想每个项目经理在制订计划之前，都要花时间，也要顶得住压力去了解清楚，尤其是充分地理解老板（项目发起人）的期望及项目目标，然后针对每个团队所需要完成的事项，和各自负责人讨论明确清楚，用时间来抓住项目的关键点，再依据关键时间节点来进行工作任务分解和详细计划的制订。对于当时的 JQ 项目来说，小团队规模（7 人）、短时间内、短期的目标是执行得比较到位，初期的各个里程碑目标都按预期时间达成，这也让我初次感受到制订一份科学计划的小小成就感。

### 2．客观地制订计划

一个项目目标的达成，是由所拆分的多个里程碑目标组成的，初始的里程碑目标达成，并不代表着后期项目会进展顺利。因为一味地强调时间节点，一味地求快，在项目的推进过程中，会很容易忽略很多重要的事项，当中间某个里程碑目标出现偏差后，没有及时地进行调整，则后续的目标就容易出现更大的偏差，以至于偏离原来的计划预期。所以，在制订计划的时候，还需要保持足够客观的心态，而客观是基于项目风险的评估。项目的实施过程，是逐渐明晰的，也包含着很多的不确定性，不确定性都会成为项目实施过程的风险。在项目计划制订的时候，通过目标的分解、WBS，逐步去识别在项目实施过程中确定的和不确定的因素，然后针对不确定的因素进一步分析可能的风险，再有针对性地制订风险应对计划，以此来有效地帮助团队在项目执行过程中规避风险，让项目计划的执行在可控范围内。在进行风险评估的时候，我个人是会比较倾向于做一个悲观的积极主义者，即持悲观和怀疑的心态来思考一切可能影响项目计划执行的风险，同时以更积极的心态去应对和制订规避风险的风险计划。

在科学和客观的项目计划指引下，项目目标按照预期的时间达成，我想还是可预期的，至少是有了一个比较稳妥的行动指南，一旦执行过程中出现偏差，也可以及时来进行调整。很长一段时间，在我直接向工作室制作人汇报时，项目计划的制订基本上都是沿用这样的套路，且在负责 JQ 项目期间，后续的各版本的计划都基本上能够按预期时间完成。这也是一名合格的项目经理必须要做到的。

### 3. 制订合理的计划

2016 年 3 月，部门内的组织架构切换，SE 产品中心升格为蜡笔工作室[①]。随着组织架构的调整，我的直接汇报上级也有了变化，是蜡笔工作室预研组的 David，David 是典型的务实型主程[②]，对待工作精益求精，对团队的要求非常严格，而且要求也很高。我从负责 PH 项目初始和他有合作，到后来直接向他汇报，不可否认，他对我在项目管理方面的影响还是很大的。四年多的时间，在他的引导、指导和鞭策下，我在项目管理方面也有了更大的成长和提升。

随着组织架构的变更，JQ 项目也告一段落，从 2016 年下半年开始，我又继续开始负责新项目——PD 项目。按照以往的套路，在计划制订好之后，我拿给 David 先审阅，他看了看之后，就提出了质疑："这个计划是不

---

[①] 2018 年底，组织架构再一次调整，蜡笔工作室并入欢乐游戏工作室。

[②] David 是做开发出身，负责整个预研组的管理工作，他的直接上级是蜡笔工作室的总监 Anson。组织架构未切换之前，我是直接向 Anson 汇报工作的，组织架构切换后我向 David 直接汇报工作。

是合理的？"对于用一直使用的套路做好的项目计划，第一次遭遇这样的挑战，我一时间没有反应过来，"是否合理？""每个系统都是根据大家评估的时间来进行整理的，也分别和各系统负责人，还有策划、美术人员都确认过了，大家都觉得没有什么问题，而且主要的风险也考虑在内了。"我继续解释道。David 看到我的疑惑，进一步提到几个问题："每个迭代版本的关键路径是什么？是否会存在什么瓶颈？当前的人力使用是不是最优的？系统和系统间，系统内部之间，是否可以并行？如果加人，是否可以让进度更快？还有，每个迭代版本应该是以效果为优先，以效果验收为准，是否留有充足的时间给版本体验？"

听完 David 提到的这些问题后，我连忙说道："我回去马上重新思考，重新调整计划。"这是我继 PH 项目、JQ 项目后首次经历这些提问和挑战。我不禁在想，以前和 Anson 汇报项目计划时，并没有遇到这样的问题，后来我才明白，Anson 毕竟负责的是整个工作室的项目，并没有那么多时间来关注项目太多的细节，只要项目计划没有完全偏离预期，都是可以接受的，但 David 是一起跟着项目的，对项目的细节会了解得更多。此外，这些问题的提出，其实是对一个优秀项目经理更高的要求。对于游戏项目来说，在保证品质的前提下，时间仍然是每个项目优先考虑的。作为项目经理，**核心价值之一就是为项目加速**！即通过各种优秀的项目管理技巧，合理地缩短项目的工期，节约资源。这是一年后我才真正领悟到的。

基于 David 初次提到的这些问题，我开始不断地思考，哪些是可以并行，哪些工作包是可以调整优先级，并重新开始制订计划，我发觉从这些维度去思考的时候，确实可以挤掉项目中不必要的一些"水分"。当再次输出计划给 David 审阅后，没有遭遇大的挑战。输出的计划比此前更加合理，也可以经得起挑战。问题还是这些问题，但其实是包含了制订一份合理计划的两大原则：以终为始和并行法则。

以终为始，是以产品最终验收的效果为准，并不是以开发的工作量结束为准。以一个系统功能为例，系统功能的开发时间是 4 天，但实际要算上产品功能体验的时间 1 天，还有测试的时间 1 天，而且还要预留 1 天的 buffer，应对可能的风险，完整算下来，该功能的系统开发时间实际应该是 7 天，如果在制订计划时，该功能只写 4 天，差别 3 天，那计划执行起来的偏差是比较大的。一旦和主要相关方汇报达成共识，结果里程碑时间节点完成不了，就更不要谈验收节点了。这是以终为始原则的一个维度应用。另一维度的应用在于，当某项目的时间是定死的，在项目管理里面是有一个术语叫强制性截止日期。那么以终为始就是以倒推法来制订这个计划，比如××时间要上线，那么上线前一周要完成××，上线前一个月要完成××功能，一直倒推到核心玩法版本必须在什么时间点完成，然后根据反推出来的路径来对项目执行。

并行法则，顾名思义，是将项目中的任务能够并行的尽量并行。尤其是针对项目中的关键路径，并行法则是比较好的解决思路，只不过前提是，处于关键路径的功能模块，需要能够进行拆分。除了关键路径的系统功能模块，在系统与系统之间，系统内部之间，在制订计划的时候，都要使用并行法则，让尽可能没有关联的系统并行开发，挤掉计划中的"水分"，加快项目的进度。

### 4. 制订有效的计划

有效的计划是基于向上汇报，以及和团队成员同步。团队成员的同步，倾向于看每个迭代的详细计划，这个可以通过 Project 来制订，也有部分项目经理习惯用 Excel，但我们去和老板（发起人，或项目总负责人，或项目领导，或管理层）汇报时，总不能拿着一份长长的 Project 详细计划去汇报，一来是费时，二来是信息的展现不够明晰，半天看不出计划的关键节点。这个时候就需要将详细的计划转换为甘特图（在使用 Project 知道详细计划时，可以自动生成一份甘特图），从甘特图里面可以比较清晰地看到项目的关键路径，这是项目经理必须要重点跟进的。我其实很少用甘特图，因为对于我们项目来说，转化为图 5-4 才会更加的明晰和简洁，这样给制作人汇报的时候，也可以很快速地获取到想要的信息。比如管理层一般都会特别关注的几个里程碑目标，从图 5-4 中就可以一眼看得出来。图 5-4 可以通过 viso 这个工具来绘制。所以，有效的计划是在给向上汇报时，可以快速地获取到管理层想要的信息；对于团队的执行层面来说，可以清晰地进行指引。

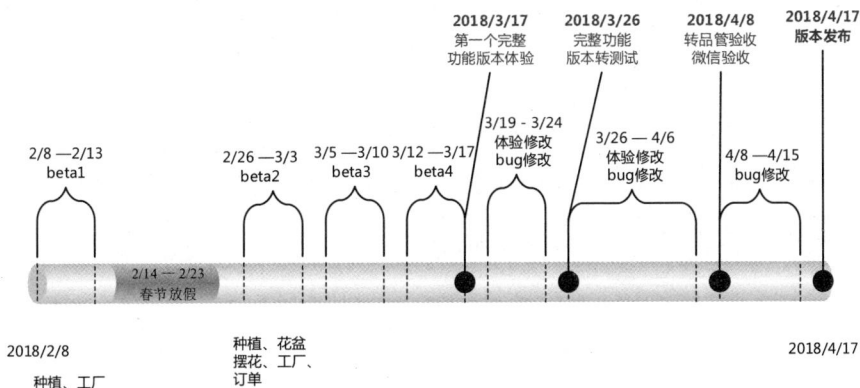

图 5-4　里程碑计划

事实上，制订一份科学、客观、合理、有效的计划，并不是一蹴而就的，需要不断地积累和长期地实践，也是作为一名项目经理需要不断思考和积累的。俗话说，好的开始是成功的一半。一份好的计划，在项目执行阶段起着非常重要的作用，对项目目标的达成，也起着非常积极的效用。

## 面对资源冲突，别轻易对老板说不

随着时间的推移，我也在项目管理这条路上不断地成长，到 2016 年底的时候，已经不再是单独负责一个项目了，手头上往往会有好几个项目，包括研发期、运营期，有时候还会有临时的需求插入。

当负责多个项目的时候，必然会涉及一个资源的问题，也就是项目成员的问题，毕竟一个部门、一个工作室，是需要控制一定的人力成本的，所以，不可能会在任何时候都有足够的人力资源来并行负责所有的项目。当出现多个项目并行的情况下，就必然会有人力资源的冲突。如何去处理好资源的冲突，是对项目经理一个很大的考验。这也是我认为**项目经理的另外一个核心价值——平衡**。本小节重点介绍面对人力资源冲突时，项目经理的平衡能力。关于项目经理的核心价值——平衡和加速，在后续章节还会进一步详细介绍。

我们先看这些场景，是否都似曾相识，这些场景，都可以归结为一点，就是资源的调配问题，也可以定义为资源冲突的问题。

- A 版本，必须在×××时间发布。
- 现在有一个 B 项目，需要在最快的时间内上线。
- 你正在负责一个比较紧急的 C 项目，老板又找到了你，说要尽快协调人员做另外一个 D 项目，且两周内要上线。
- 你计划在×月的第一周进行版本的测试，需要测试部门的配合进行，但到快临近测试时间的时候，却因为其他项目的事情没有人员投入。

从这些场景分析来看，包含两部分：一部分是部门内部，对于内部资源，项目经理要做好资源的协调和盘点；一部分是外部，对于外部资源，项目经理要尽可能早地识别人力的风险，并尽力争取。

在 2016 年下半年之前，我还只负责单个项目的时候，人员基本上都是固定调配的，似乎也没有考虑过这个问题。到 2016 年底后，我开始负责多个项目和版本，在初始的时候，总会发现人手不够用，或者是顾此失彼，惹得老板们很不满意。以至于在某个时间段，当老板[1]有新需求提出，或者遇到如上面的场景，要新增项目时，我会不假思索地说"老板，现在没有人啊，大家手头上都有需求"之类的话语。在某种程度上来说，事实情况可能真的是没有可调配的人力，但看着老板铁青的脸色的时候，甚至揣摩老板心理的时候可以感觉到，老板是对我不满意的。因此，这里也想和初入项目管理岗位的朋友们共勉，当遇到资源冲突这样情况的时候，切记不要动辄在老板面前说没有人，不要对老板[2]说不。换一个角度来看，假如我是老板，负责一个部门，或者一个工作室，如果有无限的资源可调用，那还需要项目经理做什么。

的确，作为项目经理，我们更要去换位思考。既然资源是有限的，而项目或者版本并不会减少，甚至随着时间的推移，部门的项目会逐步增加，已经运营的需要人力维护，同时又会起新项目，那么这个时候，作为项目经理，需要的就是不断地去思考，如何可以有效地避免项目的资源冲突？如何把老板交代的事情，不断地推进往前走？既要做好老板交代的事情，又不要让自己成为各项工作的瓶颈。

### 1. 做好团队成员工作盘点

当有多个项目并行的时候，这个盘点会起到非常好的效用，因为一张表格可以让你清楚地看到，每个阶段、每个项目的优先级，以及对应项目投入的人员情况，包括可以动态调整的人力情况。当然，还有很重要的一点，把团队成员工作的盘点发给老板，也可以让老板清楚地知道，每个人员投入在上面的情况，方便管理层及时做决策（见表 5-1）。

---

① 我们从产品中心介恪为工作室以后，大家会更亲切地称 Anson 为老板。
② 这里的老板可能是你直接上级，也可能是你的间接上级，抑或是更高级别的管理者或领导。

表 5-1　团队工作盘点表格

| 项　　目 | 优先级 | 人　　员 | 对应工作 | 预计完成时间 |
|---|---|---|---|---|
| 项目 A | P0 | 小王 | 需求 1 | |
| | P0 | 小张 | 需求 2 | |
| | P0 | 小李 | 需求 3 | |
| 项目 B | P1 | 小徐 | 需求 1 | |
| | P1 | 小陈 | 需求 2 | |
| 项目 C | P2 | 小孙 | 需求 1 | |
| | P2 | 小郑 | 需求 2 | |
| 项目 D | P3 | 小曾 | 需求 1 | |

　　通过这样一个清晰的表格，把团队所有的人力所参与、所负责的项目都呈现出来，让管理层清楚地看到人员的使用情况。有时候老板分派任务，也有可能是因为对人员的使用情况不清楚。当他每周都可以看到这样一个表格的时候，在安排新的任务时，至少心里会有底，而项目经理也可以变被动为主动，一旦接受了新的工作任务，可以再继续和管理层沟通协调项目的优先级。这样可以比较好地解决人力资源不足的情况，也不会出现顾此失彼，更不会出现优先级高的事情没有安排，优先级低的事情又先做了的情况。

### 2. 做好每个项目的 RACI 矩阵

　　RACI 矩阵是《PMBOK®指南》资源管理里面所提到的，其实就是在WBS 之后，根据职责填到相应的 RACI 矩阵中（见图 4-1）。这个矩阵的主要作用在于项目计划阶段，将资源正式落实到每个人，明确职责，各司其职；同时，RACI 矩阵可以很好地平衡工作量，不会出现小王工作超负荷，小张工作又不饱和的情况。RACI 矩阵，也称为责任矩阵，针对每个计划、每个版本都制作一个责任矩阵，还可以从某种程度上给团队成员授权。这里要温馨提醒一下，当需要某某做什么需求时，一定是"小王，你来负责这个需求"，而不是"小王，你来支持这个需求"，虽然意思上相近，但结果产出会是两码事。

RACI 矩阵具体的制作，一个 Excel 就可以搞定。在腾讯，公司内部有一个 TAPD（Tencent Agile Product Development，腾讯敏捷产品研发平台）项目管理工具，可以设定这样一个表格。这个表格制作好之后，项目组和管理层都能看见，可以使得团队之间相互监督，相互信任。

### 3. 充分了解团队成员

充分了解团队成员，我觉得这是从合格项目经理走向优秀项目经理所必须要具备的能力，即充分了解团队成员。一个团队里面，会涉及很多成员，包括策划、开发、美术、测试人员，作为项目经理，需要充分地了解团队成员每个人的优势和特点人员，作为会对项目的工作安排更加游刃有余。对于成熟的团队来说，或者是项目经理一直和团队成员共同做了好几个项目，想必对团队成员的了解不难；如果是新成立的项目，团队的磨合需要一个过程，这个时候可以找每个团队成员其汇报的职能经理，先期了解他们的能力和特点，而后在实际的项目推进过程中，做好相关数据的收集，以证实前期的了解，从而方便在后期对团队成员的使用。当项目经理对团队成员都很了解的情况下，一旦接到新的任务或临时的需求时，也就可以更加主动地应对。

### 4. 准确地评估，合理地规划

在以上几点的基础上，当老板有新需求时，我们首先要准确地评估，该需求或该项目在众多项目中的优先级是怎样的，通过优先级，我们合理地规划优先级更高的版本或者项目在人员上面的投入。所以，换个角度来看问题时，其实并不是没有人来做这件事，而是调整下优先级，即可最大限度地满足各项目的需求。

### 5. 客观地进行风险评估，提前预见可能的资源冲突

老板交代一个项目，如果项目经理拍胸脯说"老板，我们一定努力完成"，这是不靠谱、不专业的做法。在准确评估，合理规划之后，还需要客观地进行风险评估。比如，我们要达成这个目标，需要解决如下问题：①产品侧，初始阶段，至少要投入多少人，完成需求的优先级划分和需求细节敲定；②美术侧，要在××时间之前，敲定 UI 风格，并在最晚什么时间输出风格稿和一系列 UI 面板；③启动该版本，后台人力是瓶颈，除非是调整某某项目的后台人力，这样也会对该项目的进度有影响；④测试人力和其他版本时间有冲突。

诸如以上提到的一些问题和风险，在分析可能存在的风险的同时，也要根据各项目的实际情况，给出相应的解决方案和人力使用的建议，然后和管理层一起讨论，形成最终的决议，这样才方便后续项目的推进。假如，你拍着胸脯说"老板，我们一定努力完成"，但实际是拆东墙补西墙，那就可能会导致两个项目甚至多个项目共同推进都难，而且也会导致成员间的吐槽和抱怨。

### 6. 及时沟通汇报

多思考，多沟通，多汇报，是解决人力资源冲突的最佳途径。尤其是当各项目有序进行，突然穿插其他工作任务时，更要及时地沟通和汇报项目的情况，让老板及管理层第一时间了解项目的信息，便于他们做决策，同时也可以提升管理层对项目经理的满意度。

再综合来看待资源冲突时，完全地避免项目中的资源冲突，是不现实的。在后来负责多个项目和版本的过程中，我最大的感触就是，永远都有

做不完的事情，永远都会有优先级更高的项目和事情，但作为项目经理，我们要有提前发现问题的能力，或者要慢慢培养提前发现问题的能力，这样，至少在遇到问题的时候，总是有办法可想的。

## 转变思维角度，以业务目标为导向

无论是研发期的项目，还是运营期的项目，项目经理始终要以业务目标为导向。对于游戏项目，业务目标还是比较好界定的，一方面是项目上线的数据，包括次留、DAU、活跃 ARPU、收入这些；另一方面是游戏上线后，对玩家的服务，包括每个版本的发布，对玩家的影响。所以，项目经理在负责项目推进的过程中，需要转变思维，不能只盯着每个版本按期发布的目标，更要转变思维，以数据和对玩家的服务及影响方面为导向。

在负责 TXZQ 项目时，我遇到这样的一个情况：原本版本按照预期的时间已经准备好了，一切都在计划之中，版本整个过程的风险也处于可控状态，就等待版本发布更新，但就在版本更新的当天，出现了意外的情况，导致版本回滚，计划更新的版本延后一天发布。这是在项目管理进程中，再正常不过的一件事了，但作为项目经理，却不能以平常心对待，始终要保持一颗进取的心态，不断地思考，甚至跳出项目来思考。再继续看几个情景：

情景 1：当版本发布的时候，出现这样的问题，作为项目经理，马上要做哪些事情？

情景 2：延伸一下，研发期的项目进程中，当某设计方案出现重大失误，到项目的某个阶段才暴露，导致项目的工作严重受阻，这个时候，项目经理又该立即做哪些事情？

情景 3：再延伸一下，在实际项目中，设计方案出现严重错误的事情根本不应该发生,那项目经理又该如何规避呢?

**情景 1:发布过程中,出现版本的问题,项目经理应对之策**

在版本准备发布的时候,我们通常是设定 2 个小时版本更新的时间。当时版本发布到外网,半个小时后,发现有问题,此时,通常的做法是:

(1)开发侧同步问题到我们的发布群(我们的项目发布,会有一个单独的版本发布群,便于发布时同步信息,及时沟通)。

(2)项目经理立即召集产品、开发一起沟通,评估影响面,以及修复的时间(当时,开发人员评估的是一个小时以内可以解决问题)。

(3)或者,接第(2)步,团队成员解决不了的问题,要求助其他专家来协助解决。

到这里,就结束了吗?假如读者朋友你刚好是负责这个项目,遇到这样的情况,又会如何处理?是不是项目经理就可以耐心地等待开发人员解决问题,然后在预期时间内发布完成?答案显然不是。项目经理始终要从业务层面,以业务目标为导向,要具备一定的用户思维。那么当遇到这样的情况时,项目经理在协调具体解决问题的负责人之后,要即刻想到的是——假如一个小时以内,问题解决不了怎么办?解决问题的一个小时期间,外网问题对玩家的影响有多大?对收入的影响又有多大?如果一个小时后,问题解决不了,又该怎么办?是否要提前和老板汇报来决策?

事实上,当时问题的解决,确实超出预期时间,且延长半个小时之后,问题解决还是没有实质性的进展,这个时候,我一方面及时和老板汇报了外网反馈的情况,一方面给出了回滚版本的方案。在确定之后,我们也是果断地采取了版本回滚的策略,进一步避免外网玩家的投诉,最大限度地减少玩家的利益损失。

**情景 2:研发期的项目进程中,当设计方案出现重大失误,到项目的**

某个阶段才暴露，导致项目的工作严重受阻，这个时候，项目经理又该立即做哪些事情？

延伸到研发期的项目中，可能会有项目经理遇到这样的情况，我们仍然会做的几件事：

（1）第一时间拉起会议，对方案进行讨论和分析。

（2）讨论中，寻找最佳方案或替代方案。

（3）或者找更有经验的人来帮忙。

作为项目经理，要弄清楚问题的相关情况，把具体的问题交给具体的技术负责人就可以了。接下来更应该是以业务目标为导向，需要重点关注：

（1）出现这样的情况之后，对项目计划有什么影响？

（2）这个方案的严重失误，会导致里程碑计划的延误吗？

（3）是否要考虑增加人力？

（4）调整的方案，对项目的上线会有影响吗？如有，有多大的影响？

（5）方案的调整，会造成其他功能模块开发工作的无效吗？

这些才是一个真正以业务目标为导向的项目经理需要重点关注的事情。当评估这些之后，再和项目主要相关方沟通好。如果是要去和老板汇报，那必须是要形成自己的想法，包括：你的计划是什么样的？打算怎么做？需要什么支持？期望老板做什么？

**情景 3：再延伸一下，在实际项目中，设计方案出现严重错误的事情根本不应该发生，那项目经理又该如何规避呢？**

我曾经在负责项目测试工作的时候，就遇到一些项目，研发期间，核心玩法版本都已经完成了，结果评估发现引擎有问题，导致项目中期的时候要更换引擎；还有遇到项目的美术资源的问题，因为美术 3D 表现效果过分地夸张，导致中后期发现安装包太大，且一般的机器不支持或者支持效果很差；还有项目在初始开发时，开发侧使用的语言有问题，一开始用

lua 实现英雄技能，但后期发现性能各种瓶颈，在中后期直接重构，使用 C++。

诸如这些问题，实际在项目进入执行阶段的时候，根本不应该出现，更不要说在中后期才发现这样的问题，这对于一个项目来说，是毁灭性的。

那么项目经理如何来规避这类问题呢？简而言之，就是每个项目立项之后，都要花足够的时间去论证目标的可行性，和项目主要相关方把模糊的问题讨论清楚；把主要的、可预见性的风险评估讨论清楚，并沟通讨论，有相应的应对方案，包括一开始是用什么引擎来实现，用什么语言，前后台架构方案，美术表现是 2D 还是 3D，还是用 2D 来渲染 3D 表现，等等，各自的优缺点。

对于技术出身的项目经理来说，这可能不是太难的事，但非技术出身的项目经理，更要组织这些专业的团队成员进行讨论，明确后汇总信息，形成自己的想法和判断，再和管理层沟通，并最终决策。

## 关注项目重难点，做好风险管理

自 PH 项目之后，我开始有意识地去关注项目中每个阶段可能存在的风险。从某种意义上来说，项目管理的本质就是管理风险，控制可能会影响项目的不确定性因素。随着接触到不同的项目、不同的团队，在项目中应对的各种风险，我发现，风险管理是项目管理的难点之一，项目风险管理做得好与不好，对项目的推进有直接的影响，也从另外一个方面体现了项目经理和项目团队对风险的预测能力和事前应对的水平。

在我慢慢地培养有意识地去关注项目中的风险时，我认为项目中**最大的风险往往在于项目经理和项目团队成员没有风险意识**，或者说，即便制订了风险应对计划，但实际项目执行的过程中，又很容易忽略，使得风险成为项目目标达成的绊脚石。我们做一款游戏项目时，涉及的人员非常多，前后台开发人员、策划人员、美术人员，美术人员又细分为交互、UI、原画、3D、动作、特效人员，这里每个角色，每个团队负责的工作，都有不确定性。这也是我为什么说项目的风险管理是难点之一的原因。如果一个项目的风险管理做得好，项目团队是可以提前规避很多问题的发生，或者在遇到问题之前就已经做好了充分的应对准备；反之，如果风险管理做得不好，甚至没有风险意识，就如前面我谈到的一样，会在项目管理过程中不断地忙于救火，项目的推进过程也会一路坎坷，这样一来，项目目标是没有办法保证的。

风险管理的四大步骤为风险识别、风险评估、风险计划和风险实施，这些在很多专业的项目管理书籍中都有介绍。本小节我换一种方式来和大家谈一下，我在负责游戏项目时的风险管理——**关注项目重难点，做好风险管理**，分别从项目五大过程组——启动、规划、执行、监控、收尾这几个维度来谈一谈风险管理。

之所以从五大过程组来谈项目的风险管理，是因为风险管理是贯穿整个项目周期的，并不是说在项目启动之初的时候，我们识别好风险，制订一个风险应对计划就完事了；是因为风险管理需要项目团队成员全部参与，并不是只有项目经理一个人的管理。那对于项目来说，每个阶段，其重难点都会不一样，因此所需要应对的风险也会不一样。

### 1. 启动阶段的风险管理

在游戏项目立项之后，项目经理和项目核心相关方就需要重点关注从提案到策划案（需求）的输出，美术风格稿的确定，美术的表现效果确定（3D还是2D），系统框架的选定，项目目标的确定，项目商业化的论证，这些都是项目启动之初时的重点，有些也是难点，比如美术风格稿的敲定，商业化的论证。当把这些问题都梳理清楚，或至少有应对方案时，对后面项目的规划和执行，以及整个项目周期，都会起到很好的效果。

## 2. 规划阶段的风险管理

在规划阶段，需要对目标进行分解，在目标分解的过程中，就可以逐步去识别项目的关键路径、可能存在的瓶颈、人员的情况，还包括核心玩法版本相关联的系统，都可能会成为风险，尤其是关键路径和瓶颈。比如某个项目经过分解细化后，发现关键路径是原画资源，那就需要特别关注原画资源的输出，想办法解决这个关键路径，否则，一旦没有提前应对或过程中没有处理好，就会对项目目标达成带来风险。再比如核心玩法版本，是从提案到策划案，从策划案到可以看到的实实在在的版本，越晚输出，对核心玩法的预期风险就越大。按照敏捷的第一原则——尽可能早地交付有价值的版本，因此需要想各种办法提前安排实现核心玩法相关功能的开发，优先实现核心玩法系统依赖的相关的功能。这样核心管理层和项目团队能够尽早地看到核心玩法版本，若符合项目的预期设定，万事大吉，继续按项目规划往前走；若发现玩法不符合预期，也可以尽早地进行调整。

## 3. 执行和监控阶段的风险管理

在执行和监控阶段，永远不要太过于乐观，要改变以往校准计划的思路，不要觉得计划做好就万事大吉。应该时刻校准目标，即若要达成这个设定的目标，是否有什么瓶颈，是否有什么阻碍的问题，然后重点解决这个阻碍的问题。比如在功能开发期间，需要重点关注核心功能模块的开发，确保核心玩法版本尽早地输出，核心玩法版本输出之后，组织核心相关方体验，确认是否符合玩法设定预期，是否在操作、体验和感觉上有什么偏差，有偏差的话主要在哪些方面。在功能开发期间，还需要重点关注系统功能所对应的美术资源、策划配置是否都可以匹配上开发的进度：比如在版本打磨阶段，需要重点关注到每个功能开发的完整度，策划的验收，美术对效果的验收，版本质量的情况和测试的覆盖力度；再比如版本稳定阶段，要重点关注质量的稳定情况、各系统间的有机整合，是否符合游戏性、游戏是否具备目标引导、游戏的数值框架搭建。**尤其是游戏的目标引导，是在执行和监控的中后期阶段，作为项目经理要尤为关注，这不仅是项目的重点，也是难点。**一个项目在执行和监控阶段，对于各个系统功能的开发和验收来说，都是可控的。当各个系统功能都完成了，需要进行有机的整合时，是一件比较难的事情，而且还需要通过系统的有机整合，调出游戏的目标引导，对项目团队是一个比较大的挑战。我们也遇到过这样的情况：各个功能系统都开发完了，进入游戏玩了一段时间，发现不知道玩什么，似乎该游戏并没有什么好玩的。这就是典型的游戏仅仅是完成了功能的开发，而没有目标的引导，以致玩家进入游戏没有目标感。当出现这样的情况时，对于整个项目的目标来说，就已经是很大的风险了。因此，在核心玩法完成后，在相应的核心功能和核心玩法相关联的系统完成之后，就要开始考虑游戏目标引导的问题，游戏数值框架搭建的问题，尽早有比较完整的数值合入版本，让游戏有目标的牵引。

### 4. 收尾阶段的风险管理

当游戏的研发进入尾声时，是为项目的上线做准备，这个时候并不是项目就没有风险了。我们前面也谈到过，项目经理是以业务目标为导向的，准备好了项目上线的版本，只能说是完成了项目要上线的目标，但还需要公测，还需要在外网验证产品数据，产品数据好了，才是业务目标的达成。因此，还要重点关注和平台部门、资源部门的沟通和对接，详细了解清楚项目上线的流程、平台给予资源的投放等多方面的情况，然后根据了解到的这些信息，提前准备好项目公测和上线的各项事宜。

可见，项目的风险管理是贯穿整个项目周期的，而且是项目团队全员的参与。作为项目经理，更需要有足够的风险意识，以业务目标为导向，关注项目每个阶段的重难点，提前做好风险应对计划，为实现项目目标保驾护航。项目经理始终要铭记，风险管理的核心作用是"提前发现问题，给自己留出解决问题的时间"。

## 规范项目流程，让团队高效运转

**流程是为效率服务的。**一个游戏项目，会涉及很多团队，项目经理需要梳理必要的项目流程，以此来更好地为效率服务。如果负责的项目是单一且简单的，项目组有一些"牛人"就可以比较好地搞定项目，但手游项目，通常情况下都是"大兵团作战"，涉及的人员众多，这个时候，规范化的流程是才是最安全可靠的。好的流程，也可以大大地提升项目研发的效率。如图 5-5 所示，是我们的游戏项目研发流程，通过**规范化的流程**，来让团队成员清楚地知道每个阶段该做什么事情，让团队形成自运转。

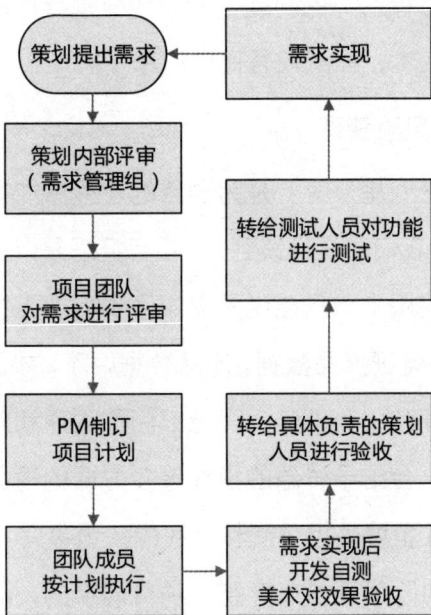

图 5-5　游戏项目研发流程

再详细来说：

（1）需求是统一用 TAPD 来进行管理的，策划将需求提交到 TAPD，处理人统一为项目经理。

（2）需求提交之后，项目经理并不是马上就分配到具体负责的成员，而是要先组织或者策划内部组织对需求进行评审，也即前面谈到的需求管理组，所有提交的需求必须要经过策划内部评审通过，达成一致意见。如果涉及大的系统或者有争议的需求功能，务必要邀请老板或工作室制作人参与，共同确定。

（3）需求确定之后，项目经理开始组织具体负责的项目团队成员（策划、开发、美术、测试人员）对需求进行评审。

（4）需求评审完，开发、美术、测试人员各自对需求进行工作量评估，在约定的时间内汇总给项目经理，项目经理收集后，根据制订计划的原则，制订科学、客观、合理、有效的项目计划，在和具体负责人核对之后，再和主要相关方核对，然后才是同步到老板，若老板对计划有疑义，则需要再对计划进行调整；若无其他意见，则同步项目成员，开始按计划执行。

（5）团队成员按照自己评估的时间开始完成各自的工作，开发侧的编码，美术侧对美术进行设计，测试对需求进行用例设计，项目经理和具体需求负责人（策划人员）则关注整个需求实现的过程，及时掌握需求开发的进度，一旦有什么问题，则第一时间进行沟通。这里还有一点非常重要，美术资源通常都会要求先行，这样才可以更好地匹配上开发的进度。

（6）开发完成需求功能的实现后，要对需求完成的情况进行自测，若有和美术资源相关的验收，则需要在 PC 端先周知美术人员对美术效果进行验收，这样可以比较好地，也可以很快速地在 PC 端就先解决掉一些很明显的美术效果问题。而构建版本之后，美术负责人还需要在手机上对版本的美术效果进行验收，以确保需求转到策划验收时，美术效果是符合设计预期的。

（7）开发人员自测完，美术人员对效果进行验收后，相应的需求单或版本则转给策划人员对功能进行验收了，具体需求负责人要对需求功能进行全面的验收。一个需求的实现，根据做游戏项目通常的惯例，必然会有很多体验意见提出来，还有很重要的一点，需求负责人是对其负责的需求最了解的，验证的过程中也可以清楚地知道，是否是按照需求设计的预期实现的，是否有需要调整的地方。每个需求实现后，需求负责人验收务必要输出体验意见，并整理好优先级同步给项目经理；同样，这些体验意见也是以需求单的形式，提交到 TAPD 上。

（8）需求实现后，对应的体验意见修改完，没有严重阻塞的问题，即该需求是验收通过的，需求负责人（策划人员）将需求转给测试人员进行测试，这里包括各个维度的测试，测试对需求功能测试通过，对应的 bug 也验证完成，则对应的需求单转为已实现。至此，一个需求的流程才全部完成。

对应的项目开发流程，是有一套完整的需求自动流转流程的，同样是基于 TAPD 项目管理工具来设定的。因为所有的需求都统一在 TAPD 进行管理，那么在设定需求自动流转流程时，会先对需求进行分类。需求分类的主要目的是明确跟进负责人，是产品需求的，由对应模块的策划人员来验收；是美术优化的，都是由美术侧来验收；是程序优化的，比如性能、帧率等，由开发人员自己验收后，转测试验收；体验优化方面，项目经理或策划人员都可以承担验收的工作。具体解释参考如图 5-6 所示。

产品功能：产品的功能需求，都放到这个类别下。责任人是策划人员，当查看这个类别的时候，可以在右侧很方便地看到各个功能模块是哪个策划负责。

体验优化：是每个功能模块转体验后，功能方面的体验意见都提交到这个类别。各项目可根据项目实际情况，体验优化的需求或提给项目经理，或直接分发给开发模块负责人。

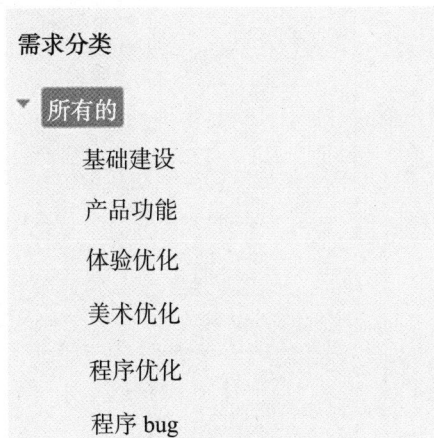

**需求分类**

▼ 所有的

　　基础建设

　　产品功能

　　体验优化

　　美术优化

　　程序优化

　　程序 bug

图 5-6　需求分类设置

美术优化：功能模块转体验后，美术方面的体验意见，包括 UI 的表现、特效、动作、3D 等，都提交到这个类别。这个类别的负责人是美术设计师。美术设计师要负责对这个功能进行验收，验收完才转给策划再验收，形成双闭环。

程序优化：是在版本体验过程中，发现有卡顿、loading 不流畅等问题，提交到这个类别。这个类别的需求，负责人都是开发人员。

程序 bug：在版本体验中，若发现有功能方面的 bug，还未正式转测试时，提交到这个类别。与程序优化一样，负责人也是开发人员。

基础建设：主要包括帧率、size 处理、内存、IDIP、经分等需求，负责人是开发人员。

需求类别设置完成后，再进一步规范需求自动流转流程，这个自动流转的流程就是将各个团队串起来的"齿轮"，让团队可以高效地自运转，同时更进一步的目的是，释放项目经理的精力，不用事无巨细地要项目经理去催、去问进度，如图 5-7 所示。

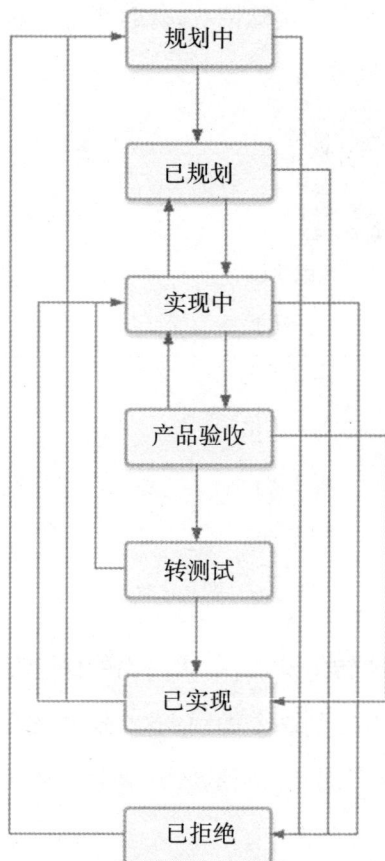

图 5-7　需求流转流程

流程中各字段的表述为：

规划中：策划提交的需求，所有的状态全部为规划中，处理人为项目经理。

已规划：项目经理和前后台主程沟通确定，也可以根据自己了解的团队成员的情况，将对应各个需求转给具体模块负责人，处理人为开发人员；若需求涉及美术，则转给 APM（美术项目经理），处理人为 APM。

实现中：开发或美术接到需求后，将需求状态变更为实现中，处理人为开发人员或美术人员。

产品验收：需求完成后，达到可验收的状态，则将状态转为产品验收，并转给对应策划负责人，处理人为策划人员。这里也是需求分类的一个重要的承接原因。因为需求分类定义好了，开发人员清楚地知道需求是哪位策划人员负责的，从需求评审、需求实现过程的沟通，到功能实现，都可以直接转给对应策划人员进行验收。不用再转给项目经理，由项目经理转一次，可大大地节省沟通成本。

转测试/已实现：策划验收通过产品功能需求，则将状态转为转测试，处理人为测试负责人；若是体验意见或美术优化方面的需求，则直接转为已实现，需求流转结束。

已拒绝：是各个状态下的需求，当需求不再规划到迭代，则转为已拒绝状态。一般情况下不做删除处理，作为记录，以便有需要的时候，可以查阅或重新打开。

此外，在这个流转流程里面，蕴含一个双闭环的验收，如图 5-8 所示，意思是，需求在开发侧务必要进行自测通过后，才能转策划验收；如果是 UI 或其他美术方面的需求，开发自测完后，必须是先美术侧验收通过，才能转策划验收。

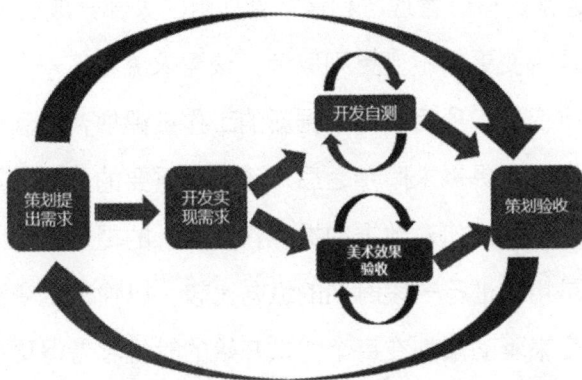

图 5-8　双闭环验收流程

关于规范流程方面，还有一个必要的流程，是项目经理需要去建立和规范的，那就是需求的变更流程。在快速小跑、迭代试错的大环境下，需求变更是不可避免的。作为项目经理，不能一味地去阻止流程的变更，需要具备产品思维、用户思维，更好地去拥抱变化，但这并不意味着策划（产品）是可以随意变更需求的，因此还是需要针对性地规范好变更流程，如图 5-9 所示，是我们项目的需求变更流程。

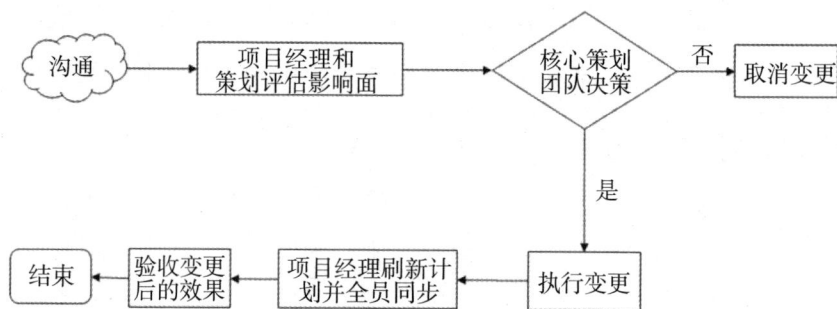

图 5-9　变更流程图

当有需求变更的时候，需求负责人第一时间和项目经理沟通，项目经理组织相关人员对变更的需求进行评估，包括变更需求的工作量、对现有计划的影响、可能带来的风险、变更可能会带来的效益，然后提交核心策划团队决策（通常是核心管理层和需求管理组的大部分成员），核心策划团队决策该需求是否变更，不变更则取消，该需求流到下一个迭代；如果决定变更，则执行变更，项目经理根据新的工作量评估，刷新计划，然后同步全项目团队，在变更需求同步之后，还有很重要的一环，需要验证需求变更后的实际效果，比如对数据的提升，对收入的提升。记录验收变更后的效果，主要是用来进行一段时期的纵向比较，以便确定变更的有效性，从另外一个维度来驱动策划在每个需求开始的时候思考得更多一些，更广一些，更深一些，减少在项目过程中的变更，减少项目中的无效加班。

项目中的流程并不是越复杂越好，关键还是在于对团队来说是否适用和高效。围绕着"流程是为了效率服务"这个基本原则，必要的规范化在项目执行过程中是必不可少的，而且好的流程会让项目团队事半功倍。当然，流程是需要持续优化的，是需要适应团队需要的。在具体执行的过程中，切忌一味地照搬流程，否则，不仅不能提升效率，而且会适得其反。所以，不断持续地优化流程，让流程为效率服务，是项目经理要持续关注的部分。

## 建立必要的规则，让项目过程受控

当在项目管理这条路上越走越远之后，经历的无论是简单还是复杂的项目，带领的无论是大团队还是小团队，作为项目经理逐渐会明白，最重要的工作之一就是要想办法让项目过程受控。在实际工作中，项目经理是弱矩阵下的协调者、引导者、推动者和服务者，对项目团队成员没有实际的考核权，所以也就没有实际的职权让团队成员听项目经理的。不仅仅是腾讯游戏部门，相信在很多企业里面，项目经理都是有责无权。在这样的大环境下，要让团队成员"听话"，引导和辅助团队去实现项目目标，需要不断去思考、不断去探索适合项目团队的管理方式。**建立必要的规则，让项目过程受控**，就是其中有效的手段之一。

因为没有行政考核权，在我初入项目管理岗位的时候，总觉得团队成员应该听我的。理想很丰满，现实却很骨感。当推动项目处处受阻的时候，很是苦恼，也很沮丧，有时候言行不当，还容易引起冲突。记得在刚担任项目经理的那一年，经常遇到这样的情况，某个版本的需求评审完之后，要收集团队成员的工作量评估，往往要一而再再而三地催问，即便这样，还时常拖拖拉拉很久之后才反馈，等工作量评估还没有收集完，老板已经来催问计划了，这个时候又要被老板一顿批。后来规范了相应的项目流程，情况似乎有所好转，但仍然没有约束力，时间一长，团队成员又是各种借口，仍然起不到有效的控制作用。对于负责的项目来说，如果你不能控制，你就不能管理它。

影响项目成功的因素有多种，人员、过程、交付成果、技术工具，还有市场环境等。外部环境，比如市场因素，甚至政治因素，项目经理是没有办法去控制的；但内部环境，比如过程、人员、项目进度等，项目经理是有责任，也要想尽办法去做好规划，去做好所有资源的平衡。而这些不是靠项目经理去说就可以搞定的，需要在项目的过程中，根据项目的特点、项目团队的特点，建立必要的规则，来进行更好的管控。团队成员都认可的规则，才便于项目经理更加有效地去做好规划，做好项目的跟踪，最后多快好省地完成项目目标，让项目各相关方满意。

什么是规则？**规则是约束，规则是价值观，规则是行动指南**。规则，是运行、运作规律所遵循的法则，是指由团队共同制定、公认或由代表人统一制定并通过的，由团队里的所有成员一起遵守的条例和章程。在项目管理的这条路的前两年，没有往这方面思考，也没有制定规则的意识，只是一味地去规范流程，优化流程，以为有了流程就可以保障一切。当真正领悟到只靠流程，没有实际职权，却又要很好地推动项目团队成员把项目规划的每件事都落实好时，才开始慢慢地去制定团队规则。在做游戏项目的后几年，主要制定的规则有以下几个。

### 1. 团队例会制度

团队例会制度，包括晨会和迭代回顾会议。游戏项目都讲究敏捷，为了快速达成上线前的每个里程碑目标，会固定每天晨会的时间，主要目的在于让团队每天都保持一种节奏感。在晨会上，我们主要过一下昨天完成的各项工作、今天计划要做的工作，是否有什么困难，是否需要上下游的成员给予配合，持续保持这种节奏，是让大家的目标感更强一些，执行的效率也会更高。在晨会快节奏地汇报工作时，团队成员不仅要关注自己的那部分工作，还要关注到需要给予支持和配合团队成员的工作，这样在需要配合时，可以快速地参与进去。各个团队成员在汇报完各自工作之后，项目经理会根据项目的进度情况，整体同步项目的进度及目标的情况；主策会根据需要快速地介绍下当前阶段策划的重点工作（如之前谈到的项目每个阶段的重难点）；老板也会在有需要的时候，及时地肯定团队的辛苦和付出。

短短的 15 分钟，项目经理及核心相关方可以快速地了解和掌握团队成员的工作情况，团队成员也可以一步步清楚项目的每个阶段，也可以及时感受到管理层的关注。因为晨会的重要性，因此在晨会时间固定的时候，会特别强调团队成员要按时参加，有迟到的，则会有相应的惩罚措施——通常是一个月出现 3 次及以上的迟到，就要请全项目组喝下午茶。当然，确实有事情的，也可以提前请假。

还有迭代回顾会议，一般是在每个项目版本上线前的这个阶段开展，根据项目周期的情况，灵活调整会议的周期，比如 2~3 个月就要上线的游戏项目，我会要求 2 周一次，进行迭代回顾；若是 6~12 个月，则会要求每周一次的迭代总结会议。迭代回顾主要的目的在于复盘当前迭代的进度和问题，有问题则及时解决，有做得不够好的地方，下一个迭代版本特别关注，确保每个迭代都能够在预期的框架内达成迭代目标，避免因为问题的积累而影响到里程碑目标的延误。

### 2. 问题反馈机制

问题反馈机制是在项目过程中一个非常有效的主动获取信息的规则。

项目经理在项目管理过程中，要主动去获取信息，不能被动地等，但主动获取信息并不是说要项目经理挨个去问，去收集。若团队规模小，团队成熟，倒还好；若团队规模大，团队不太成熟，经常性地去催问，不仅会增加沟通成本，还会引起不必要的冲突。在问题反馈机制方面，需要注意以下几点。

（1）在遇到技术或阻塞性的问题时，思考超过一个小时以上，必须反馈项目团队进行沟通。作为项目经理，必须要清楚的是，一个项目团队里面，不是每个人都会很积极主动的，尤其是一些技术人员，往往是专注于自己的工作，当遇到问题的时候，也是一个人在那里钻研。往好里说，是鼓励，是支持的，这样的成员有探索精神，有钻研精神；往不好里说，是爱钻牛角尖，严重一点的还经常耽误项目进度，这类成员是需要特别关注的。项目是大家协同作战的，有时候某个成员遇到的问题，在自己思考之后，应及时抛出来一起沟通、探讨，或许分分钟就解决了，而自己去钻研，耗费几个小时，甚至好几天。若不在关键路径上或许对项目里程碑目标影响没有那么大；若是在关键路径上，那必然会导致项目目标的延期。基于这种情况，我会要求团队成员在遇到问题的时候，若思考超过一个小时以上还没有实质性的进展，必须要反馈到项目经理或者职能经理，以便寻求更快的解决方案。

（2）项目计划和实现过程中，需在规定的时间内反馈信息。这是针对前面谈到的一种情况，关于需求评审完，收集汇总团队成员的工作量评估，拖拖拉拉的或者遗忘的，影响项目计划制订，甚至影响项目推进的进度。因此，只要某个版本或者某个需求评审完之后，我会立即在会上要求团队成员，必须在某个时间节点之前反馈具体工作量评估，超过时间没有反馈的，则需要接受惩罚，并且在项目团队群里面周知。当然这也是需要讲究策略的，并不是很生硬地，一点面子都不给地曝光，具体度的把握，每个项目经理都有不同的方式。不过这并不是目的，目的还是在于，期望团队成员能够遵守团队公约，主动同步信息，这样一来，项目经理就不用挨个去问去催了。一旦有成员没有即时反馈，有过一次两次的惩罚，第三次或许他自己都不好意思。这个规则也同样适用于在需求开始实现时的自动流转流程中，以此来约束团队成员更好地形成自运转。开发侧需求做完了，自测完之后，就要及时地转给相关的负责人验收，策划验收完，及时地转给测试验证。

（3）在版本验收阶段，要求开发做好自测，10分钟以内不能有阻塞的问题；要求美术做好基本的效果验收，不能出现明显的效果问题；要求策划做好版本的体验，不能出现很明显的没有实现的功能转到测试侧验证。尤其是当项目的版本可以开始体验时，我们在转体验阶段会每天出版本，然后团队一起来体验，如果版本体验10分钟就时常出问题，或崩溃，或卡死，那是会非常影响体验效果的。因此，规则会要求开发人员加强自测，每个人负责的系统模块都要做好自己的工作，在提交代码时，也要互相检查，确保版本的顺利构建，也要确保团队成员在体验时，半个小时以内可以正常体验。如果在版本出来后，有很明显的问题，则对应系统模块负责人也需要接受相应的惩罚。同样，对于策划的体验和测试的验证，在规则约定下没有达成，也会有相应的规则。

问题反馈机制制定的目的，并不是用来惩罚团队成员的。制定该规则时，项目经理要把握好一个度，要做好充分的沟通。其根源在于项目经理可以及时掌握项目中可能发生的事情，获取相关的信息，若事情对项目推进会带来的风险，可以及时地解决或提前进行应对。

### 3. 可视化制度

工作可视化，也叫工作透明化。项目经理在推进项目的过程中，要想尽各种办法，让项目能够可视化、透明化，这是项目经理的核心价值体现之一。具体来说，包括项目团队成员每天工作的可视化，比如会要求团队成员每天下班前同步当天完成的工作情况，尤其是在版本开始转体验的时候，整理输出每个版本可以重点体验的需求点，可以让团队成员第二天到公司体验版本时，重点非常明确；比如项目经理每天同步当天的工作情况和目标，让团队成员都目标明确，可以大大提升执行效率；比如每个版本的计划，都同步到具体的执行成员，也同步到管理层，让他们清楚地了解项目的进度。这是基于在工作层面的可视化，其实还有很多方面。另外，在信息方面，也要尽可能地透明化，比如项目开始上线的时候，项目的数据，包括留存、登录比、收入等，及时地和团队成员同步，可以使得团队成员及时了解到项目的情况。

可视化在后面会单独用一个小节再详细介绍。建立可视化制度，让团队成员的工作透明化，项目经理及时地掌握团队成员的工作情况，更容易让项目受控。

### 4．项目全员版本体验规则

这个规则非常适用于新游戏项目的研发阶段，简单来说，就是要求团队成员都要体验自己研发的游戏，提出体验意见。过去我带项目的时候，发现团队成员连自己做的游戏都很少玩，这其实是不正常的。一个团队共同做一个游戏项目，最起码是要玩自己做的游戏的，这样才会对游戏有更多的了解和理解，在具体实现过程中，才可以起到更好的效果。在研发过程中，就制定全员版本的体验规则，要求成员必须要体验自己的游戏（如果是项目初期，有竞品的，则会要求先体验竞品）；每天必须玩多少分钟或打多少局；体验完之后，还需要输出体验意见。每两天做一次统计，达标的有奖励，不达标的则有相应的惩罚。其实这个规则的目的很简单，就是让团队成员都能够真正参与到项目的研发进程中来，而不仅仅是做一份工作。要知道，当团队对游戏都很热爱，都有一定的理解，那产生的能量是会完全不一样的。

### 5. 项目文化

除了以上建立的主要规则，还有一个潜移默化的规则，即项目文化，或者说是团队文化。团队文化结合着项目组内外的价值观，一个积极、正向的团队内文化对项目是有好处的。当团队成员每个人都遵守信用，信守承诺，使命必达，那么对应的团队也必然会是一个使命必达的团队，有了这样一个积极、正向的团队文化，在投入项目的战斗中时，会所向披靡。

在团队内建立必要的规则和制度，是项目经理在实际工作中，需要不断去探索，不断去思考的，更需要根据不同的项目和项目团队、不同的项目阶段来建立，同时需要逐步地进行优化和调整，以此更好地让项目受控。那么建立规则同样需要坚持一个原则，即在制定相应的规则时，要让项目团队成员参与，并达成共识，否则很容易适得其反。

## 加快进度，不以牺牲质量为代价

互联网产品以快著称，敏捷开发，快速迭代。在争抢市场的精品 1.0/2.0 时代，一款产品、一款手游项目的上线，甚至允许有损发布。但事实上，很快就转向精品 3.0 和 4.0 时代，因为任何以牺牲质量为代价的产品/游戏，都会带来毁灭性的损失。

不知道读者朋友们是否有感觉，在手游刚刚起来的时候，部分手游（甚至很热门的手游）的版本质量很一般。腾讯游戏精品 1.0/2.0 时代，对手游上线版本质量的要求是：①测试最终报告里面，不能出现严重 bug；②用户 crash（游戏崩溃、闪退）率不超过 6%。当时制定的标准似乎看起来仍然很高，以至于很多游戏项目为了快速上线，crash 率超过 6%（大部分 crash 率在 8%~10%）都申请走 GM 层领导审批发布。那用户 crash 率 6%是一个什么概念：用户 crash 率=crash 用户数/操作用户总数，即 100 个操作用户，就有 6 个人会出现 crash，如果再放大到 100 万，那 crash 的用户数则为 6 万，这其实是一个非常可怕的数据。如果持续这么高的用户 crash 率，对游戏的收入、活跃、口碑，都有很大的影响。甚至于，如果大部分 crash 用户数集中在核心和次核心玩家时，对游戏的影响更会成倍地增长。要快速地解决 crash 的问题，则必然需要快速的更新版本；版本的更新，又会对 DAU（日活跃）有影响，尤其是当解决一些底层严重及以上的问题时，还必须要强制更新版本。据不完全统计，强制更新版本，会使 DAU 有近 20%的减少，也就是说，如果该游戏的 DAU 是 100 万，强制更新版本会减少近 20 万的 DAU；如果再算收入的话，减少 20 万 DAU，则可能影响游戏一大笔的收入，这就是有损发布带来的后果。

可见，一味地为了赶进度，牺牲质量，会付出很大的代价。因此在腾讯游戏精品 1.0/2.0 之后，很快就进入了精品 3.0，并快速升级至精品 4.0。精品 4.0，仅从 crash 率来说，就已经要求 crash 率低于 1%。这不只是一个数字的提升，更可以看到的是，公司高层对质量的高度重视。

自上而下的对质量高度重视，是一件幸事。但不管怎么样，作为项目经理，一定要高度重视对质量的管理。在我担任项目经理的这些年，原本测试出身的我，应该是对项目的质量有着先天的优势，但未曾想，恰恰是因为从测试转岗，以至于当局者迷，迷失于对质量风险的认知，为此也是经历了巨大的挑战。我想每个项目经理和其所在的公司，都会有各自比较好的质量管理体系。本小节，我想着重谈的是在后来带项目的过程中，通过不断的总结与思考，我对项目质量管理的几点体会。

### 1．拒绝侥幸心理

关于质量管理的侥幸心理，还得从 2015 年下半年我负责的 JQ 项目说起。JQ 项目当时是从大连外包团队接回来的，版本质量非常差——bug 层出不穷，最关键的是 crash 率高达 60%。好在团队历经一个月的奋战，我们第一个上线的版本，主要 bug 都解决了，crash 率也控制在 6%以内，满足精品发布的标准，在当时需要快速上线的背景下，我们遗留了部分偶现的 bug 和弱网络的 bug 没有解决，抱着侥幸的心理，我们还是按计划提前上线了版本。后来的事实证明，我们为此付出了不小的代价。因为偶现问题、弱网络问题，都和底层框架的设计有关联，版本上线之后，crash 率直接就被放大了，高达 10.8%，而且在后续版本迭代增加系统功能时，一些问题又陆陆续续地暴露出来，可谓雪上加霜。

之所以抱着侥幸心理，主要是针对偶现的问题，或者评估觉得条件很苛刻才会出现的问题。经过分析讨论，确定不影响当前版本质量的 bug，为了赶进度，在当前发布的版本暂时不解决，而版本内测期间，用户体量比较少，部分问题也确实没有暴露出来。就这样，每个版本都累积了一些问题没有修改，到正式公测后，因为导量的量级比较大，一时间各种问题就全部暴露出来了，俨然一场质量把控的噩梦。

所以，作为项目经理，在项目管理过程中，对于质量的管理，应该拒绝侥幸心理。相反，不管在项目的哪个阶段，是什么样的版本，测试过程中发现的 bug，务必在当前版本里解决，尤其是偶现的、弱网络相关的问题，只有彻底解决完之后，才允许发布。

### 2．高标准要求

拒绝侥幸心理，是为了更好地杜绝没有解决的偶现的 bug 遗留到公测期间来解决。同时，也需要高标准来要求团队。针对 crash 率，如果上线标准 crash 率不高于 6%，那么在测试阶段 crash 率至少要控制在 1%以内；如果上线标准 crash 率不高于 1%，在测试阶段则要求 crash 率不高于 0.5%。至于为什么要高标准要求，其实很明确，测试期间，包括内测期间，用户体量是比较小的，一旦正式公测，原本上线达标的 crash 率，会被放大好几倍。按照公司的要求，如果某个游戏上线后，crash 率超过标准设定值，那意味着项目上线所划分的资源全部会被冻结，直到版本质量稳定后才会重新投放，这样一来，项目的损失就会非常大。

所以，作为项目经理，在项目管理过程中，对于质量的管理，应该以高标准要求。

### 3. 提前做好质量管理规划，眼见为实

无论是拒绝侥幸的心理，还是高标准要求，主要还是指标，那么质量管理的根本，还是在于提前做好质量管理的规划，眼见为实。我们知道，质量是设计出来的，并不是测试出来的。借助公司的质量体系，作为项目经理，从项目启动之初，就要提前做好质量管理规划。

腾讯游戏精品 4.0 的质量体系是移动游戏 TDR 评审指引及标准。TDR 的全称是 Technical Design Review，称作技术设计评审，分别有 TDR1、TDR2、TDR3。针对每款游戏不同的阶段，侧重点不一样。

TDR1，策划方面重点是游戏的设计方向、核心玩法、题材包装等；美术方面重点评审的是游戏的整体定位风格及各细部风格是否已经确认完成，是否符合产品定位，是否有高品质同类产品的竞品供对比参考；程序方面重点评审的是系统架构设计是否合理。

TDR2，是根据不同的游戏品类所需要，主要是针对程序的技术设计评审。

TDR3，重点针对的就是程序、测试、安全和政策。程序方面，重点评

审的是客户端和服务端的性能、适配、CPU 和内存、crash 率、弱网这些主要指标；测试方面，则重点评审的是客户端性能基线、内存消耗、CPU 占用率、帧率、适配、弱网、crash 率、服务器性能、容错容灾；安全方面，重点评审的是客户端安全（是否加密）、游戏逻辑安全、敏感词接入等；政策方面，主要是版号、备案、实名制。

借助公司的质量管理体系，可以最大限度地做好全面的质量管控。整个 TDR 评审是贯穿游戏上线的周期的。除此之外，针对项目本身，在需求开发阶段，提前确定好验收的标准，做好每个系统功能的验收和测试工作；在项目正式启动之后，接入公司有的代码扫描工具，接入 crash 上报；在版本开发期间，做好测试工具的支持和开发；在测试前，完善日志上报系统；在测试期间，重点抓偶现问题的解决、弱网问题的解决、crash 问题的解决及性能问题。基础的各项准备工作都需要做足，在开始内测时，重点监控 crash 率的情况，内测期间的 crash 率要控制其远远低于上线标准。基于此，一切的质量管理过程，都是需要眼见为实，尤其是针对手游性能体验方面，优化前后的版本，是可以非常直观地感受到的。此外，眼见为实，也要求测试的整个过程可视化，做好质量风险评估，抓关键点。

质量是任何一款产品的基础保障，因此，任何项目，为了进度，都不应该以牺牲质量为代价。作为项目经理，也应该清楚的是，项目的质量管理对项目成败的重要性。在整个项目的质量管理过程中，应该杜绝侥幸心理，不仅要高标准要求，更需要提前做好规划，眼见为实。

## 抓好美术，避免资源成为瓶颈

在项目刚启动的时候，美术资源往往会是一个关键点，如果经验不足，会很容易忽略。当开始重视起来时，已经对整个项目的进度有很大的影响。

曾经负责的 PH 项目就是典型的例子，因为项目初期根本没有去考虑过美术效果图的事情，导致项目后期踩了大坑。

在项目执行的过程中，也需要重点关注美术资源的情况，如果不做全局考虑，同样会使得美术资源在项目中后期成为瓶颈。2016 年下半年负责的 PD 项目，因为精品 4.0 的需要，从第一个版本发布，到后续不断迭代的过程中，半年的时间，整个项目的 UI 更换了 3 版（算上初始的一版，一共调整了 4 版 UI）。因为在初期没有做全局考虑，在不断持续迭代的过程中，每次更换 UI 都是一个痛苦的过程，不仅时间紧张，工作量还巨大。在短时间内既要保质保量，还得保证好的效果。

在多个项目慢慢摸索的过程中，才有了**美术先行**的策略，无论是项目的立项初始阶段，还是项目执行的阶段，都要以美术先行为策略，从全局出发考虑美术资源的情况，避免成为瓶颈。第一部分，在前面的章节已经有介绍，本小节重点介绍在项目执行过程中，如何更好地抓好美术资源，那么在正式介绍之前，还是先抛出几个问题：

- 你的项目出现过替换 N 版 UI 的情况吗？
- 每次替换 UI 是不是感觉工作量大，而且每次替换都需要费很多时间？
- 按时按质量替换完成后，是否有达到产品所需要的要求，会不会出现各种界面的细节问题？

面对这些实际的问题，在项目管理过程中，需要不断思考，不断摸索，不断实践，使得后面负责的一系列项目，在应对美术资源方面，一次比一次效果好。接下来将从 5 个方面来介绍，不过这里并不涉及美术 UI 的专业设计方面，但会提及美术和策划、开发如何更好地配合，也会提及美术验收的方式。

### 1. UI 设计阶段

不知道大家在做项目的时候，是否遇到一种情况，当项目在开始要确定 UI 风格稿的时候，**往往是说不出真正想要的是哪种风格和效果，但一定知道自己不想要的是哪种**。因此，我们在 UI 设计阶段，在确定初始风格稿阶段，通常都会要求美术侧多出几个风格稿，以供项目主要相关方来进行选择。当确定某个风格稿之后，美术人员需要进一步对风格稿进行优化。我们在对 UI 风格稿进行评审时，仍然采取的是挑出觉得不好的地方，不断地进行优化，直到大家都觉得满意为止。细细想来，这其实是迭代增量的一种方式。通过迭代增量的一种方式，最后产出让大家都比较满意的风格稿。当然，美术设计是忠于需求的，在提交需求的时候，也会要求策划负责人提供关键词，或给予一些参考，结合设计师的理解，主美的把关，团队核心相关方的共同确定，才会敲定美术 UI 风格稿。

### 2. UI 量产阶段

当 UI 风格稿敲定之后，就会进入 UI 的量产。在正式量产之前，项目经理务必要从全局考虑，做足准备工作，包括组织有效的沟通会，明确各个系统的交互；明确 UI 设计后，制作动效和特效的方式方法；还要明确程序合入的细节。这些都是非常非常关键的。一旦量产，希望后期涉及 UI 的调整，能够快速地进行替换，没有交互的改动，没有大的工作量。

可以再回顾 PH 项目当时遇到的情况。PH 项目 UI 量产时，UI 对交互有改动，且增加很多额外的效果表现，在后续开发侧替换 UI 时，直接导致范围无限蔓延，也无形中使得原本 1 天就可以替换完的 UI 面板，却额外需要 2 天来弥补效果，导致项目的某个阶段团队各种无效加班。

因此，作为项目经理在整个 UI 量产阶段，需要具备全局思考的意识，更需要具备从项目目标出发的风险意识，但凡涉及比较大的改动，务必要组织讨论明确，确实因为效果需要，那也做好变更，评估影响面和对进度的影响。同时，在量产阶段之前，要和开发侧沟通明确清楚规范，包括尺寸大小、命名规范、文件存放路径、切图规范。此外，还有比较重要的一点，在量产时，务必定义好一级面板、二级面板、通用面板、弹框面板，保持统一的大小、样式，为后续替换提供便利。

### 3. 程序替换

根据和美术 UI 约定的命名规则、切图规范，严格按照效果图来进行拼图。程序侧替换的时候，最容易出现的情况是，在 PC 上的表现和打包手机上时不一样，常见的问题有以下几个。①在 PC 上看是清晰的，但打包到手机版本之后，却是模糊的，这是曾经替换 UI 时，最常见的问题之一。类似这种技术层面导致的问题，必须要杜绝。②比较容易出现大致看上去和效果图差不多，但实际存在各种小问题，比如文字不居中、间距不一样、位置偏移等。若都到体验验收的时候才发现，无疑增加了验收的成本。③点击态、响应区域等，都是需要在制作期间一并加入，不用等到版本体验的时候才发现各种问题，否则也会打乱一些节奏。针对以上常见的问题，在程序侧开始替换之前，都要形成标准和规范，在整合 UI 的时候就直接加上，减少后续修改的环节。

### 4. 整体验收

验收是非常重要，也是非常关键的一环。我们改变了以往追求效率而忽略效果的情况，一切都要从效果出发。如果忽视效果，那可能前期速度很快，但实际整个周期会拉得很长。曾经遇到的问题是，UI 切图给到开发，开发按照效果图替换完，然后就继续做其他的事情了，策划或产品在版本里面看下是合入完成了就觉得是替换完了，但实际并不是如此，当美术 UI来体验版本时，则提出很多关于 UI 细节的问题，这些问题得一点点地修改，无形中，时间一点点地耗费了。所以，在整体验收的时候，会要求各个系统的负责人（开发、美术、策划）各自对效果把好关，一环扣一环，既要效率，更要保证效果。

### 5. 验收规范

美术侧的验收规范：

（1）规范统一二级面板的尺寸，保持风格，样式统一，并和指定开发负责人沟通明确。

（2）统一文字字体，并在出每个效果图的时候，标注字体大小，无论是系统字还是程序字。

（3）UI 切图时，务必保持结构体一致，一方面提升切图的效率，另一方面减少开发替换资源的时间。

（4）每个效果图输出，在开发侧整合完，需要形成闭环，先在 PC 端确认，再到手机版本验收，包括细节的确认，做到一步到位。

（5）在其他美术 UI 设计师投入负责各面板需求时，请务必当面沟通清楚制作规范、命名规则、切图规范（结构一致性），输出资源路径。

开发侧的验收规范：

（1）开发侧需严格按照效果图进行替换，包括文字的大小、位置，精细到像素。

（2）在整合时，先和 UI 进行简单的沟通，了解切图规则和注意事项，包括能复用的尽量优先复用，加快整合效率。

（3）在整合资源的时候，要杜绝在 PC 上是清晰的，但一打包到手机版本时，却出现模糊不清的效果。

（4）在打包图集时，保证效果，不能刻意压缩资源，损耗效果。

（5）整合完面板，多自检自测，保证整合完一个面板即真正的完成，避免因为资源丢失导致 crash。

（6）主动发起验收，合完静态面板，周知 UI 负责人在 PC 端进行验收，验收 OK，再构建版本在手机上验收。

在 PD 项目（棋牌项目）的实践中，也有一组数据，作为对比和参考：

（1）第一次，替换 UI 时，专职 1 人负责 UI，1 个月的设计时间，前台开发 2 人专职，1 人兼职，1 个月的时间替换。

（2）第二次，2 个 UI 人力，1 周的 UI 设计时间，前台开发 3 人专职，1 人兼职，一周半的时间。

（3）第三次，2 个 UI 人力，1 周的 UI 设计时间，前台开发 3 人，1 周的时间。

（4）第四次，2 个 UI 人力，1 周的 UI 设计和量产时间，前台开发 4 人，两天的时间全部完成。

以上只是一组实际参考的数据，目的在于说明，通过从全局考虑，以美术先行为策略，抓好美术，做足准备工作，可以很好地避免资源成为瓶颈，也可以很好地提升资源的替换效率。

## 可视化管理，让项目在阳光下运行

项目逐渐明晰的特点，决定了项目信息必须可视化、透明化。在项目管理过程中，运用可视化管理，是将需管理的对象用一目了然的方式来体现。其精髓在于，让项目问题、项目风险能够在第一时间浮出水面，随时发现问题或者当出现问题苗头时，可以随时地预防和解决，把项目的损失降低到最小。这也是风险管理的有效手段之一。对于可视化来说，重点是在于对项目数据的收集和分析。收集的数据越多，越容易分析好问题，越容易解决问题。

其实很长一段时间，我并不是太清楚什么是可视化，直到 2017 年 3 月开始，负责一款创新组合类棋牌项目 SGAME 时，我才有了对可视化管理的理解。当然，更重要的是我发觉运用好可视化管理取得的效果也是非常明显的，也真正地理解和感受到其必要性和重要性。而可视化，也是我认为项目经理的又一核心价值的体现。因此，作为项目经理，在负责推进项目时，要运用好可视化管理，让项目在阳光下运行。本小节基于 SGAME 的研发过程，从 4 个方面来详细介绍可视化管理。

### 1. 项目规划和目标可视化

目标可视化属于目标层，是指将项目目标具体化，使项目团队和项目相关方对项目目标看得见、摸得着，能够明确地朝着项目目标前进。项目目标是具体明确的，表明项目团队能够按照目标实施各项活动；项目目标是可衡量的，表明项目团队的工作评价有据可依；项目目标是可实现的，表明项目团队通过一定程度的努力能实现项目目标；项目目标是相关的，表明项目团队做且只做与项目相关的工作；项目目标也是有时间限制的，表明项目团队必须在既定时间内完成项目工作。

SGAME 项目是一个组合创新型项目，项目一开始，大的方向和目标其实是有的，但并不够详尽，也不够明晰，这也符合项目的逐渐明晰的特点。在项目进程中，我们并没有任何有关项目规划和项目目标的不透明，反而是非常客观地将项目的每个阶段的规划、目标和状况，及时地同步给团队成员，甚至包括项目中我们实实在在遇到的问题，而且也非常诚实地解答团队成员提出的各种疑问和挑战。这点我觉得是在以前的项目中从未有过的。就像曾经有团队成员抱怨说，有一些项目，做着做着就不了了之了，也不知道是为什么。这种方式，给团队成员增加了各种猜疑。因此，在 SGAME 项目中，我们改变了这种方式，无论是晨会、周例会，还是平时的沟通，都会及时同步项目的规划和项目的目标，一旦有变化，也及时地进行同步和沟通，确保项目团队成员都能够及时地了解到项目的规划和目标，让项目规划和项目目标可视化，使得团队成员之间少了猜忌，从而增加了团队的凝聚力。

### 2. 项目问题和风险可视化

不论项目规模如何，如果项目相关方能够对风险及其他项目信息了如指掌的话，他们便会信心倍增。**解决问题从"看见"开始**。因此，无论是项目总体规划的瓶颈、风险，还是项目执行过程中，每个迭代版本可能遇到的问题和风险，都会和项目负责人、团队成员讨论确定，整理成风险清单，并给出对应的解决方案，一一呈现给项目团队成员。

而项目经理更需要客观如实汇报项目状况，必须客观如实地将项目状况同步给项目负责人、管理层、项目主要相关方，越是隐瞒风险越高。在客观汇报这件事情上，想必有不少做项目经理的朋友们初始都经历过，总是报喜不报忧，毕竟从人的本性上来说，**人总会害怕因为犯错误被批评而隐瞒项目中坏的一面**。随着个人的心理承受能力不断强大，不断成熟，慢慢会变得非常的淡定，也会更加的释怀，也更愿意相信：**其实做项目，出现问题不可怕，可怕的是不把问题暴露出来，不让大家一起帮你分析解决**。

所以，作为项目经理，在项目管理过程中，切忌只报喜不报忧。如果项目进程中，经常使"忧"变得不可见，管理层不能及时监控或者及时提供指引，最终"忧"通通被留给项目经理自己解决，往往问题得不到及时解决甚至无法解决。

### 3. 管理层和项目团队之间的可视化

SGAME 项目当时是一个 30 多人的团队。这么大的一个团队，当管理层获取不到足够的团队和项目信息时，试想，是不是比较容易焦虑，也容易对团队产生担心。为此，在项目进程中，项目负责人、策划、项目经理，都会及时对项目的信息进行分类整理、精简，让管理层及时地掌握项目的进展动态和项目在每个阶段的状态。同时，在项目的每个阶段，也都会和管理层沟通做事情的方式和思考的方向，尤其是在对一些事情拿捏不准的时候，必然会和制作人及时地沟通、确认，以确保项目整体方向和对目标的理解都是一致的。当然，还可以快速地进行决策。

另外，及时地将管理层对项目的每个迭代的反馈，包括满意度，反馈给团队成员，让成员知道自己所做的事情的价值，是对团队的一种激励。项目经理是沟通的桥梁，要做好承上启下的沟通。为获取更多管理层和主要相关方的支持，要不遗余力。

### 4. 项目需求和任务的可视化

项目需求和任务的可视化，可以通过很多项目管理工具来呈现。腾讯游戏部门采用的是公司统一的 TAPD 项目管理工具，这是一个非常强大的工具，可以全视角地将需求规划和团队间的任务可视化。

需求规划开始，对需求进行分类，设置模块和优先级，确定主要负责人。项目团队成员，无论是策划、开发人员还是美术、测试人员，都可以完整地看到每个迭代规划、每个成员的具体工作任务情况，包括具体的完成时间和每个需求的完成状态。这样可以让团队间更好地协作，让团队更好地自运转。

通过这个工具，可以制定责任矩阵，让团队成员彼此间的职责和工作划分一目了然，也让团队间的协作、配合人员一一呈现出来。还可以针对不同事情不同阶段的需求，运用不同的表现方式，如甘特图、Wiki、看板等。

项目管理的工具是多样化的，可以根据实际情况来运用合适的工具，其主要目的是让项目的需求管理和团队成员间的任务可视化。对于游戏项目来说，进度往往都是比较赶的，团队成员每个人都会承担不同程度的工作。项目经理让任务可视化的目的之一也是让团队成员都清楚自己，也清楚其他成员负责的工作情况，做好平衡。

# 第六章

## 深入思考，形成项目管理套路

## 深入思考，理解项目管理四要素

美国项目管理协会主席保罗说："在当今社会，一切都是项目，一切也将成为项目。"对于项目，PMI 的定义是：项目是为创造独特的产品、服务或成果而进行的临时性工作。其核心思想是对事不对人。PRINCE2 的定义是：项目是按照一个被批准的商业论证，为了交付一个或多个商业产品而创建的一个临时性组织。其核心思想是不仅关注事，还关注人。对于国内大多数企业来说，项目既有组织又有工作，我们要组织一群本来目标并不一致的人，共同完成一项非常创新的、有挑战性的工作。其核心思想是，项目既是一个组织，又是一项工作。

既是组织，必然会有组织的目标，且要让组织满意；又是一项工作，必须要运用知识、技能、工具与技术，来实现项目的活动，以满足项目的要求和目标。换句话说，项目管理就是在项目活动中运用知识、技能、工具和技术，多快好省地实现项目目标，同时又让组织的项目相关方满意。

多快好省，是一个项目经理追求的目标，也是一个项目最理想的情况。"多"指工作范围大，"快"指时间短，"好"指质量高，"省"指成本低。范围、时间、质量、成本构成了项目管理的四要素。

（1）范围（scope），指为了实现项目目标必须完成的所有工作。简单来说，一个游戏项目立项之后，要优先确定该游戏上线时所需要完成的各个系统功能、周边功能、第三方组件等一系列的工作。这里定义了项目范围为交付成果（deliverable）和交付成果标准。在实际项目的管理过程中，项目范围可以通过对项目目标分解得到，进一步通过详细的 WBS，可以明确达成项目上线目标必须要做的，哪些是可做可不做的，哪些是可不做的。如果没有比较好地去明确项目的范围，项目就可能会无止无尽。由此，因为没有明确项目范围，在项目推进的过程中，项目范围会不知不觉，悄无声息地蔓延和镀金，团队不仅会有各种无效的加班，做了许多与实现目标无关的额外工作，更会影响原定目标的计划，甚至造成商业、市场和声誉的多重损失。

（2）时间（time），项目时间管理包含规划进度管理、定义活动、排列活动顺序、估算活动资源、估算活动持续时间、制订进度计划、控制进度等多个过程。项目时间相关的因素用进度计划描述，进度计划不仅说明了完成项目范围内所有工作需要的时间，也明确了每个活动的具体开始和完成日期。在对项目范围进行分解和评估的同时，还需要着重考虑它们之间的依赖关系，以达到时间最优。

（3）成本（cost），是完成项目活动所需资源的成本，但同时也应考虑项目决策对项目产品、服务或成果的使用成本、维护成本和支持成本的影响。在游戏项目中，成本通常是指投入的人力成本，即要在最短的时间内完成确定的项目范围，达成项目目标，需要投入多少的人力。

（4）质量（quality），是一个项目的根本，必须遵循质量管理的体系。比如腾讯游戏精品 4.0 的标准。一般通过定义项目范围中的交付成果标准来明确定义，这些标准包括各种特性及这些特性需要满足的要求，如客户端性能、服务器性能、crash 率等要达标。

对于项目经理来说，确定项目是否成功是项目管理中最常见的挑战之一，而时间、成本、范围和质量等项目管理测量指标历来被视为确定项目是否成功的最重要的因素。因此，项目目标是由项目的范围、质量、时间、成本决定的。为了多快好省地达成项目目标，就要充分考量这 4 个要素之间的关系和相互影响。

理解清楚了这 4 个要素，再来回顾我们接手分配的项目时，时间、范围、成本和质量，往往只有一个或两个是清楚的，甚至于这 4 个要素都是不清楚的。因此，作为项目经理，在接手一个项目时，要花大量的时间去弄清楚项目管理的四要素，而弄清楚项目的四要素，本质上是厘清项目的目标。这也从某种意义上论证了项目经理的价值所在。

当我们在梳理项目管理的四要素时，当我们在进行项目过程管理时，必须要清楚这四者之间是相互关联的。质量往往是不能牺牲的，剩下时间、范围、成本，若提高其中任何一个要素，都会同时影响另外一个要素。这就意味着，项目经理在考虑缩短时间、加快进度时，就要考虑缩减范围或者增加人力；在考虑使用最少的人力时，必然考虑范围和时间的情况；在考虑做足够多的工作（项目范围）时，必须要考虑时间和人力的情况。对于游戏项目来说，往往是需要快一点再快一点，尽早地上线，以便占据市场，所以，加速是项目经理的核心价值之一，那么加速的同时，需要做好项目四要素的平衡。而平衡，则是项目经理的另外一个核心价值。

综上所述，作为项目经理，在进行项目管理时，是需要对项目管理四要素进行深入的思考和理解，更切确地说是对项目目标的深入理解。当项目经理对项目目标有深入理解的时候，才能更好地对项目管理过程进行有效的管控。

## 现代管理思维，效率和效果平衡

在转到项目管理岗位刚满一年的时候，有机会听了一个关于项目管理的讲座，其中提到的一个观点——在项目管理中，效果大于效率。那个时候，对这种说法一知半解，半信半疑，似乎有点道理。因为从长远来看，效果确实大于效率，任何项目或者产品做出来，都是为了取得好的成绩、好的口碑、好的效果。

追忆曾经做端游、页游的时代，在项目发布时间方面，在人力的投入方面，似乎并没有那么强烈的要求，一些端游或者页游，就五六个人，多久做完，没有严格的时间规定，直到事情做完，质量达标，项目才上线，或者版本才发布，这似乎也印证着最终的效果大于效率。

随着手游时代的到来和爆发，从以前端游时代的"单兵作战"（这里指小型的端游项目，大型的端游并非如此），到手游时代的"多兵种作战"，我们发现了，协作的重要性，提高个人效率、提高团队合作效率的重要性，时间的重要性（因为项目要快速迭代验证玩法，项目要快速上线抢占市场，抢占用户）。所以，个人效率的提升、团队效率的提升、团队协作效率的提升是首要的。只有大家提高了效率，一款手游，少则 20~30 人，多则 50 人甚至上百人，才可以更高效地产出。

随着手游时代人口红利的饱和，市场红海一片。如今，要潜心打造真正能打动用户的精品，才有真正的核心竞争力，我们似乎又更加注重品质和效果了，但并不是说，手游井喷的那个时期，我们不注重品质，只是在那个时代，时间就是一款产品的生命，因此，那个时期，相关的项目是允许有损发布的。

慢慢地我们会发现，在项目管理中，效率和效果这两个概念，是没有绝对的大于小于之分的。作为项目经理，是整合专家，我们思考的、权衡的是在实际工作进程中，运用各种知识、技能、工具，在尽可能短的时间内，用尽可能低的成本，完成项目目标，并达到最佳的效果。**我们其实应该追求的是效率和效果的基本平衡**。这也是现代管理提倡的一种理念。

**效率是指正确地做事**，要求在尽可能短的时间内，用尽可能低的成本完成项目任务，是短期成功的标准。**效果是做正确的事**，要求所做出的结果是有用的，所形成的项目成果能够发挥既定的功能，是长期成功的标准。项目经理既要带领团队正确地做事，也要做正确的事，保持这两者之间的基本平衡，才能更有效地达成项目目标。而我们定义一个项目的目标时，时间、成本、范围和质量这 4 个维度是缺一不可的，如图 6-1 所示。**时间和成本，决定着效率**，想必不难理解，也就是说，在最少的成本（人力）下，最短的时间内，实现最大的产出；而**范围和质量，决定着效果**，这是因为范围和质量直接决定着项目或产品的功能，只有把该做的事情做了，把项目范围做到位了，把该做的事情做好了，项目质量符合要求，项目产品功能才可以正常发挥。项目范围决定着产品某功能的有无，项目质量决定这个功能是否符合技术的要求，是否符合项目的要求，这也是体现项目最终的效果的因素。

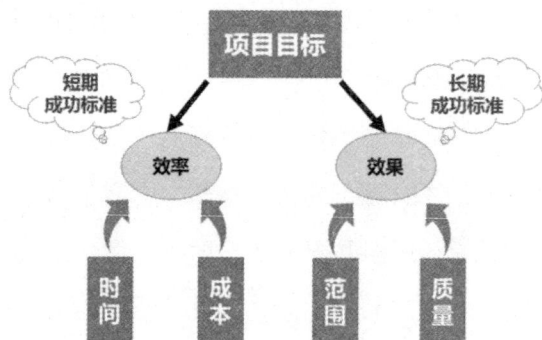

图 6-1　效率和效果的关系

时间、成本、范围和质量，可以概括为效率和效果，而项目管理的四要素（也说三重制约），本身也就决定着，效率和效果是矛盾的。若干个项目的实践证明，我们在实际的项目管理工作中，不能一味地提升效率，忽略效果；也不能一味地注重效果，而忽略效率的提升。只有保持这两者的基本平衡，即保持项目管理四要素的基本平衡，才能使得项目最大化和最优化。为了更好地介绍在项目管理过程中，保持效率和效果的平衡可以最大化地实现项目目标，以当时 PD 项目某个阶段的 UI 资源整合为例。

PD 项目已经完成了一版 UI 的整合，但实际体验的时候，感觉当前这版的 UI 效果并不好；团队当即开会讨论，要换一种风格。在 3 个前台开发、

1 个 UI 人力的情况下，我们初始制定的策略是，优先集中现有的人力，把所有需要替换的 UI 全部替换完成，然后再对各 UI 面板集中优化和打磨，预计用 2 天的时间，直到项目达到满意的效果，但实际在第一天工作结束后，第二天团队成员拿到版本体验，开始吐槽合入的 UI 效果，没有达到改版的预期效果。之所以出现这样的情况，是当时我设想的是快速替换完，然后集中处理效果，这才使得老板和团队体验版本时并不满意。基于此，我也是快速地调整了策略，优先处理好一个 UI 面板的效果，拿给制作人和主要相关方确认，达到满意为止，然后以当前处理好的效果为标准，继续整合后面的一系列 UI 资源。

就这个案例，替换 UI 的工作是在项目某个阶段临时性的工作，我们可以把这个工作看成一个项目，而这个项目，其实是有比较具体的项目目标的，即在 3 个开发、1 个 UI 的人力情况下，2 天之内，完成所有 UI 面板的替换，而后再打磨优化整合的效果。

通过案例的分析和提炼，我们可以明确，项目目标里面包含：范围（所有 UI 面板）、成本（3 个开发、1 个 UI）、时间（2 天之内）、质量（一般的效果，要不然就不会被吐槽）。

当时我们的策略是为了提升效率，在有限的人力下，快速替换资源，并没有对局部进行打磨和优化，所以，导致整合之后 UI 的效果一般，以至于出现了项目团队成员吐槽的情况。作为项目经理，综合各方意见之后，应召集项目团队成员协商并调整策略，以保持效率和效果的基本平衡为出发点，缩减一些优先级低的 UI 面板合入，集中人力重点打磨第一天合入的 UI 面板，使得满足项目满意的效果，而后以此效果为标杆，持续快速替换其他 UI 和打磨优化。当然，调整策略之后，我们原计划合入是 2 天的时间，打磨计划 2 天，实际最后打磨完成，比计划提前了半天的时间。后来我们总结的时候发现，这样调整的好处在于，我们提前把未知的风险提前了，团队成员吐槽，实际也是反馈了一些体验意见，我们优先对这部分进行了处理，打磨完成之后，再发起了一轮体验，确定效果之后，才以此为标准，打磨后续的 UI。

这里举例说明的只是日常项目中的一个很小的部分，作为项目经理，在日常项目管理工作中，追求效率和效果的基本平衡，其实也是追求时间、成本、范围、质量的基本平衡。每个项目都有各自的独特性，这 4 个维度，在项目的每个阶段，其侧重点其实都会不一样，如何在不同的阶段，平衡好效率和效果，或者说平衡好时间、成本、范围和质量，是项目经理要不断思考的，是在项目管理的进程中，要不断讲究方式方法的。良好地应对项目中遇到各问题的方法，是用来实现项目目标的有效手段。

项目是为创造独特的产品、服务或成果而进行的临时性工作。它具有临时性、独特性和逐渐细化性三大特点。所以，我们又可以说，项目是为创造独特的可交付成果而必须在规定时间内完成的、需要逐渐细化的工作。而项目管理则是把各种知识、技能、工具和技术应用于项目活动来实现项目的要求，并进而满足主要相关方在项目上的利益追求。项目要求就是项目的微观目标，是非常具体可测量的项目目标；满足相关方的利益追求是项目的宏观目标，是比较大的目标。项目经理在负责项目管理的过程中，保持效率和效果的平衡，不仅可以更好地实现项目目标，还可以在每个阶段让领导及主要相关方都满意。

## 拥抱变化，对敏捷的初步认知

时光荏苒，但永恒不变的是变化。在移动互联网时代，变化才是适应项目最需要的，我们谈敏捷，我们谈快速迭代，我们谈效率，我们谈效果，我们谈价值，无不体现着不断变化的趋势。2016 年下半年负责的 PD 项目，最初始只是简单地换皮（换 UI）搬上应用宝测试。随着市场的不断变化，3 个月后，开始陆续投入人力，目标是打造成精品。随着产品目标的变化，参与到项目管理的方式、思维，也同样随着这个项目的变化而潜移默化地变化着。

在 PD 项目一年多的时间里，无论是我个人还是团队成员，在这个项目中都在有着不同程度的转变，我们不再像过去一样，只重任务不重目标；只重效率不重效果；为了做好事情，而不思考做完这个事情背后的价值。

这其实是一种做事方式的转变，更是一种思维的转变。在这个不断变化的时代，不断地适应和调整自己，还有团队的协作方式，以此来更好地服务于项目，这或许就是敏捷所提倡的，所以敏捷并不是口头上的说说而已，更多的是一种意识的培养。当我们都明白，**敏捷不只是为了快速地交付（产品/功能），而是为了更好地发现（价值）**，我们会更加从容，我们的目标感会更强，我们的效率在潜移默化地提升，随之而来的是效果更佳。因为，我们不再是单纯地为了快而快，而是为了做更有价值的事情。那么作为项目经理，在整个项目管理的进程中，更需要不断地思考、反思、调整、提升。本节是基于 PD 项目过程管理，对敏捷的初步认识，主要谈 5 个方面。

### 1. 不断地校准项目目标

过去对于我们来说，大多的时候，是在项目进程中，不断地校准项目计划执行的情况是否和进度有偏差，但实际忽略了项目完成后的效果有时候偏离了项目目标，甚至偏离了产品目标。而在 PD 项目的中后期进程中，我们最大的改变，即要求一定的效率，同时也注重每个需求完成后的验收效果，这些效果的达成是否满足产品的需求，是否能够帮助达成产品的目标。这也正是敏捷项目管理所提倡的——**校准目标**。通过校准目标的方式来代替校准计划的方式，是更加倾向于对产品和产品目标的把控，更倾向于对产品源头——需求的管理。后期不断迭代的版本过程中，在迭代回顾的时候也印证了，通过校准目标来替代反复地和团队成员确认需求进度的情况，那种压迫感小很多。

### 2. 不断地关注和调整团队成员的心态

在 PD 项目研发的半年时间内，整个团队在心态方面，也有着不一样的变化，包括产品、开发、美术、测试。我们不再是独立地作战，而是真正"多兵种协同作战"。我们在项目进程中，会更多地关注团队成员心态的变化，以及每天应对不同需求及变化时的状态，及时帮助成员疏导和调整，尤其是当有争议和冲突的时候，一定要及时地出面协调，达成共识，使得大家真正能够客观、平和、彼此信任地协同作战。过去很长一段时间，我们更多的是按部就班，产品经理提需求，项目经理排期，美术人员设计，开发人员实现，测试人员设计用例，到开发完成需求，产品人员验收，然后就是测试，这期间，好像都是独立的一种方式，但现在在 PD 项目中，团队成员的所有人（其中也包括管理层及主要相关方）工作的、努力的成果，都是为了要使得产品有更好的效果，都是在为了实现产品目标做更有价值的事情。在需求阶段、美术设计阶段和开发测试设计阶段，尤其是产品验收阶段，基本上都是人人参与到其中，而且还是非常主动地参与到其中，验收、体验，提体验意见，然后快速修改、调整，再看效果，直到最佳的表现。在需求阶段会认真客观地和产品人员/策划人员讨论需求；在美术设计阶段，会不厌其烦地确认每一个细节；在验收阶段，认真地提出自己的看法和意见；在测试阶段，全员参与，测试也不再是孤立的；在问题修复阶段，积极地响应，为了稳定的质量的目标而共同努力。这些变化，都透露出整个团队心态的变化，这个过程中，少了很多吐槽，更多的是团队成员间的彼此信任。

### 3．拥抱需求变更，快速识别和调整目标，清晰传递

敏捷是一种适应型生命周期下所提倡的，我们都知道，移动互联网时代，尤其是我们在做游戏的过程中，有时候会为了一个好的效果表现，反反复复地进行打磨和调整。我们不提倡反复的需求变更，但我们更要适应项目、产品的需要，来不断地拥抱变化；我们与其控制需求的变更，倒不如更好地适应需求的变化，以此更好地契合产品的目标。过去，我们可能会说，项目经理要挡得住产品的需求，但我们需要仔细认真地思考，甚至思考深层次的原因，需求变更的目的是什么，如果所有的需求变更，都要走一遍流程，都要按照排期进行，可想而知，我们所提倡的快速看到版本，快速在版本里面看到效果，谈何容易！作为项目经理，要清晰地意识到，适应和拥抱变更（变化）比单一的阻止更贴合项目、产品的需要。而当有变更的时候，项目经理要做的事情，是快速地识别和调整目标，厘清优先级并传达清楚目标，同时快速地推送给团队成员（在传达给团队成员的时候，一定要做的一件事就是确认具体执行者是否真正理解了需求，这是非常关键的），并说清楚调整的价值（如果项目经理不是特别清楚，需要叫上策划人员一起多方沟通清楚），快速执行，然后在验收环节再次校准目标。所以，不断拥抱变化，识别和调整目标，并清晰地传达目标，是提升效率并保障效果的良方。但拥抱变化，并不是一味地、毫无节制地允许随便的变更，变更应有的决策流程，必须经过核心管理层确认。项目经理记录好每次变更，并配合分析效果。通过实际的数据来驱动产品/策划人员在需求产出阶段就深入地思考。

### 4．重点解决关键路径和瓶颈

敏捷所提倡的是，校准的是产品目标，里程碑目标、每日目标，但这

里面仍然少不了计划，只不过我们的计划相比较之前有了一些差异。以前我们做计划，按照需求的拆分，开发出设计方案，分解任务并评估时间，然后项目经理做出计划，再和团队成员同步，而后就按部就班地执行。当然这期间，我们会确定关键路径，但实际效果并不佳。在 PD 项目中，在 David 不断的要求和指引下，作为项目经理，识别关键路径只是第一步，更多的是，在识别关键路径后，如何解决这个关键路径？如何在有限的人力下，把各项工作准备得更充分？如何更好地做到各个团队间的工作并行，以及各个工作间的无缝衔接？我们知道，**向关键路径要时间，向非关键路径要资源**。一行简单的文字，但实际项目的安排中并不容易，这期间，需要在项目规划前期反复地论证，将人力资源使用最大化，将时间使用最大化，将资源调度最大化。对于项目经理来说，需要清楚，或者和策划、开发人员沟通清楚明确优先级，需要敲定每个版本关键的里程碑路径和验收目标，这里有很关键的一步，需要明确第一个关键版本验收的目标和时间。因为第一个版本出来，可以让团队成员、主要相关方拿到真真切切可以看到的版本内容，然后根据这个版本，体验、修改、调整、提升，最后到完善。所以，切实可行的计划，重点解决关键路径，最大限度调度好团队成员的工作，做好并行，提升效率，达成好的效果。

### 5. 持续优化项目流程

流程的规范化，也是在执行中必不可少的。敏捷谈流程，本身就是不敏捷的。这似乎有点矛盾，但其实，当我们知道，流程是为了效率而服务的，就觉得一点都不矛盾了。在 PD 项目中，我们通过持续不断地优化和使用 TAPD 管理需求的方式，减少了很多中间不必要的沟通环节。在 TAPD 中，对需求的分类，对模块的划分，将验收人员的敲定，将每个需求的跟进落实到每个团队成员，看着微小的调整，却让整个运转的效率大大增加。

我们不再像以往一样，一个需求完成之后，没有人去验收。我们也不再是以往美术设计师完成 UI 并切图之后，就没有其他事情可做，相反，是美术设计师优化的，都是由美术设计师来验收；是产品需求的，由对应模块的产品人员来验收；是程序优化的，比如性能、帧率等，由开发人员自己验收后，转测试人员验收；体验优化方面，项目经理或策划人员都可以承担验收的工作。还有每日计划报告的规划化，TAPD 需求单流转的规范化，让大家每天都很清楚任务和目标。所以，好的流程，也会事半功倍。当然，流程是需要持续优化的，是需要适应团队需要的。在具体执行的过程中，切忌一味地照搬流程，否则，不仅不能提升效率，反而会适得其反。所以，不断持续地优化流程，让流程为效率服务。

在项目管理这条路上，作为项目经理，在对敏捷的认知和理解上，是顺应时代的需要。在项目管理的过程中，需要不断地拥抱变化，调整、优化管理方式，更好地帮助项目，帮助产品，和大家一起实现产品目标。

## 融入敏捷，让目标实现多快好省

敏捷，一直是互联网产品，游戏项目不变的话题。2017 年 2 月，在负责 PD 项目正常版本运营的同时，我又接手了一个新的项目——SGAME。SGAME 是一个组合创新型的项目，对于创新型项目来说，有一个特点——需求和技术都不是很确定，是一个相对错综复杂的状态，需要很高的创意，也是一块创新的区域。对于这样一个项目，我们必须有别于过去，要用新的模式——敏捷来进行。

其实，从开始踏入项目管理这条路，从开始接触互联网产品、游戏项目，我们就一直在敏捷。这一路走来，我们在不断探索，不断尝试，也不断地革新我们的研发模式和项目管理模式。我们不知不觉地发现，我们的工作模式，我们的思维模式，都在悄然地改变着。我们不再被动式地接受工作的安排，而是变得更加主动；我们不再是独立地实现产品的需求，而是以一个主人翁的心态，参与到项目的研发进程中，主动获取项目相关信息；我们不再是只做自己的那一部分工作，而是会更多地参与到产品的讨论和思考中来，为共同达成产品的目标献言献策。本节将以 SGAME 的整个研发过程为例，着重介绍融入敏捷项目管理的思路和方式方法。

我们其实一直在谈敏捷，但敏捷并不是单一的快，而是一种适应时代需要的思维方式，是一种**为产品创造最高价值的心态**。在 SGAME 项目研发进程中，我们一直以敏捷的心态在做一道"证明题"，是在将我们的想法和思路，通过实证性过程，迭代规划，小步快跑的方式，并随着时间和产品方向的变化，不断调整方向而逐步达成产品的目标。在这个过程中，我们更加追求效果，更加注重产品的目标和产品愿景。引用腾讯公司副总裁姚晓光的一句话：**"也许世界上根本没有所谓正确的选择，只有努力让自己的选择变成正确。"** SGAME 项目也是这样一个努力让自己的选择变得正确的敏捷研发过程。

### 1. 尽早且持续交付有价值的版本来满足产品的期望

以往我们做项目，通常是在版本规划时间快要结束的时候，才有版本体验，结果体验版本的时候发现，和预期差得太远，而这个时候，又需要重新规划大量的时间来打磨优化，甚至修改需求，这样不知不觉就增加了版本的时间跨度，也增加了版本验收的风险。

实际从 PD 项目的后面几个版本开始，我们就已经采用了**尽早交付且持续交付**的方式，也就是说，在迭代版本需求确定时，并不是按部就班地排期，开发实现，然后版本体验，而是优先明确每个版本的可验收点，即最基础的版本体验的目标，然后对需求进行工作任务分解，并充分地论证，再重点优化和调整工作任务的优先级，确定哪些是可以优先实现，哪些容易出效果，哪些是可以在边体验边打磨时，逐步完善，如此持续增量地交付可体验的版本。这里可体验的定义也并不是单一的开发功能完成的体验，而是有实质性的效果要求。关于效果这部分内容，后面会单独谈。

这样做的好处在于：

（1）策划人员看到第一个可体验的版本时，才会更加清楚自己的需求是什么。因为即便迭代版本需求确定之后，也不可能完美地获得所有系统的细节。

（2）尽早地验收版本，可以更早地发现系统的不足，也可以尽早地获得体验反馈，并修改体验点，持续交付可体验的版本，减少版本到后期验收的风险。

（3）团队成员更加清楚怎么做更有价值的事情。比如，某个系统功能的任务排期时间需要 4 天，从按部就班地实现到体验，可能是 4 天之后，但经过调整和优化任务的优先级，把优先可以看到效果的事情调整到前面实现，这样在 2 天后就可以先体验到版本。

对于一个创新型项目，有些系统或者需求并不能在一开始就想得很清楚，有时候是需要最直观地看到版本，才能更加清楚自己想要的是什么，也才可以更好地进行优化。

那么如何尽早地交付有价值的版本，在 SGAME 项目中，主要做法有以下几点：

（1）和策划人员等项目主要负责人沟通确定迭代规划的需求。

（2）确定核心功能的优先级，优先开发实现重要且紧急的需求；同时，对应重要不紧急的，准备好方案和对应的计划。

（3）明确系统间的逻辑，优化 WBS 任务间的主次关系。

（4）制订合理的、可行的迭代计划，并在项目进行中，将计划渐进明细。

（5）及时开展迭代回顾，审查迭代目标完成情况。

### 2. 以效果为优先，落地团队执行力，衡量研发进度

项目有四要素：时间、成本、范围、质量。其中，时间、成本决定效率，是短期目标；范围和质量，决定效果，是长期目标。范围和质量直接决定着项目或产品的功能，只有把该做的事情做了，把项目范围做到位了，把该做的事情做好了，项目质量符合要求，项目产品功能才可以正常发挥。所以，效果是指做正确的事，要求所做出的结果是有用的，至少要求做事的方式是对的，是长期成功的标准。

在 SGAME 项目进程中，我们一直强调效果的重要性。效果更多的是体现在一件事情做好与否，而不仅仅是做完。做完是执行了但不到位；而做好是不但执行了，而且到位了，且代表着对目标的负责，对组织和领导的负责，对项目利益的负责。在 SGAME 项目进程中，我们也在**不断地纠正以往做一个需求、一个系统那种"差不多"的心态**。而一直强调效果，实际也是要求团队成员，在执行每项任务时，都要严格要求自己，把一件事情做好，达成满意的效果。从做完到做好的转变，是一种工作方式的转变，更是一种思维的转变。所以，效果优先，是从另一个层面让团队成员对结果负责，打造强执行力。

好的效果达成，在版本里面可以看到哪些成果，也是衡量研发进度的主要标准。一个需求的实现，我们都是要求要做好，这里面包括音效、动效等多维度，而不只是开发层面的功能实现。因此，我们在界定研发进度时，也是以此来判定。某个需求实现完成与否，是看该系统功能是否达到了大家满意的效果。比如我们在实现核心对局时，缺了音效，缺了打牌的动效，缺了各类特殊牌型的特效，这个对局体验就是一个没有完成的状态。

此外，强调效果优先，也给策划、开发、美术人员，都提了更高的要求，尤其是对策划人员，要清楚自己负责的需求实现成一个什么样子，心里真正的预期是什么样的。

在精品 3.0 时代，我们已经不再是一味地追求时间上的快，而是更专注，用匠人的心态，打造一款高品质的游戏。所以，我们在对每个效果、每个体验，包括登录、进房 loading，UI 面板切换都更加地精雕细琢，打磨到至少我们觉得满意的效果为止。但仍然必须强调的是，**在以效果为优先的前提下，必须保持应有的效率**，这是根本，这样才可以达到效率和效果的平衡。

### 3. 明晰权责（RACI），以目标为导向

目标导向，是把人和事有机地结合起来，保证项目的有序执行。在 SGAME 项目每个阶段、每个迭代、每个版本，到每周、每天都会及时同步和确认团队成员是否对目标有充分的理解。**对目标的充分理解，可以更好地保证团队成员知道做什么及确保做成什么，这也是检验项目团队成员强执行力的一个维度**。当然，也是避免无效加班的一种手段。反复地同步和确认项目的目标，也逐渐地培养了团队成员对项目事情优先级的把握。以前依赖于项目经理来安排工作，而现在更多的是，团队成员会自主地思考事情的优先级，也清楚每个迭代版本，每个里程碑版本，有哪些事情要做。

在权责明晰方面，核心是 RACI 里面的这个 R（Responsible），谁负责，即负责执行任务的角色，他具体负责操控项目、解决问题，并对效果负责。在 SGAME 项目进程中，对需求全权负责的就是策划人员，策划人员要对自己提出的需求全权负责。我们不再像以前一样，策划人员只负责提需求，项目经理安排，开发人员实现，测试人员验收回归的方式，这种方式太传

统、太被动。我们采用了更为敏捷的方式，策划人员从需求提出开始，确认需求优先级，需求实现的效果，需求目标的传达，需求的验收，最后确定效果是否达成产品的目标，整个形成闭环。开发人员、美术人员、测试人员的权责则在于，对所负责的功能模块的保障，出现问题，则找对应负责的人。

在 SGAME 项目进程中，团队成员都清楚自己的责任，也就避免了推脱和各种找借口。权责的明晰，也是为了让团队成员更好地完成产品需求，实现效果，达成产品目标。此外，权责清晰，也让团队成员更加有一种责任感和参与感。

### 4. 拥抱和适应需求变更，以此更好地契合产品的目标

前面谈到，尽可能地提早交付可验收的版本，可以降低项目到后期验收的风险，但游戏开发进程，我们清楚的是，并不能一次性将很多细节都考虑得很清楚，同时，系统模块的结合，也会随着项目的进程而有不同程度的调整，也会由此带来新的变更。但需求的调整或变更，总体上都是为了更契合产品的目标，所以，这个过程，我们是拥抱这种变化，并更好地适应这种变化的需要。因为，如果按照既定规划做下去，那可能无法产生更有利于项目的价值。况且，SGAME 是一个创新型项目，很多需求是一开始很难预测的。所以，在敏捷研发进程中，我们**拥抱需求的变化，迎接改变，尽早修正，让项目的价值最大化**。

当然，变更并不是任何时候都可以做，也不是可以做任何修改，这样会导致无止境地修改，也会无限放大项目的范围。在 SGAME 研发进程中，需求的变更，所坚持的原则是，策划团队、项目主要相关方、制作人，保持统一的步调，根据项目目标的需要，思考、集中讨论、深思熟虑后做出决策。

### 5. 团队全员参与，并不断总结沉淀，不断地自我提升

在 PD 项目阶段，从需求产出—需求讨论—需求评审—需求实现—需求验收—版本体验，就形成了比较好的氛围。SGAME 敏捷研发进程中，将这种参与度提升到了一个新的高度。策划人员、开发人员、美术人员不再是孤立地只完成自己所负责的工作，而是真正"多兵种协同作战"。项目经理在这个过程中，营造一种很好的氛围，鼓励团队成员多思考、多总结、多沉淀，并通过提要求和引导的方式，引导团队成员做好本职工作的同时，多主动承担边界的工作。一路走来，各团队间吐槽的声音在渐行渐远，更多的是一种彼此的信任感和责任感。同时，鼓励大家多思考，多角度地为项目、为产品提建议，我们创建了专门的体验意见收集迭代，重视大家提交的每一条意见，让大家都成为项目的主人翁，也保持着开放的态度，每个版本出来，都欢迎来自各成员的吐槽。目的只有一个，达成更好的版本效果。

在项目进程中，及时地进行总结分享、沉淀。全员参与，持续改进，持续提升，我们朝着自组织团队在一点点地迈进。在 SGAME 项目进程中，团队有以下几个特点：自律，大家都能够主动地完成自己负责的工作，并确保不影响其他成员；共同分摊责任，在需求规划阶段，积极参与讨论，通过协作的方式，协助彼此完成任务，且在每日版本验收中，各自负责验收好自己负责的功能模块，协助版本负责人准备好体验版本；遵守规则和承诺，大家根据具体情况，进行合理的评估，承诺功能的实现、版本可体验等目标。此外，在项目初期的时候，就组建高效能的敏捷团队，建立团队规范，以协助团队高效运作。团队规范，通常指的是团队针对特定的项目，大家共同制定一套工作协议，并一致同意用此工作协议规范他们相互期望的行为。

### 6. 敏捷高效的沟通

敏捷团队需要频繁的沟通，在 SGAME 项目中，我们主要从这几个方面让沟通更加高效、敏捷，也更加开放。

（1）集中办公。集中办公，让团队成员坐在一起，当 A 和 B 在沟通交谈时，C 听到并了解了相关信息，或者一起来参与讨论，并最终达成信息共享。在项目进程中，尤其是需求沟通、设计实现，都是面对面的沟通，达成对需求和目标的理解。

（2）策划充当敏捷团队负责人。敏捷团队是一个扁平化管理的模式，团队成员之间也是一个网状的模型，也就是说，团队成员之间可以自主地进行沟通交流并分享信息，不再用事事通过项目经理的方式来组织、传递，这样大大提升了沟通效率。另外，策划人员也是需求的负责人，因此，也需要主动、及时和制作人沟通、汇报迭代进度和完成情况，避免了全部由项目经理一个人去汇报，而导致信息传递有误和理解不清楚的情况。策划人员作为敏捷团队的负责人，从需求产出开始，就需要主动和团队成员沟通，包括需求评审、美术效果确认、开发需求实现后的验收，以及和测试人员的对接，整个流程形成闭环。

引用《敏捷项目管理》一书中的一段话：敏捷项目管理提供了以人为本的项目管理方式，核心概念就是主管以仆人式领导方式，与一群被充分授权的团队完成项目目标，充分地将人的时间、精力、金钱集中在对组织及客户最有价值的部分，并以风险最小及自我组织的方式完成令客户满意的成果。敏捷项目管理紧盯愿景（项目目标）而不是紧盯计划，团队为了达成愿景（项目目标）而持续创新、过程透明、诚信协作、适应不确定性、主动进行风险管理、改进决策过程的全新文化，帮助组织在复杂而充满变化的商业环境中，取得更好的绩效、成果及可持续竞争优势。

## 三大难点，做好项目管理不容易

曾经和朋友聊天的时候，被问到一个问题："你认为做项目管理最难的是什么？"当时，我愣了一下，回答道："最难的是对人的管理。"从我朋友的表情反馈来看，很明显，他在我这里没有获得预期的答案。因为，不仅仅是项目经理，任何的管理者，都会觉得人是最难管理的，这个回答太笼统、太概括。

一年后，即 2018 年年初，我负责的 SGAME 项目接近尾声。在复盘这个项目研发过程时，我想起了朋友当时问的这个问题，我也不禁在想，三年半的时间，转岗项目管理这一路走来的酸甜苦辣，恐怕只有自己才有最深刻的体会。但我似乎也没有真正思考过，这么多年带项目，遇到不同程度的问题，踩过各种各样的坑，遭遇过很多挑战，究竟什么才是项目管理中最难的？借着这次的复盘过程，我也对此进行了深入思考，这才有了我认为的项目管理中最难的几个方面：需求管理，版本验收管理，相关方管理。前两大难点是基于事，后一大难点是基于人。

### 1. 第一大难点——需求管理

需求是任何一个项目的源头，没有需求管理，项目管理不可能成功。可见需求管理的重要性，以及项目本身不确定的特点，才使得需求管理是整个项目管理过程中的一大难点。

（1）需求管理难的两大原因。

1）原因之一：启动之初，如何透过产品需求深度理解业务目标。以游戏项目为例来说，游戏的提案，或者说游戏的方向一旦确定，作为项目的核心管理层，必然是想要尽快地看到游戏的 demo 版本。前面章节我们其实谈到过，尽快地看到游戏 demo 版本，是让核心管理层、团队成员直观地感知到从提案到实际可操作、可触摸的游戏核心玩法，有助于尽早地明确核心玩法。毕竟，对于一款游戏来说，核心玩法才是最根本的。用精益创业的核心思想来说，游戏的 demo 版本，可称为最小可行性产品，它有 4 个特点：体现了项目创意、能够测试和演示、功能极简、开发成本最低。

基于这 4 个特点，又要在短时间内对游戏的 demo 版本的需求有一个比较精准的定位，这并不是一件容易的事情。也有人会说，这个过程不是制作人和策划人员的事情吗，其实不然，我认为这是一个项目团队需要共同关注的事情。对于制作人和策划人员、策划团队来说，是需要把控游戏的方向，但不同的制作人和策划人员，有其自身的观点和看法，这是多样性的，表达需求的能力也不同；对于美术团队来说，需要领会或领悟该游戏方向的美术风格；对于开发团队来说，需要清楚游戏方向敲定后使用最佳或最优的框架；对于项目经理，我认为也需要深入理解该游戏方向和立项的初衷，这样才便于接下来的一系列工作的展开。

在游戏论证的过程中，可能部分项目经理参与得并不多，但如果条件允许，我个人的建议是，尽可能争取多参与到前期的研讨和论证，清楚游戏提案形成的过程，在对 demo 版本进行研发时，有很好的效用。我还清楚地记得 2015 年 4 月的时候，当时项目团队正打算研发一款 MMOPRG 游戏，因为前期参与的讨论并不多，在开始负责这个项目时，也并没有花太多时间去了解游戏方向的设定和立项的初衷。在某次会上，制作人挑战我说："作为项目经理，你认为接下来的工作该如何展开？"我当时无言以对，场面尴尬至极。换做今天，我必然优先要确定清楚的是我们要做一款什么样的游戏，然后确定 demo 版本所需要实现的需求和功能。同时，美术要先行，将概念转化为图形来直观地感受，图形化往往可以给我们前期带来比较好的判断。比如，demo 版本所预期的场景、角色模型。更直接地，如果有相类似的竞品，可以先期参照竞品，理解核心玩法，然后突出我们的优势。

这部分有初步结论之后，则需要策划团队进一步落地 demo 版本的具体需求，而项目经理此时对需求管理的难点在于，如何更好地理解游戏的核心玩法？如何更好地明确需求的优先级？如何更好地调配好资源，使得进度最大化？如何快速地引导团队对 demo 版本展开各项工作？这是在项目启动之初的需求管理难点。

2）原因之二：在项目执行阶段，需求的变更控制。互联网时代，唯一不变的就是变化。游戏项目的需求变更恐怕是在项目管理过程中被谈论最多的，尤其是互联网浪潮下的产品，游戏项目更加不例外。就游戏项目本身性质而言，通常情况下，项目经理和团队成员将各项计划落实，开始执行后，每个变动，都是牵一发而动全身。这是因为，需求是源头，开发、美术、测试整个闭环链上的每个角色，其对项目输出的成果都是不可逆的。一旦决策，项目实施所出现的后果，无论是好的还是坏的，都与项目决策息息相关。因而，在负责过这么多项目的过程中我发现，在项目初期的变更，尤其是一些还未开始实施的功能系统，可能只局限于文档上的修改，而如果到了项目实施的中后期，需求变更所带来的影响将显著上升。举个最简单的例子，游戏的系统功能，程序员已经开发到一半的时候，策划说该需求要调整，这个时候影响的不仅仅是开发的工作量，还有美术设计，测试的用例设计，以及整个项目的目标。

这也正是前面有的章节谈到的，对于需求的管理，需要有充分的了解。游戏所对应的每个功能系统，都需要前期经过综合、全面的分析和思考，尽量做到少的变更，尤其是尽量避免全功能的变更。事实上，不仅仅是对于游戏项目，互联网大背景下的任何产品，都不可避免地会存在需求的变更，有时候并不是我们的意愿能掌控的。变更流程，只是为了更好地对需求变更进行管理，但如果真正地因为市场环境的变化，因为用户的需求，因为战略目标的调整，因为要打造精品，而做出的必要的变更，作为项目经理，要勇于去拥抱变化。这个时候关键的问题在于，项目经理是否可以灵活应变，处理好这种变化；或者说对一些突发的变化，是否能够处变不惊，让变更后的需求或项目快速地进入预设轨道，这是非常值得深思的事情。

（2）应对需求管理之难的策略。需求管理的难点，在于对需求不理解，对产品意图把握不准确；在于市场的千变万化；在于无法控制频繁的变更。

1）在项目启动之初，作为项目经理，要高标准要求，促进团队，尤其是策划团队，对需求进行良好的分析，拒绝标题党，拒绝参考某某游戏等一切劣质的需求。

2）在项目规划阶段，和主策、策划团队及老板等管理层，充分地沟通，得到他们对需求管理的支持。

3）在规划和执行阶段，要顶得住压力，切忌上演"先干起来再说"，在需求框架和核心需求未敲定之前不急于开工。

4）在执行和监控阶段，做好变更的管理，控制好需求的频繁变更，同时控制好需求的蔓延和镀金。

## 2．第二大难点——版本验收管理

在敏捷思想的引领下，互联网产品（包括游戏项目）在研发过程中，都是期望尽早且持续交付有价值的版本来满足产品的期望。因此，对于每个迭代版本的验收，每个迭代研发过程中系统和功能的验收，就非常重要了。在这样的背景下，如何做好验收，是值得我们每个项目经理去认真思考的。整个过程中的验收做得好，对于中后期项目质量的管控和对游戏的目标引导，也会显得更加游刃有余。做好项目的验收，本身也符合现代管理思维，保持效率和效果的平衡，这更会是一个积极有效的项目管控过程。

（1）版本验收管理难点的原因。

1）原因之一：多人并行，快节奏开发下，对单个系统的验证。我们是否都曾经有过这样的经历。在项目初始阶段，一切都看上去挺顺利的，但实际到了验收阶段，就频繁出问题，不是功能的缺失，就是进度延迟，甚至于需求开发完之后，和策划人员设计的预期差别很大。曾经和一些项目经理岗位的朋友，也聊到其所负责的大型项目，在并行开发阶段，都相对比较顺利，但一到出版本验收的时候，代码合入就出问题；或者代码是合入好了，但版本根本跑不起来；或者说可以跑起来，但一登录就崩溃；或是在验收过程中，不充分、不仔细，核心管理层体验时频频挑战，测试阶段测试人员吐槽版本质量烂等。如此种种，我都将其归结为是在项目执行/监控过程中验收的问题，因为本身是一个难点，没有做好验收的准备工作，自然是问题频出。而且，到验收环节时，以某个系统功能为例，验收的难点在于，它并不是开发人员一个人的事情，会涉及负责该系统的策划人员、美术设计师、测试人员，还有项目的主要相关方的满意度，这也就更增加了做好验收的难度。单个系统的验收难点只是其一。

2）原因之二：游戏有机整合后，对游戏性及游戏目标引导的验证。当游戏项目的多个系统都开发完成，各系统开始有机整合，要验收游戏的完整性、验收游戏的游戏性及游戏的目标引导，这才是更难的地方。这个阶段，对项目经理来说是要求非常高的，要对游戏有一定的理解，才能推动项目团队去整合，去梳理清楚游戏的目标引导。或者至少，项目经理要知道如何推动策划团队和项目团队去完成游戏目标引导的梳理。

（2）做好版本验收管理的几个关键点。验收的环节，是整个项目中的重中之重，因为这是从项目研发阶段到项目产出阶段的成果验证。如果验收的时候，各种问题层出不穷，那整个过程控制得再好，各个里程碑目标按预期时间达成，都是等于零。尤其是在中后期对游戏目标引导的验收，如果系统功能开发接近尾声，项目团队成员都还觉得游戏没什么好玩的，玩了一段时间没有目标，那对于团队的自信心来说，是会大打折扣的。追其根本原因在于，不仅项目的业务目标未达成，还使得核心管理层及主要相关方不满意。相反，如果验收做得好，不仅核心管理层及主要相关方满意，团队也更有信心，而且在项目测试期间，测试人员对质量的把控也更有倾向性，项目的整体时间也更容易把控。因此，要做好项目的验收，并不是计划做好了，按计划执行，到需求完成的时候验收就可以了。

1）在项目需求开始执行的同时，策划人员需要非常清楚需求的验收标准，不仅仅是需求本身的逻辑功能，还要清楚该系统功能需要怎样的表现效果，这点至关重要。

2）在多人并行开发，大团队协同作战的时候，要做好对版本的管理。作为项目经理，我们不能想当然地理解为，程序员开发完一个系统功能，就是真正意义上的功能完成；我们更不能简单地理解为，多个开发人员对功能系统的开发，到整合版本的时候，会像是堆积木一样地叠加，无数个项目已证明代码之间的整合是一个系统而又复杂的有机整合。

3）在项目计划时，要给每个系统都预留一定的策划验收时间。无数个项目已经证明，当程序员说功能开发完成了，仅仅局限于其本身所理解的，功能的正常逻辑完成了，可以体验了，而系统功能的细节、效果、表现，往往因为各种原因被忽略。留有策划体验的时间，就可以对照需求的验收标准进行验收，提交一系列的体验意见进行修改，到满足测试标准的时候，还有相应的逻辑 bug 解决，这些完成之后，才可以真正地说该系统功能完成了。

4）明确验收标准，光有策划人员投入验收不行，还要把开发人员自测、美术人员对效果负责、策划人员对整个需求功能和效果负责、测试人员对质量把控的整个验收形成闭环，这样才可以达到预期的效果。

5）在中后期，对游戏性的验收，对游戏目标引导的验收，要提前做好规划，包括正式发布版本数值框架的确定，更要模拟发布上线后的数值来进行；同时，将团队纳入每天的游戏体验环节。如果项目经理对游戏有足够的理解，对游戏有足够的掌控力，会更好地驱动策划团队做好一系列的事情；如果项目经理在这方面驱动力不够，那也要推动策划团队提前做好方案，提前规划好数值，借助项目核心管理层来推动落实游戏目标引导的验收。

### 3．第三大难点——相关方管理

随着在项目管理这条路上越走越远，慢慢地会从管事过渡到管人。这有一个过程，也是顺势而为。在项目中遇到不同的事情时，深入思考的时候会发现，事情处理的背后还是人，那么管事的本质上还是对人的管理。当负责的项目越多，遇到的事情越多，思考得越多，会慢慢地发现，对人的管理是最难的。具体来说：团队内部，保持团队激情斗志和战斗力往往是最难的；向上管理，搞好核心相关方（管理层）管理、取得管理层的高度信任，并让他们满意往往也是最难的。所以，项目管理过程中的第三大难点，是对相关方的管理。

对于团队内部这方面，将在后面单独一个章节（第九章）来探讨。本节将着重介绍向上管理的难点。项目经理应该都比较清楚的是，对于自己所负责的项目，核心相关方（往往是指老板或项目发起人，简单来说，就是出钱的相关方）的满意度是非常重要的。项目成功的标准：实现项目目标，让主要相关方满意，而主要相关方满意才是重点。

怎么才能让相关方满意呢？先看一个实际的案例。2015年下半年，我负责的JQ项目，到2106年4月时，项目的前期研发接近尾声，内测数据已经达标，就等着正式公测。由于我自身的乐观和对风险预估的不足，每次汇报的时候，都是告诉制作人，没有什么问题，android 版本准备好了，人员也可以抽离负责其他项目。事实上，因为第一款负责的手游数据达标可以公测，对手游上线发布的特点不了解，以致 iOS 版本后面一堆问题，导致团队加班无限，而且还延误了公测的时间。原本经常和制作人汇报说一切顺利，没有问题，给制作人的期望很高，结果是目标未达成，制作人自然不满意。当然，制作人不满意，并不全是因为目标未达成，而是作为项目经理，对风险预估不足，对项目上线未知又没有进行全面思考，同时，还不断地给制作人传递很高的期望。

通过这个案例，在深入分析的时候会发现，有一个非常关键的词——期望。在给制作人高期望的时候，其他各个方面的事情又没有做到位，那导致制作人不满意就不足为奇了。一次偶然的机会，我在听吴永达老师讲关于相关方管理的课程时，学到了一个非常有价值的公式：

$$满意 = \frac{体验}{期望}$$

看到这个公式的时候，想必不少读者朋友已经发现，期望高，满意度就会低。

那怎么才能让相关方满意呢？有以下两大要点。

**要点之一：提升体验。** 提升体验，简而言之投其所好，给其所要。投其所好，给其所要，并不是一味地去迎合核心相关方所想所要，而是在项目管理过程中，更好地去关注到核心相关方（管理层）关注的部分。举个例子，项目一开始的时候，游戏的核心玩法、商业化；美术风格效果；项目进行中，核心系统的完成情况；再往后，整个产品的引导目标、数值框架；项目内测和正式公测后的产品数据，这些都是核心相关方（管理层）重点关注的。那么我们在这个期间，作为项目经理，要主动汇总、分析、整合、汇报项目的信息，让整个项目管理过程可视化，要让管理层从项目经理这里获取到足够有用的、有价值的信息。同时，在多汇报的同时，也可以让管理层很清楚地知道团队的做事方式的正确性，这对于管理层来说，也是非常重要的。

要点之二：**降低期望**。降低期望其实是对核心相关方的期望进行管理，这是一门艺术，也是让相关方满意的关键。在项目进程中，由于项目不确定的特点，项目管理过程并不会一帆风顺。作为项目经理，要时刻关注核心相关方（管理层）所重点关注的部分。对于他们所关注的部分，往往也是项目的重难点。对于这些重难点，项目的每个阶段是否会存在什么风险或可能的问题，这些重难点是否都有比较好的应对方案，是否会影响整个项目的进度和目标。项目经理在项目管理过程中，要多主动且客观、实事求是地向管理层沟通和汇报项目的进度、规划和安排，承诺完成目标的同时，更要说明可能存在的风险，以便降低管理层的预期。风险是一方面，还有很重要的一点，可以及时获得核心相关方对项目的反馈，必要的时候，也可以获得核心相关方对项目的支持和帮助，以便更好地达成项目目标。

不仅仅是对于管理层，项目的相关方管理还有团队成员，项目其实是面向相关方管理的过程。而相关方及其期望管理是项目管理的真正难题。作为项目经理，在对项目相关方的管理方面，是一个持续的过程，也是一个不断的自我修炼的过程。

## 理论结合实践，项目落地三部曲

当痛定思痛，从零开始学习项目管理之后，才更加地体会到，项目管理是理论结合实践的过程。学完《PMBOK®指南》更需要不断地参与负责具体的项目，不断地实践、思考，再实践、再思考，不断地把学到的理论知识、方法论应用到实践的过程中，才能从量变到质变，完成从思维到行为的转变。

2014 年 8 月，我转岗后开始负责第一款手游 PH 项目，激情满满，但一路坎坷，踩坑不断，这个项目让我意识到项目管理现实和理想的差距。项目最后因为内测数据不达标，没能正式上线，但我在这个项目中最大的收获在于——真正知道什么是项目管理。

2015 年 8 月，开始负责 JQ 项目，这是我负责的第一款从研发期到运营期的项目，该项目最后是达成五星棋牌的目标，后因为对风险预估的不足，阶段性目标是达成了，但核心相关方并不满意。这个项目最大的收获是，让我知道怎么管理一个项目。

2016 年 6 月，在负责 JQ 项目运营的同时，开始负责 PD 项目。多项目，不同团队，而且项目时间高要求，让我开始思考对敏捷的认知。PD 项目整个过程，我在其中最大的收获是如何管理好一个项目。

2017 年 2 月，TTDDZ 项目，是一次敏捷项目管理的实践，在这个项目中，也让我更加理解了项目经理的价值所在，更知道做好一个项目的关键所在，也是从这个项目开始，我重新定位自己的角色和价值，也开始学着去关注团队成员和主要相关方的满意度，更开始在项目的进程中，逐步去总结和提炼自己开展项目的套路。

2017 年 7 月，地方棋牌项目，是对提炼的项目管理方法论的一次最佳实践，并且更加注重对人的管理。

这几年负责这些项目，让我对项目管理有了更多的认识和积累，也在不断地提升自己的项目管理能力。前几个项目，较好地提升了项目的过程管理、目标管理，强化了风险意识，能够推动项目目标的快速达成；后几个项目，在提升项目跟踪和控制能力的同时，会更加注重思考、总结和提炼，思考对人的管理，逐步形成了自己的项目管理套路，并且能够成功复制于其他项目，达成项目目标和产品收益。

从知道什么是项目管理，到怎么管理一个项目，到如何管理好一个项目，到方法论的形成，到后面一系列项目对方法论的不断实践，每一次的升华，是一次次对项目管理过程的思考和总结，是一次次量变到质变的过程。结合这些年不同的项目经历，我提炼了项目管理的三部曲——明确目标、搭建环境、预测未来，如图 6-2 所示。

| 明确目标 | 搭建环境 | 预测未来 |
|---|---|---|
| 厘清规划 | 立规则 | 有意识 |
| 分解目标 | 明权责 | 寻规律 |
| 盘点资源 | 统一目标 | 思平衡 |
| 达成共识 | 构建闭环 | 定机制 |

图 6-2　项目管理三部曲

### 1. 第一部曲：明确目标

项目经理的一个核心价值，就是要带领团队实现项目的目标。所以，要对目标非常的执着。在项目启动之初，必须要花大量的时间去分析和分解项目的目标，去了解清楚老板及主要相关方对项目的期望。如何快速明确目标，分 4 个步骤。

**厘清规划**：在接手一个项目时，不急于马上去做计划，而应该是厘清规划。和老板当面沟通，了解老板的意图和真正的期望，和与主策及其他主要相关方沟通项目的整体规划。

**分解目标**：目标确定了，可能比较宏观，或比较笼统，比如要在×××时间上线。这个时候要有组织地开展项目工作，就是把目标正确地分解成工作安排，我通常采用的是，以终为始制订里程碑计划；并行和串行设计详细计划到周；分解目标还有很重要的一点，就是可以重点识别和评估不确定性，即可能存在的风险。

**盘点资源**：整体计划出来之后，需要进一步确定人力的情况，所以，需要盘点人力资源是否有什么问题，是否存在技术瓶颈，是否存在美术人员控制不住的情况。换句话说，这个目标确定、分解之后，团队是否有这个能力去达成。盘点资源的同时，也是对相关方进行详细分析的过程。相关方的正向需求转化为目标；相关方的负面需求，则转化为风险。在项目管理过程中，需要重点管理。

**达成共识**：这些工作准备好之后，召开项目启动会，和团队同步项目目标，并达成团队公约。

## 2．第二部曲：搭建环境

**搭建环境其实是指根据项目的特点，搭建良好的受控环境。**这样可以在执行和监控阶段，重点解决和提升执行力的问题。

我们知道，拍电影有两个重要角色：导演和演员。演员其实只要按照固定的剧本去演好自己的角色就行，但导演需要搭建一个台子，引导演员演好这出戏，而项目经理和导演的这个角色比较像，要根据老板及主要相关方的期望，明确项目目标并为大家设计一个适合项目管理的舞台，建立项目管理必需的原则、规矩、计划、授权、监督、控制机制。那么作为项目经理，我是这么来搭建这个"台子"的：

**立规则**：让新组建的团队，能够保持统一的节奏，快速度过磨合期，包括每天的晨会、双周会，项目信息可视化，有问题反馈机制及版本体验规则。

**明职责**：根据系统模块和功能，通过 RACI 矩阵，迅速划分清楚各自的职责，让团队成员能够快速在项目中找到自己的位置和角色，避免混乱的沟通导致项目出现各种状况；同时，界定清楚职责更加有利于相互间的配合，其目的还是提升执行力。

**统一目标**：同步每日、每周的目标，让团队成员都清晰并理解目标。关键里程碑节点重点确认，以此来确保验收节点的准达率。

**构建闭环**：构建闭环是培养团队的自驱力，包括建立并逐步完善适用于团队的研发流程；敏捷快速迭代，拥抱变化的需求变更流程；以及严格规范，却又灵活使用 TAPD 工具，不仅可以透明工作状态，还可以通过清晰的状态来驱动团队自运作。

通过搭建良好的受控环境，项目经理不仅可以更好地跟踪和控制项目，保障项目的进度，确保过程的准达率，还可以释放更多的精力，用来提升团队的管理能力，把团队整合成一个目标统一、团结协作、步调一致、有强执行力的项目团队，并在整个项目周期过程中，确保团队的这种凝聚力和协同性。

### 3. 第三部曲：预测未来

预测未来，即要预判项目可能的风险，做好风险管理，做事前诸葛亮。这也是我认为项目管理中的重中之重。结合在项目中预判的风险，我总结并提炼了 4 个维度——有意识、寻规律、思平衡、定机制，以此来提前思考未来可能发生的情况，预判风险，提前规避问题，为达成目标保驾护航。

**有意识**：项目管理过程中，最大的风险在于项目经理和团队成员没有风险意识，觉得项目计划做好了，就万事大吉了。项目是需要计划来管着的，但计划并不代表就没有风险。因此，项目经理要在整个项目管理过程中保持高度的风险意识，做扁鹊大哥式的项目经理，提前做好风险管理。

**寻规律**：当有风险管理意识了，我们关键是要如何去识别项目的风险。

寻规律则是从分解目标和制订计划中，寻找依赖关系预判风险；借鉴其他项目发生过的问题，预测是否有可能发生问题；还可以通过项目中曾经遇到的一系列问题，总结提炼可能的规律，来规避相类似的风险。

**思平衡**：着重考虑项目四要素的平衡，即效率和效果的平衡。项目在进行的过程中，若发现有哪方面的侧重，则可能会造成其他因素的不平衡，从而引发可能的风险。比如范围蔓延，则必然会导致人力和时间方面的风险；若主要相关方没有被识别出来，或没有了解清楚某些相关方的期望，使得相关方的正向需求转为了负面需求，引发了风险，从而对项目造成了影响。

**定机制**：通过风险管理的四部曲（风险识别、风险评估、风险计划和风险实施），制订风险管理计划，那定机制就是和管理层沟通明确，建立必要的沟通和汇报机制，让风险可视化，也可以管理相关方的预期。

在项目管理实践过程中，提炼项目管理方法论只是开始，并不是终点。明确目标、搭建环境、预测未来这三部曲，是多年项目管理实践形成的普遍性解决方案，可以起到指导及示范性作用，也可以适用和推广互联网相关的产品或游戏项目。

## 小游戏，新平台项目管理实践

2017 年 12 月 28 日，微信小游戏正式对外发布了 18 款小游戏，这意味着小游戏平台从此正式对外开放。由此，H5 小游戏的开发者迎来了春天。在介绍小游戏，新平台项目管理方法论实践之前，先了解下什么是微信小游戏。微信小程序里能运行的 H5 小游戏，既属于微信小程序，也是 H5 小游戏。既然是微信小程序里面运行的 H5 小游戏，因此它除了具备小程序轻巧、大平台、易传播、无须安装等特性外，还具备 H5 引擎提供的高性能、开发快、成本低的特性，如图 6-3 所示。

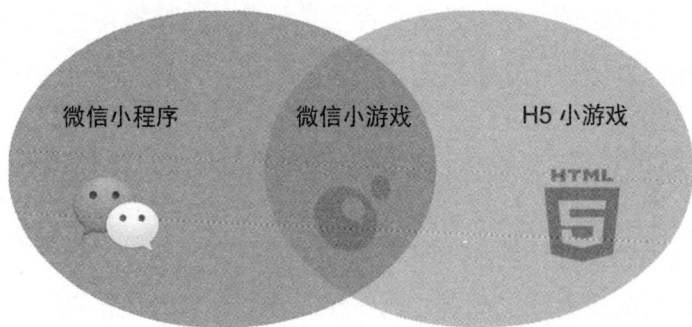

图 6-3　微信小游戏

基于小游戏本身：轻巧、大平台、传播快、无须安装、发布便捷等特点，小游戏的研发周期也一再缩短，基本上 2~3 个月就可以上线一款。因此，小游戏的项目管理也有新的挑战——在更加紧张且有限的时间内，要完成一款质量高、效果好的小游戏，同时，对团队成员的能力和配合度也要求更高。天下武功，唯快不破，在这样的背景下，快是要有章法的，快是要行之有效的，快也要达成最大的产出效果。

我在对小游戏的项目管理这方面，也勇于求变，主要包括以下这 3 个方面。

## 1. 项目过程管控

在项目过程管理方面，主要是想办法如何去让整个团队更快起来，包括目标的确定、计划的制订、团队配合度和执行力的提升，以及效率和效果的保障。作为一个项目经理，在接手任何项目时，启动阶段有两件事是至关重要的。其一，要弄清楚项目的背景和规划，以及非常重要的一点，即发起人（老板）的预期是什么。只有弄清楚了这些，才有了可靠的依据，才有利于整个项目的推进，包括对目标的分解、资源的盘点、计划的制订，同时，也会直接关系着发起人对项目经理工作的满意度。其二，则是对目标的有效分解，在分解的过程中，去发现、去预判、去评估项目推进中可能的风险、关键路径，同时还需要评估是否会存在技术、人力的瓶颈。项目经理在项目启动阶段清楚这两个方面的事情，才能更有效地把控整个项目的过程。

管理，是管控目标，梳理人心。项目管理的本质，归根结底还是对人的管理，无论你的目标规划多么合理、细致，最终还是依赖于团队成员来具体执行，因此在提升执行力方面，我们通过有效的管理手段，包括明职责、赋权责、建流程、立规则等多维度的方式来提升团队成员的执行力和配合度。其中职责和权责的确定，是每个团队成员参与项目的责任感和归属感的首要条件，也是提升沟通效率的关键；流程和规则的建立，则可以很有效地让团队成员积极主动地完成安排的项目任务，并形成有效的约束。

沟通效率的提升是一个方面，那么在具体项目计划落地时，在需求任务进行时，定优先级、梳理系统间的依赖关系、细化目标粒度、资源先行及加速决策这些举措，都会让"快"行之有效。比如优先级的确定和系统间的依赖关系梳理清楚了，会大大提升核心玩法版本输出的时间。产品在研发启动时，我们需要快速的输出可以实实在在地看得到，是可以体验的demo 版本，这样才可以非常直观地去感受产品的雏形，才能清楚研发出来的产品是不是符合当初的设定，不符合则继续调整，符合则在此基础上不断地打磨优化，然后扩展周边系统，完善整个游戏。在完善整个游戏的过程中，不可忽视的是对产品的验收，产品或策划作为第一负责人，必须要清楚其所负责的系统最终是要以什么效果呈现出来的，因此在验收环节方面，我们设定了双闭环验收效果的策略，即融合开发自测、美术效果验收、策划验收，最终是以策划验收完为主，形成闭环。闭环的原则就是凡事有交代，事事有回音，件件有着落。

### 2．应对突发

做项目的过程，不可避免地会出现我们无法预知的风险，我们称之为突发状况，而作为一个成熟的项目经理，必须要能够处变不惊，要能够成为团队的依靠和信赖，要始终坚持以业务目标为导向，切忌陷入技术层面的细节中去。因此，当出现突发状况时，作为一个项目经理，应该准确地评估、合理地规划、客观地进行风险评估，并和发起人及主要相关方进行良好的沟通。就具体问题本身而言，安排和落实好具体的负责人去解决，项目经理这个时候要结合业务目标，综合地评估对目标达成的影响，包括去和老板沟通，你要清楚地让老板知道，具体出了什么事情，为什么会出这样的事情，你打算怎么做，你的计划是什么，你目前正在做的事情是什么，是否需要其他的支援，如果需要老板层面解决，最希望老板做什么。新的方案和计划通过之后，才可以继续快速地推进项目。

### 3．质量管控

再谈质量管理，这是项目管理中的重中之重，任何时候都不能以牺牲质量为代价，那么在小游戏项目管理的层面，对质量要求其实是更高的，尤其是性能方面。除了在项目立项之初，我们就要求资源的输出要严格按照开发侧的标准来制作，在整个过程中，还有相应的策略：借助代码监控工具，提前发现代码层面的问题；整理 bug 处理的优先级，让开发对 bug 的解决更有针对性；抓关键质量路径，重点是性能的优化，专人专项，重点跟进；重视验证，眼见为实，所有修改的 bug 必须是验证后，且以版本的实际效果为准；发起工作室的体验，扩大体验的量级，提前发现问题。通过这些措施，并且在团队成员的高度配合下，后期版本 bug 逐步趋于收敛，版本质量逐渐稳定，为版本按时上线起到了定海神针的效用。

接下来是一个实际的案例，这是 2018 年 2 月我全权且独立负责的一个

LMMGY 小游戏项目，以该项目的实际管理过程来进一步详细地介绍如何更好地运用项目管理三部曲，和团队成员一起共同达成项目上线的目标，其中也会呈现在项目中实际遇到的一些问题的解决方案。要特别说明下，项目进行到一个半月的时候，由于工作室群战略级项目的需要，开发人力被全部抽离。所以，以此为分界点，我把项目的整个研发过程分了两个阶段，因为这两个时间段不同，人力投入情况不同，所遇到的问题也就不同。

在第一阶段，按照我们的规划，从 2 月 8 日正式立项开始，是计划在 4 月中旬版本开始提审的，所以，人力配备也是根据项目的系统规划而确定的。那么在这个阶段，主要的挑战在于以下 4 个方面。

### 1. 时间紧，如何快速明确目标，制订可落地执行的计划

在接手一个项目的时候，第一步，要搞清楚项目的目标和背景，可以和项目团队主要相关方多方地沟通，明确项目的目标至关重要。很多时候，老板分配一个项目，或一个项目的立项，项目的铁三角（时间、成本、范围、质量）并不会都清楚，可能只有一个或两个，这个时候需要和项目主要相关方多方地沟通，详细地掌握项目当前的主要信息，并了解老板和主要相关方对项目的期望，这样可以便于对目标进行分解，这是其一。

第二步，项目规划理清楚后，还得论证目标的可行性，这就需要对目标进行分解，分解目标的主要目的之一是论证目标的可行性。换句话说，项目团队当前的情况是否会存在技术、人力、美术的瓶颈，项目是否可以按预期的时间完成，时间是不是合理的。目的之二在于识别项目的关键路径，评估可能存在的风险，并提前做好这些风险的应对计划。我们这个项目当时主要的风险在于版本的性能，尤其是 iPhone6 的性能。还有比如著作权和版号，都对小游戏上线会有影响。

第三步，盘点人力，这步其实和分解目标是同步进行的。盘点人力目

的之一是要确保目标分解后是不是有足够多的人力可以在有限的时间内去达成目标；目的之二，项目经理要清楚人员的投入情况，取一个平衡，人少了，进度跟不上，人多了也会造成资源浪费，最佳的人力投入才会产生最大的效益。

第四步，在上面这几步完成之后，才开始制订详细的计划，计划要细化至每周、每天。制订计划要坚持两大原则：原则之一就是以终为始，简单来说就是倒推法，然后是并行和串行的策略，要尽可能将没有依赖关系的系统并行开发，因为这样效率是最高的；原则之二是要让团队成员全部参与进来，以确保计划的实际可执行性，自己参与做的计划，自己评估给出的时间，就要按时按质量地完成，这也是一种契约精神。

第五步，详细计划制订之后，大部分系统是并行开发的，这个时候美术资源是一个关键路径，处理不好，就会是一个大风险，因此，我们采取了美术先行的策略，先是梳理了美术需求的优先级，根据每个迭代详细计划所需的资源排优先级；其次，以时间为卡点，来确保资源保质保量地按时输出。要特别说明下当时遇到的一个问题：时间很紧张的情况下，但美术资源的需求量又比较大，不仅涉及 UI 资源，还涉及大量的原画资源（包括花、花盆、工厂），而这些又是我们项目一期上线必须要准备的。这个事情在项目初期的时候，如果没处理好，会成为后续比较严重的瓶颈。在坚持"美术先行"的原则下，以时间为卡点，一方面梳理美术需求的优先级，一方面加强外包的测试，并建立了合适的验收确认流程，资源输出的问题得以顺利解决。最后，实际后期输出的原画资源，都比预期时间还早一周。

### 2. 多人并行开发，如何提升执行力

多人并行开发的情况下，项目经理最重要的事情之一是需要确保团队间的沟通无障碍。我们当时投入的人力是 8 个前台、5 个后台，相比较之

前一些棋牌小项目，人力的投入算是比较多的，但相比较一些大型项目投入的人力，还是差别比较大。那么一时间这么多人力的投入，还要想办法让资源最大化。

**明职责**：明确各系统模块责任，让团队成员都清楚自己的位置和角色，这样方便在系统开发期间更好地配合，可大大减少沟通成本。在 **PRINCE2** **中提到，项目管理成功的七大重要原则之一就是明确定义的角色和职责。**

**赋权责**：职责明确后，还需要界定团队里面的权责问题，策划人员作为第一责任人，也是需求的源头；其次是各个模块负责人，设定每天轮流版本负责人，以便更好地构建每天的版本，同步当天版本的工作日志。赋权责还可以让大家有更多的责任心和责任感。明职责和赋权责，也是创建项目管理过程中的责任矩阵。

**建流程**：也是持续对流程优化的过程。实际工作中，尽量去简化流程，最合适的才是最高效的。建流程的效用就是让团队成员清楚地知道每个阶段该做什么事情，形成自运转，并且把能够自动化的尽量都自动化，释放项目经理的精力。建流程包括项目开发流程，TAPD 需求自运转流程，形成自运转。需求统一 TAPD 管理，不用事无巨细地去问。按约定的时间转测试，转需求单验收即可。

**立规则**：作为项目经理，在项目管理过程中，要善于去建立规则，来约束团队成员，以便在有效的时间内获得有效的反馈。团队成员一多，难免会有一些主动性比较弱的，规则的建立就是一个很好的方式。规则的建立，也是自运转的一个保障。比如我们会建立这样的规则，开发需求完成后，要及时把 TAPD 需求单转给策划人员验收，发现一次没有按时转，情有可原，发现两次没有及时转验收，就要接受惩罚。对其他成员没有及时转单的，也有同样的惩罚机制。

实际项目管理过程中，建立的一系列规则有晨会和周会制度、工作可视化制度、问题反馈机制、版本体验规则、定期回顾迭代制度。当然，规则的建立是根据项目的实际情况而定的，而且还有一个很重要的原则，就是要和团队成员达成共识，否则会适得其反。项目经理要做事前诸葛亮，把丑化说在前面。

### 3．版本快节奏开发，如何保证研发效率

解决权责方面的问题后，在版本快节奏开发的情况下，要想尽各种办法，提升执行力，保证项目推进的效率。

**定优先级**：前面提到了目标细化至每周迭代后，那么需要明确每个迭代版本的优先级，优先实现优先级最高的需求。

**梳理依赖关系**：这点我认为是非常重要的一个环节。在项目初始阶段，我们重点肯定是做出核心玩法版本，但一个核心玩法版本会涉及很多依赖的系统关系，把涉及的系统的依赖关系梳理清楚，优先安排实现，可以在核心玩法版本出来时，是一个完整的单局体验，而不只是独立的一个对局。

**细化目标粒度**：这里更多的是 WBS 的内容，周迭代目标确定后，还需要细化至 0.5~1 天的可执行的工作任务。通过每天晚上反馈的工作日志，以及第二天早上的晨会，很容易去发现开发侧的进度，以便更好地把控风险。

**资源先行**：包括策划的配置和美术资源。美术资源前面已经提到，要优先准备，尤其是 UI 资源；然后策划配置，在系统开始开发的时候，也要提前准备好。

**加速决策**：扁平化的管理模式，前面提到策划为第一负责人。在需求实现过程中，需求的任何疑惑，都第一时间反馈沟通，快速沟通，快速决策；包括美术效果的确认，主美、主策沟通确定好之后，快速切图输出，不影响系统开发进度。

### 4. 系统扎堆完成，如何保证验收效果

验收环节是在整个项目推进过程中非常重要的一环。如何更好地去验收，我个人觉得是项目管理过程中的一个重难点。在手游时代，基本上都是开发自测后就交给测试了，策划和美术参与度非常弱，导致这样的验收效果很差，不仅会拉长开发周期，也会让团队造成不满的情绪，老板也经常地挑战。因此在系统验收的时候，重点是把策划和美术纳入这个闭环里面来，而且前面提到，策划是第一责任人，对需求的效果全权负责，自己负责的系统，也是最清楚需求应该做成什么样子的。因此，验收闭环包括以下 5 个步骤。

**开发自测**：这个既是流程，更是规则和要求。每个需求完成后，开发必须完成自测。

**美术效果验收**：系统实现如果涉及美术效果，包括 UI、动效的，开发在自测期间，就要第一时间拉上美术负责人在 PC 上先验收效果，确认效果 OK 后，合入版本，再到版本里面进行验收。这点非常重要，可以很有效地避免在手机版本体验的时候，各种实际效果不符合设计效果。

**策划验收**：在开发自测，美术也验收效果后，需求单才会转到策划验收，而我们在做项目的过程中，是有一个规则的，当天转验收的需求，负责该系统的策划人员，必须要对该系统验收完成并输出体验意见。

**每日计划**：系统体验意见输出后，第二天晨会之后，或者晨会之前，召集策划团队，内部快速地过一下优先级，把优先级高的、明显影响体验的需求单，排入当天的计划处理掉，然后晚上的版本继续验收一轮，直到该系统满足转体验的要求或者转测试的要求，才会继续安排下一个系统的开发。

**形成闭环**：凡事有交代，件件有着落，事事有回音。构建好每个闭环模型，让团队高效地自运转，也可以培养团队的自驱力。

第二个阶段，项目出现了一个比较大的变动，即所有的开发人员都被抽调去负责部门的战略型项目了。那么在这个阶段，所遇到的困难、挑战和第一个阶段完全不一样，主要体现在以下 4 个方面。

**1. 人力突然被抽离，项目停滞，这个时候项目经理应该做些什么**

在这些年做项目的过程中，还是第一次遇到这样的情况，人力突然被全部抽离。说实话，一时间确实不知所措。还记得上一次不知所措的情景，是 4 年前刚刚转岗到项目管理，而这一次出现这样的变化，在初始的几天，我并没有很好地处理项目的事情。这或许就是 Anson 所说的，**一个好的项目经理，在遇到任何事情的时候，都要处变不惊，要能够成为团队的依靠和信赖**。这对我自己来说，的确是一个非常值得思考和总结的案例。以下这 4 个方面，是在一周后进入状态，才意识到，作为一个项目经理，应该准确地评估、合理地规划、客观地进行风险评估，并和发起人及主要相关方进行良好的沟通。

**准确地评估**：梳理项目当前的情况和后期要完成的工作量。

**合理地规划**：重新规划后期工作量的情况、输出预估的工作量和发布时间节点。

**客观地进行风险评估**：根据当前的实际情况，对工作量的完成，对人力的投入评估可能的风险，以及对这些风险的应对措施。

**良好的沟通**：更多的是和老板、主要相关方同步沟通主要结论和建议方案，或和核心团队成员一起讨论并形成新的解决方案。

**2. 人力陆续补充，但大部分是兼职，如何平衡好团队成员间的工作**

人力在一周后，陆续得到补充，但前提是，他们各自手头都有原项目的需求在跟进，而且都是强运营的版本，每周版本的运营节奏不能打破。这些投入的开发人员，只能用晚上及周六的时间来继续新项目的需求开发。

这其实是一个非常大的挑战。在新项目的项目目标、项目进度和新投入人员之间，要找到一个平衡点。

**优先原则**：在人员逐步到位后，和大家达成的共识就是，保持原项目优先的原则，当天要优先完成原项目安排的工作，如该期间已投入新项目，发现有外网问题要处理，同样，优先原项目。这样可以比较好地避免团队成员在多任务时，出现混乱的情况，可以减少团队成员的压力。

**先帮后管**：每天可投入的时间是非常有限的，所以，需要帮助团队成员厘清每天的工作目标，沟通明确好当天或者是几天内要完成需求的任务，然后在开发人员评估确定好工作量之后，才可以真正地落地执行，这个时候才适用于项目定的规则。

**借力打力**：兼职的人员，管理起来，其实影响力是大打折扣的，加上优先原则，所以进度把控的时候，会有些掣肘。因此，和主程保持随时随地的沟通，借助主程的影响力，来更好地推动既定计划和目标的落地，稳步推进项目前行。

**过程控制**：每天检查目标达成情况，及时做出调整，确保过程可控。

### 3. 后期积极性不高，效率不高，如何提升执行力，保证项目的进度

**目标导向**：短时间内，这样兼职的方式其实还挺好的。投入的人员在完成原有需求的时候，也对全新的业务比较感兴趣，所以初始一个半月的时候，大家激情满满，效率产出也非常高，但到后期一个半月的时候，积极性不高，效率也不高，晚上和周末持续加班赶进度，也确实会存在这样的情况。当然，还有另外一方面，就是原项目的版本节奏强度也比之前更大了些。因此主要的策略包括，及时更新每周目标，以目标为导向，让团队成员清楚地知道项目要做到什么程度。

**明确上线时间节点**：明确上线时间节点，目的是让团队成员清楚，上

线不是遥遥无期，是有可预期的时间节点的。

**团建氛围和关怀**：重点在于团队间的关怀，释放大家的压力。

**任务分配松弛有度**：保持松弛有度的节奏，不能让团队成员一根弦绷得太紧。经过这样的调整后，在冲刺阶段，团队成员找回了原有的节奏感，按期准备了版本，达成上线测试的里程碑目标。

### 4. 初期版本质量堪忧，如何保证质量稳步推进

因为初始快节奏的开发，或多或少地埋了不少坑，因此，在初期的时候，版本质量堪忧。可通过以下这些措施，提前发现问题。借助代码监控工具、整理 bug 处理的优先级、抓关键质量路径、重视验证，眼见为实、组织大规模体验。通过这些措施，并且在团队成员的高度配合下，后期版本 bug 逐步趋于收敛，版本质量逐渐稳定，为版本按时上线起到了定海神针的效用。

在团队成员共同的努力下，我们一周内就完成了核心玩法版本，一个月完成了周边各个系统的开发工作，项目在后期调整后，也如期地上线了，发布外网，整体质量情况也都良好。这就是项目管理三部曲在小游戏项目中更细致的一次实践。

## 积累沉淀，终晋级高级项目经理

我一直坚信，努力就一定会有收获，它可能会迟到，但一定不会缺席。2018 年 3 月 19 日，我收到了公司推送的职级评定结果反馈的通知：徐州，您好！您的本次职级申报相关评审工作已结束，现将职级评定结果反馈予您：**晋级项目管理 P3 基础等（P3-1）**。

2019 年 6 月，腾讯专业职级体系进行了改革，取消了原有的 6 级 18 等（1.1~6.3 级）的职级体系设计，将专业职级体系优化为 14 级（4~17 级）。

同时，还去除了不同职级之间的专业标签，统一置换为"专业职级+职位称谓"。新旧职级体系对比见表6-1。

表6-1 腾讯新旧职级体系对比

| 职级体系（旧） | | 职级体系（新） | |
|---|---|---|---|
| 专业职级 | 专业称谓（技术研发通道为例） | 专业职级 | 专业称谓（技术研发通道为例） |
| 6.3 | 权威专家 | 17 | 17级工程师 |
| 6.2 | | | |
| 6.1 | | | |
| 5.3 | 资深专家工程师 | 16 | 16级工程师 |
| 5.2 | | 15 | 15级工程师 |
| 5.1 | | | |
| 4.3 | 专家工程师 | 14 | 14级工程师 |
| 4.2 | | 13 | 13级工程师 |
| 4.1 | | 12 | 12级工程师 |
| 3.3 | 高级工程师 | 11 | 11级工程师 |
| 3.2 | | 10 | 10级工程师 |
| 3.1 | | 9 | 9级工程师 |
| 2.3 | 工程师 | 8 | 8级工程师 |
| 2.2 | | 7 | 7级工程师 |
| 2.1 | | 6 | 6级工程师 |
| 1.3 | 助理工程师 | 5 | 5级工程师 |
| 1.2 | | 4 | 4级工程师 |
| 1.1 | | | |

在我晋级之前，沿用的是旧的职级体系，因此还是称为高级项目经理。晋级高级项目经理，对于我来说，并不仅仅是职位名称的变化，更是公司级项目管理通道专家评委对我项目管理专业能力的认可。在知道结果的一

刹那，喜悦之余，心里却很平静，很坦然，也更加淡定，或许这也是一种成长吧。我知道，这是对我从测试转岗项目管理三年半以来的高度认可，是我在这三年半的时间，不断积累沉淀，从量变到质变的成果。

回首这三年半走来的项目管理历程，回首这 4 次的通道面试，是一次又一次的总结复盘、积累沉淀和学习的过程，也是一次又一次的心灵考验。腾讯的职级晋升，是工作之外的个人专业能力的晋升。因此，在繁忙、紧张且工作强度不小的情况下，要花大量的时间来准备仅仅 30 分钟的面试，这并不是一件容易的事情。尤其是两次及以上晋级还未通过的时候，会身心疲惫，甚至开始怀疑人生。我还记得我第三次答辩未通过的时候，那种五味杂陈的感觉，以至于怀疑曾经转岗项目管理的正确性，但现实就是现实，必现勇敢面对。因为，**我依然选择坚持在项目管理这条路上走下去，依然选择在腾讯这个平台持续发展和学习，那就必须要遵守它的成长规则。**其实在腾讯，专业通道短时间未通过，并不代表自己的工作能力不被认可，但因为团队影响力，因为项目压力，因为自己在乎，再次准备晋级答辩时，要承受蛮大的心理压力，因为要跨越的已经不是通道评委设置的职级晋升的"关卡"，而是自己心里的那道关卡。

这和我们做项目时遇到的情况是类似的，每次晋级答辩，其实也是当成一个项目来做。当项目失败，可能会有很多方面的原因，但作为项目经理，更应该跳出失败的怪圈，果敢、彻底、认真地剖析原因，从哪里跌倒，就从哪里爬起来，继续积累沉淀。

如果说第一次（2016 年 9 月）只是为了积累一点答辩的经验，去试试水，准备得并不充分，没有通过情有可原。第二次（2017 年 2 月）相对充分的准备，且有成功的项目，但事实仍是并未通过，事后通道专家评委给的意见（在目前的项目中未看到用项目管理方法来达成项目的目标，个人的成长明显不足，对项目经理的角色定位不够清晰），让我如梦初醒。我这才清醒地意识到，项目成功了，并不代表项目管理能力就提升到了某个高度。从这次失利之后，我开始深入思考什么才是项目管理，项目经理的角色定位和价值又是什么（第七章会详细介绍）。也许我们一直以来都是老板安排或分派了什么项目，就开始带着团队一起干，遇到问题就解决问题，也从中总结了一系列的方式方法，但更高层次、更系统地、更深入地理解和阐述什么是项目管理时找不到思路和方向，且对项目经理的核心价值，没有深入地思考，自然也就会有很模糊的定位，这也就不奇怪为什么项目经理很多时候喜欢自嘲说自己是个打杂的。甚至在很多团队成员的眼里，项目经理就是个监工，只会催进度。我想，这是很好的启示，是值得我们每位项目经理深思的。

第三次（2017年9月）是有充分的准备，只不过当时负责的项目还在研发周期中，但后来复盘总结的时候，这并不是主要原因，更主要的原因在于，对目标的理解上不清晰。作为一个项目经理，我负责过多个项目，每个项目都谈目标导向，可轮到自己的职级答辩这个项目时，却恰恰忽略了这个目标，这其实是一件挺悲剧的事情。但事实上，这也是一个警示，项目经理无论是何时何地，都要着重关注项目的目标，以目标为导向，切忌当局者迷。

第四次（2018年3月），在前3次失败的基础上做了深入分析，首先就是提前分析目标并深入理解晋级的要求和目标。腾讯项目管理通道，从P2-3升至P3-1时，主要考察的是这几个维度：风险识别与管控能力、项目跟踪和控制能力、项目计划能力、关联知识、方法论建设、知识传承。其中**风险识别与管控能力、项目跟踪和控制能力、方法论建设**这3个维度是重中之重，知识传承和关联知识是锦上添花。从这个能力要求来看，从初级项目经理到高级项目经理，必须要具备良好的风险和管控能力，必须要具备良好的项目跟踪和控制能力，要能够通过在不同的项目中，总结提炼出适用自己的方法论，且这个方法论具有一定的普适性。此外，还需要具备良好的项目计划能力，能够学习和了解展项目管理工作所需要的相关领域的知识，如法律、财务、人事管理、规章制度等。

再看详细的能力项目和能力定义（见表 6-2），就已经明确了对高级项目经理的能力要求。

表 6-2　项目经理能力项

| 能力框架 | | 能力项目 | 能力定义 |
|---|---|---|---|
| 通用能力 | 1 | 执行力 | 完成预定目标及任务的能力，包含完成任务的意愿，完成任务的方式方法，完成任务的程度 |
| | 2 | 学习能力 | 通过计划、任务和资源的整合运用，顺利达成工作目标 |
| | 3 | 解决问题 | 通过逻辑思维，借鉴相关经验，运用工具及方法，及时并有效确定、分析问题，并达成最佳的解决方案 |
| | 4 | 成就导向 | 树立更高的工作目标，不懈追求发展，希望工作杰出或超出优秀标准 |
| 专业知识 | 5 | 项目管理知识 | 项目管理领域的知识（如敏捷、PMBOK）和工具（如 Project、WBS、SWOT 等） |
| | 6 | 关联知识 | 开展项目管理工作所需要的相关领域的知识，如法律、财务、人事管理、规章制度等 |
| 专业技能 | 7 | 技术能力 | 通过掌握运用项目所需技术领域的相关知识、技能、工具等，对技术风险和成本等问题进行有效沟通及指导 |
| | 8 | 业务能力 | 通过掌握运用相关产品形态、业务模式或运营模式的知识，对产品策划和运营模式等工作进行有效沟通及指导 |

续表

| 能力框架 | | 能力项目 | 能力定义 |
|---|---|---|---|
| 专业技能 | 9 | 项目计划能力 | 能合理地安排项目时间，确保按时完成项目、合理分配资源及发挥最佳工作效率 |
| | 10 | 项目跟踪和控制能力 | 能熟练掌握及应用项目跟踪的方法和工具，充分调动资源确保项目按计划实施 |
| | 11 | 风险识别与管控能力 | 能对项目风险进行有效识别、分析及采取应对措施，将积极因素影响最大化和消极因素影响最小化 |
| | 12 | 敏捷项目管理能力 | 正确认识敏捷价值观，合理实施敏捷实践，推动敏捷化的团队培养和持续改进 |
| | 13 | 团队管理能力 | 运用团队管理的知识、技能、工具，建设符合公司文化的团队，实现项目目标 |
| | 14 | 沟通能力 | 能进行有效沟通，做好相关方管理及项目信息的有效分发 |
| 组织影响力 | 15 | 方法论建设 | 从工作积累中不断总结提炼，形成普遍性解决方案，起到指导及示范性作用，并加以推广应用 |
| | 16 | 知识传承 | 主动将自己所掌握的知识信息、资源信息，能通过交流、培训等形式分享，以期共同提高 |
| | 17 | 人才培养 | 在工作中主动帮助他人提升专业能力或者提供发展机会，帮助他人的学习与进步 |

（1）在项目计划方面，要具有丰富的项目计划制订实践经验；能为中型复杂的项目制订有效计划；要能够进行科学分析任务计划，想方设法让项目计划最优，最优不仅仅是按部就班地完成一个项目或者版本的计划，而应该充分考虑和评估好团队人力的情况，让人力资源的使用最大化，同时，还要尽可能地预判可能存在的风险，做好风险应对计划。要知道，项

目经理的核心价值之一是平衡和加速，那么怎么去加速项目的进程，一份高效且可执行的项目计划至关重要。通过不同的项目，不同的项目阶段，参与制订的这些计划，是否有什么共性，是否可以形成通用的方法论，可供后续或其他项目借鉴？

（2）在风险识别与管控能力方面，项目实际管控过程中，有哪些具体的问题，自己是怎么解决这些问题的？在解决这些问题的过程中，总结和沉淀了哪些方法论，可以应用于不同的项目及不同的场景，在后续遇到类似的问题，是不是可以适用？在项目初期能够主动预见项目的风险，是否能够转变为始终把规避项目的风险放在项目管理的重要位置，拥有丰富的风险控制经验？是否能够对项目风险进行有效识别，并进行定性、定量的分析，制订应对计划？是否能够通过收集及分析整理，建立组织的风险知识库？

（3）在项目跟踪和控制能力方面，如何更好地跟踪和控制项目的节奏？如何达成项目的关键里程碑？过程管控的核心目的是什么？项目经理在项目里面承担着什么样的角色，自己是如何定位的？有项目经理和没有项目经理的项目跟踪和控制，差别在哪里，如何体现自己在项目中的价值？是否有更高效的过程管理工具？是否熟练运用项目跟踪控制方法，有着丰富的理论和实践经验？是否能针对计划合理地调配和充分利用现有资源，使之得以高效的推行和实施？是否能在问题发生前发现主要问题，并提前规避，在问题发生后能准确找到问题根本原因，并迅速解决问题？

（4）在方法论建设方面，要能够通过标杆研究及内部实践，在本专业领域内沉淀出切实有效的方法论，并推广应用。

（5）在知识传承方面，要能够主动引导团队成员一起进行知识分享，营造主动学习、分享和共同进步的团队氛围。

当真正理解这些能力要求时，才能够有的放矢。基于对目标的理解，对能力要求的深入分析和思考，我的第四次答辩终于顺利通过了。所以，从某种意义上来说，我其实应该为前三次晋级未通过而感到庆幸，正是因为有了这几次的经历，才使得我认真、深入地去思考，找到差距，不断地积累沉淀。

晋级的过程虽然不容易，但收获的远不止是一个高级项目经理的头衔。借助于腾讯公司项目管理通道的能力模型，读者朋友们也可以对号入座，想要从初级项目经理跨越到高级项目经理，是否已经具备了这些能力要求。在项目管理这条路上，晋级高级项目经理，仅仅只是项目管理职业生涯上的一个里程碑。自测试转岗项目管理，一路坎坷，一路披荆斩棘，从不懂什么是项目管理，到知道如何管理项目，这是努力坚持的成果，是努力不放弃的成果，是不断积累沉淀的成果。虽然鏖战多次，但再次回顾时，每次的答辩和经历，又何尝不是一种成长和历练呢！

积累沉淀，复盘总结是基础，晋级答辩的整个过程，还是给予了我很多其他的感悟，尤其是在不断学习这方面。作为项目经理，在带项目的同时，要很好地运用 721 学习法则，除了针对每个项目的复盘总结，还要多和项目经理同行交流，以及平时业余时间多读书，增加知识的广度和深度。

## 多复盘，快速进步的法宝

在开始谈这个小节的时候，想必已经有很多读者朋友发现，在前面很多章节，我已多次提到过"总结"和"复盘"的字眼。在担任测试经理期间，我就时常会要求团队成员对每个测试完成的版本进行总结和回顾。在转岗项目经理之后，尤其是在刚开始的一年，项目管理路上的菜鸟，处处踩坑，总结和回顾则更加的频繁，只不过之前的复盘是不成系统的。

因为在刚开始踏入项目管理这条路时，可谓一路坎坷，以致很长一段时间没有自信，甚至怀疑人生。好在我本身是一个永不服输的人，既然选择了远方，便只顾风雨兼程。带着那一颗不服输的心，一颗坚韧的心，我暗自下决心，必须要改变当时那种糟糕的状况。于是，我开始在日常工作之余，记录每天发生的事情和遇到的问题，然后对遇到的事情和问题进行回顾，反思为什么会出现这样的问题，出现这样的问题其主要的根源是什么，当时的处理方式是怎样的，现在来看，有没有更佳的方式。就这样，每天不断地记录、回顾、探究、总结、思考、提炼。我从一个项目管理的菜鸟，用了三年半的时间，快速地成长了起来，晋级成为腾讯高级项目经理。

事实上，在工作中反复和重复地记录、回顾、探究、总结、思考、提炼，这就是复盘。其方法并不复杂，或许我们很多读者朋友在自己的工作和生活中也早就在使用，只是因为没有意识到，所以才没有发挥应有的威力。一旦开始意识到，并将复盘做成习惯和文化，那工作和生活都将展开一幅新的面貌。因为最终我们将发现：本质上，复盘可能是我们唯一拥有的提升自己的方法。前面章节我们谈到过 721 学习法则，这是学习发展领域公认的人才培养法则：成人学习最重要的来源是在岗工作实践（70%），其次是与他人的交流（20%），正式的培训与教育只占很小的比例（10%）。其实也可以理解为这是人的 3 种学习方法：从书本中学习（10%），向身边的人学习（20%），向自己学习（70%）。其中，向自己学习是最靠谱的。那如何向自己学习呢？最有效的方法，就是复盘。

项目经理个人的复盘，可以加快个人的成长速度，这也是我为什么可以从一个项目管理的菜鸟快速成长为高级项目经理的法宝；团队成员复盘，可以提升团队协同能力，提升组织能力；组织复盘，能够持续优化、激发创新。

### 1. 什么是复盘

复盘原本是一个围棋术语，指下完棋，棋手重新摆一遍下棋的过程，以探讨得失，总结当时有无更好的应对招数。这个重新走一遍并且思考的过程，就称为复盘。这种走一遍不是简单地重新将棋子按照原来的顺序摆满棋盘，而是要对每一步重新进行思考，一方面是还原当时的思考逻辑，另一方面，因为是事后的重来，可以过滤对局时的情绪，获得了一种站在画面外看画的角度，也有了一种局外人的从容，从而给自己理智的重新思考的机会。通过复盘，棋手可以发现自己在对局过程中，哪些是疑问手，哪些是胜负手，哪一步下得不好，哪一步是精彩的。

这么来看，其实我们每个人对复盘都不陌生，很多人在日常的生活中，都在不知不觉地进行复盘。举个简单的例子，谈恋爱的时候，某次约会，女朋友突然不开心，事后，会回想是因为什么导致她不开心呢，然后回顾整个约会的过程，反思说的每句话和每个举动，是不是自己有什么话说错了，抑或是自己做错了什么事情才导致女朋友不开心，那下次的时候就会特别地注意，并想办法哄她开心。还有和领导沟通后，会反思领导对自己的态度；在球场上输球的时候，会反思为什么会输球；等等。可见，复盘在我们工作和生活中无处不在。

然而，在我们日常工作中，很多人很容易将复盘和总结混为一谈，或者觉得复盘没有什么特殊的地方，以至于简单地理解为复盘就是总结经验教训。那真的是这样子吗？回答是否定的。**总结是对时间过程进行梳理，它是对已经发生的行为和结果进行描述、分析和归纳。它关注一些关键点和里程碑。而复盘，是在头脑中对做过的事情重新过一遍。这个过一遍的关键在于推演，是对做过的事情从头到尾的审视。**复盘除了有总结所包含的动作外，它还对未发生的行为进行虚拟的探究，探索其他行为的可能性和可行性，以找到新的方法和出路。可以说，总结是静止跳跃的，复盘是动态连续的。从这个意义上来说，总结只是复盘的一部分，但它们又有显著的差别。其显著的差别在于，**复盘是一个推演的过程。**

### 2. 复盘的原因

按照 721 学习法则，70%是向自己学习，而向自己学习主要是来自平常的工作和生活。正如古语云："吃一堑，长一智。"同样是要求我们回顾，思考工作过程中，哪些是做得好的，哪些是做得不好的，以免犯同样的错误。我们在不断复盘的过程中，也会慢慢地形成对问题的深入思考，洞悉问题的本质——知其然知其所以然。这点，也和早前我做达人访谈时，总办领导 Dowson 提到的在工作中"多问为什么"是一脉相承的。此外，通过不断的复盘，我们还可以从中去发现和提炼处理事情的规律，把经验转化为解决问题的能力，帮助我们快速地成长。这方面，在我做项目的这几年中，有着非常明显的体现。刚开始的时候，经历过一个项目，通过复盘之后，只是懂什么是项目管理；到后面负责的各个项目，通过复盘，慢慢地知道怎么去管好一个项目，进而运用，再复盘，逐渐形成自己的项目管理套路，即方法论。这些都是复盘带来的效应，也是我这些年快速进步的法宝。

### 3. 复盘的步骤

我们说，大家在日常的工作和生活中，都在不知不觉地用到复盘提升个人的能力，那科学的复盘，有哪些具体的步骤呢？在《复盘：对过去的事情做思维演练》一书中，复盘的步骤包括：回顾目标、结果对比、叙述过程、自我剖析、众人设问、总结规律、案例佐证、复盘归档八大步骤。实际上，最简便的还是联想集团柳传志所推崇的四步复盘法，即**回顾目标、评估结果、分析原因、总结经验**。如图 6-4 所示，这个步骤是联想十多年复盘经验的总结，非常符合复盘逻辑。

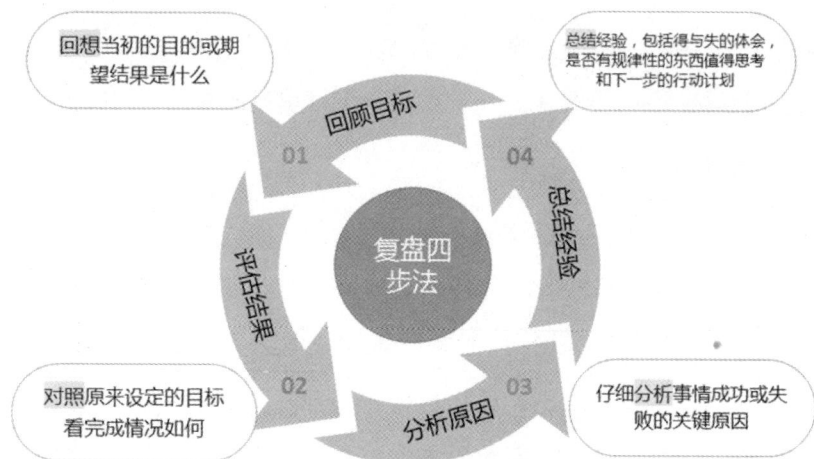

图6-4　复盘四步法

接下来以我负责的第一个手游项目 PH 为例，来详细分析复盘的四大步骤。

### 第1步：回顾目标

回顾目标其实就是要你回想一下当初做这件事情的目的或期望的结果是什么。目标是要符合 SMART 原则，即明确具体（Specific）、可衡量（Measurable）、有挑战但可实现（Achievable）、相关可控（Related）、有时限（Time-limited）。它能给我们指引，让我们知道要往哪里努力。在进行回顾目标时，需要客观地把目标展示出来，这样便于我们将结果与目标进行对比，从而可以清楚地知道，目标是达成了还是失败了。

PH 项目当初的整体目标是期望尽快上线，然后在产品数据和商业化都获得成功，为工作室赚取利润；项目的各个里程碑目标是 1 个月完成核心玩法版本，2 个月完成周边系统功能开发，2 个月完成版本打磨，到第 5 个月的时候达成上线目标。

### 第2步：评估结果

评估结果要对照原来设定的目标，看完成情况如何。和目标对比，差距在哪里？亮点在哪里？哪些有改进？评估结果的目的不是发现差距，而是发现问题。

PH 项目在经历一系列事情之后，最后是比预期时间晚 5 个月才开始内测，而且内测之后，因为数据不好（次留不高），没有正式公测，最后产品数据和商业化目标都没有实现。对于一款游戏，商业化没有实现，产品数据不达标，这里面或许包含了一点运气的成分，但各个里程碑目标没有达成，甚至比预期时间晚 5 个月才内测，这就是非常大的问题。

**第 3 步：分析原因**

分析原因是要仔细分析事情成功或失败的关键原因。在分析原因时，可以用多问为什么来寻找问题的根源。比如 PH 项目，产品数据没有达标，为什么会没有达标？因为不吸量。为什么不吸量呢？因为核心玩法水土不服。为什么核心玩法水土不服？因为是借鉴日本的一款竞品游戏，以此来包装成国内的游戏模式。

再看里程碑目标未达成。分析原因时，可能会是多方面的，这个时候在分析原因的同时，要抓主要的原因进行深入分析。

第一个原因，就是我们花费了大量的时间在美术资源的替换和调整上。那为什么会花这么多时间在美术资源上呢？因为美术资源工作量大，资源输出慢。为什么会工作量大，输出慢呢？因为美术资源没有提前确定风格稿，且初始投入人力很少。为什么美术没有提前确定风格稿呢？因为在项目打磨核心玩法时，项目经理及核心管理团队并没有关注和意识到美术资源方面会成为风险。一追问之后，就很明显地会发现，问题的根源在于美术风格稿迟迟未定，导致后期在美术资源方面花费了大量的时间，延长了整个项目周期。

第二个原因，计划没有可执行性，执行效果差。为什么会没有可执行性呢？因为团队没有参与制订计划，项目计划是拍脑袋确定的，也没有具体分析各个阶段影响计划的关键路径和风险，使得项目计划落地执行效果很差。通过问为什么会发现，拍脑袋制订计划，使得里程碑反复延误。

第三个原因，需求总感觉做不完，需求一直无法收敛。为什么会感觉需求做不完，一直无法收敛呢？因为在项目执行过程中，需求总是在变，总是在改。为什么需求会一直改？因为从项目一开始，需求就没有经过有效的确认。为什么需求没有经过有效的确认呢？因为在项目一开始的时候，就没有进行有效的划分需求范围，导致在实际执行过程中，需求范围不断地蔓延，从而导致团队成员加班。

每个项目的情况不尽相同，这里只是提供一个参考，除了通过追问为什么来获得根本原因，还可以通过鱼骨法等方式。只有深入分析了根本原因，才便于更好地去总结经验，提炼规律。

第4步：总结经验

总结经验，包括得失的体会，以及是否有规律性的东西值得思考，还包括下一步的行动计划。总结经验是复盘最终的内容，所有的步骤，都是为了总结和提炼一般性的规律，形成符合真相的认识。正确的规律和认识，可以指导后续的工作，进而提高成功的可能性。

比如 PH 项目的第一个原因，在深入分析之后，我总结提炼了美术先行的策略。对于任何项目，美术效果图的确认是非常重要的，而且在项目立项之初的时候，美术要先行，敲定美术风格之后，无论是原画资源，还是 UI 等美术资源，都可以在系统功能开发期间，使用正式的资源，避免重复造轮子。

第二个原因，我总结提炼了制订计划的两大原则：一是以终为始，并行和串行的策略；二是让团队成员全部参与进来，以确保计划的可执行性。

第三个原因，我总结提炼了在项目立项之初，必须要厘清规划，明确项目的范围；在执行过程中，控制范围的蔓延。

这是基于项目的复盘四大步骤，对于个人来说，也同样适用，以我个人的经历为例来说：

第一步回顾目标，第二步评估结果，这两大步骤是类似的。比如在项目管理过程中遇到了各种挑战，踩了很多坑，或者是遭到老板们的信任危机。通过回顾目标和评估结果，可以很清楚地去发现其中的问题。换一种方式来说，就是自己为什么会遇到这么多挑战？为什么会踩这么多的坑？为什么老板会不信任我？

第三步分析原因，这个时候，更像是一次自我剖析的过程，也即自己对做过的事情进行反思和分析，看看有哪些问题，并试着去找出原因、发现规律。自我剖析是一个自我成长的机会。而且自我剖析的时候，在态度方面，要开放心态、坦诚表达、实事求是、反思自我、集思广益。联想的柳传志说："复盘很重要。想想做成一件事有哪些是偶然因素，别以为是自己的本事。尤其是失败后，要血淋淋地解剖自己，不留任何情面地总结自己的不足。这样，你的能力自然会不断提高。"在我负责手游项目管理初始的那一年半，针对每次遇到的问题，我都用一个笔记本记录下来，等到一天的事情忙完之后，我开始回顾整个事情的经过，当时应该怎么处理会更好？怎么沟通会更好？项目出现这样的问题，是因为我没有很好地去理解项目的目标还是因为其他原因？项目出现的问题，是因为对风险的预判不足还是什么其他原因？如果提前预判了该类风险，是不是进展就会更顺利一些？诸如此类，但凡是项目中遇到的问题，我都逐一记录，这个习惯一直保持至今。所以，自我剖析，是自我成长的关键步骤。自我剖析不仅仅是自己去分析事情的过程，更重要的是对自身进行审视，总结当时的思考和处理，是否听取了他人的意见，是否敞开了心扉，从而实现"求内"。

因为有了前面3个步骤，在不断自我剖析的过程中，我对项目的把控，包括目标管理、风险管理等各个方面，都取得了长足的进步。在不断复盘的实践过程中，我总结提炼出了我的项目管理三部曲，提炼了我对项目经理核心价值的理解（第七章会详细介绍），以及项目管理中的闭环思维（第八章会详细介绍）。我想，这并不是终点，因为，在我看来每次复盘后的总结提炼，都是一次全新的起点。

# 第七章

# 项目经理的核心价值

## 项目经理的定位

《PMBOK®指南》每 4 年进行一次升级，对项目经理的定位也在不断地变化。2017 年 9 月 6 日发布的第六版，已经用了单独的一个章节在介绍项目经理，可见对项目经理的重视度越来越高。《PMBOK®指南》第六版对项目经理的定义是：项目经理是由执行组织委派，领导团队实现项目目标的个人。

由于对项目经理的定义出现了"领导"一词，我们会认为项目经理是个经理、管理者，是领导。"领导"意味着项目经理应该有权力，项目经理应该有一个团队，团队的人应该无条件服从项目经理的安排。理论上可以理想地认为项目成员会听你的，但是从应用实践的角度说，他们凭什么配合你呢？这个时候我们就要重新定位项目经理这个角色了。因为没有实权，又要承担必要的责任，使得对项目经理的定位出现偏差；因为没有实权，对团队没有职能管理权限，使得自己在项目团队中缺乏存在感、缺乏影响力，尤其是初入项目管理这条路的项目经理。当我们抱怨自己在项目团队中缺乏存在感、缺乏影响力的时候，有必要认真思考一下作为一个项目经理的角色定位。

怎么才能更好地清楚自己作为项目经理在项目中的定位呢？在我转岗项目经理一年半的时间里，我对这方面的认识都很模糊。2017 年 2 月，在我第二次职级晋升答辩的时候，评委的一个问题，让我当场哑口无言，但事后复盘，却让我茅塞顿开。当时的评委问道："在你负责的项目团队中，有项目经理和没有项目经理的差别在哪里，项目经理在项目团队中起到什么作用？"听到评委问这个问题时，我已经下意识地知道这次晋级通过的可能性极低了。因为这一年多以来，我并没有真正清楚自己作为项目经理的定位。一个月后，结果意料之中，虽然晋级失败，但却收获满满，尤其是我自己对项目经理的定位，有了一个全新的思考。在项目团队中，有项目经理和没有项目经理有什么差别？

先打个比方。看过大型管弦乐队演出的朋友应该都比较清楚，一个大型管弦乐队有上百位演奏者和一个指挥家，这些演奏者需要演奏多种（25+）不同的乐器，如果这上百位演奏者在演奏时，没有指挥家的组织、沟通和协调，其结果是可想而知的，这样一场交响音乐会效果肯定是不好的，甚至会乱成一团。虽然这个指挥家不需要掌握每种乐器，但因为这个指挥家具备音乐知识、理解和经验，通过很好的组织、沟通、协调等并通过指挥棒和其他肢体语言和成员进行实时的沟通，使得整个交响音乐会的演奏井然有序，达成很好的效果。

那么在一个游戏项目团队中，同样有着不同的成员和角色，包括产品（策划）、开发、美术（UI、3D、动作、特效）、测试、第三方支持的人员（运维、QA、平台运营等）。这么多人共同参与一个项目，不能事无巨细地都需要制作人或主策来沟通、落实和跟进，因为在腾讯游戏自研工作室，游戏项目是制作人负责制（也有些项目团队是主策划负责制），制作人和主策更多对游戏玩法、用研、市场推广、营收负责。这个时候需要有一个角色来负责整个游戏的研发过程，包括游戏的产品品质、研发周期（进度）、游戏上线后的用户反馈及游戏正式公测后的正常运营。这个角色是代表制作人（领导）的发言人和组织大家开展各项项目工作的协调者和推动者，也是在项目推动过程中的服务者。而项目经理就是这样的一个角色。所以，基于此来看，项目经理并不是 PMBOK 所定义的领导，而是一个有责无权的组织者、推动者、协调者和服务者。

所谓组织者，是通过自己很好的影响力，组织项目团队各个不同的角色，很好地完成各项项目工作；推动者，是在实际项目过程中，推动达成项目团队统一行为规范和规则，有助于更好地为项目目标服务，是帮助管理层推动事情往前走，特别是一些阻力很大的工作；协调者，项目经理是整个团队的沟通桥梁，通过良好的沟通能力，协调项目内外各个角色，更好地完成各个项目的工作；服务者，是敏捷项目管理所提到的仆人式领导，是在项目管理过程中，帮助团队成员成长和帮助他们解决实际的问题。

随着对项目经理的要求越来越高，仅仅只是四者合一是不够的。四者合一，能够比较好地帮助我们去达成项目目标，即多（范围）、快（时间）、好（质量）、省（成本）地完成项目上线目标。但实际上，游戏项目的提案形成，游戏项目立项可行性的论证，立项后的商业化分析等，会要求项目经理更早地介入，以便更全面地掌握和了解整个游戏项目立项的背景，同时是为了更好地理解项目的业务目标，因此这也就要求项目经理还需具备一定的产品意识（用户思维）。所以，综合来看，结合自身这几年做项目的经验，我给自己的定位是四者（组织者、推动者、协调者、服务者）合一且具备产品意识的项目经理。

## 项目经理的能力要求

《PMBOK®指南》第六版在第三章特别引入了项目经理的"能力三角形"，其三条边分别为技术项目管理、领导力、战略和商务管理，如图 7-1 所示。

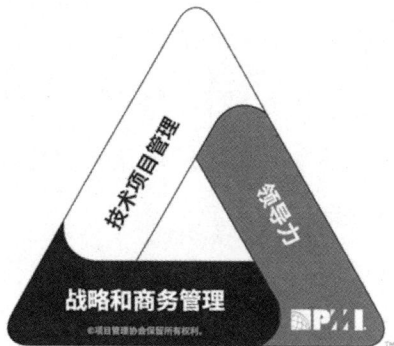

图 7-1　PMI 人才三角

（1）技术项目管理。技术项目管理是指与项目、项目集和项目组合管理特定领域相关的知识、技能和行为，即角色履行的技术方面。

（2）领导力。领导力是指指导、激励和带领团队所需的知识、技能和行为，可帮助组织达成业务目标。领导力包括指导、激励和带领团队的能力。这些技能可能包括协商、抗压、沟通、解决问题、批判性思考和人际关系技能等基本能力。领导力应被视为一项组织各层级都具备的能力，而非集中于高层。在这其中管理者的沟通能力至关重要，管理者需要针对不同的对象选择使用不同的沟通原则和技巧，不但要会"说"，更重要的是要会"倾听"。

（3）战略和商务管理。战略和商务管理是指关于行业和组织的知识和专业技能，有助于提高绩效并取得更好的业务成果。战略与商业管理技能包括纵览组织概况并有效协商和执行有利于战略调整和创新的决策和行动的能力。这项能力可能涉及其他职能部门的工作知识，如财务部、市场部和运营部。这其中战略一致性对于从技术转型的管理者尤为重要，因为管理者是组织和员工之间的桥梁，要做到战略一致、上下一心，管理者需要发挥好"承上"和"启下"的纽带作用，这样才能使组织的战略落地，真正落实和执行下去。

《项目管理评论》杂志曾有一篇文章谈到，具备项目管理知识和技术让项目经理"会干"；能够用项目化的流程和思维指导工作，具备良好的领导力让项目经理能够多方面整合资源，引领团队，这是"巧干"；而具备了战略管理和商业分析能力是让项目经理能够从组织层面去理解项目，知道"为什么干"。这3个维度，要求项目经理不仅要具备项目管理知识和技术的硬实力，还要具备团队领袖的领导力，以及高层次的战略管理和商业分析能力。这是一个由低到高的能力进阶，更匹配了项目经理的职业发展路径。

其中，项目管理专业技能是基础，也是核心。以腾讯项目管理通道能力模型来看，可以划分为 4 个能力框架，分别为：通用能力、专业知识、专业技能和组织影响力。4 个能力框架又可以细分为 17 个能力项，如图 7-2 所示。

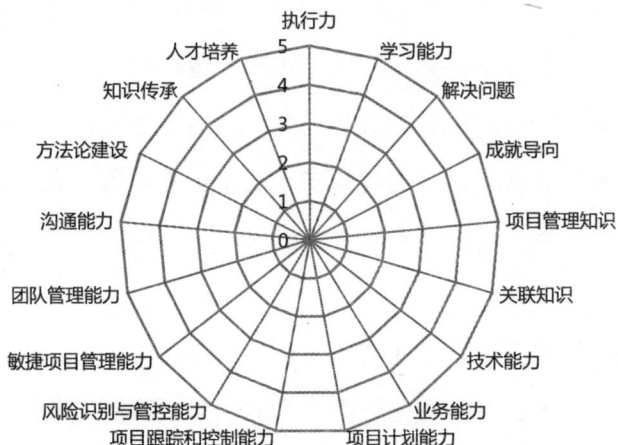

图 7-2　项目管理能力项

（1）通用能力。

1）执行力：完成预定目标及任务的能力，包含完成任务的意愿，完成任务的方式方法，完成任务的程度。

2）学习能力：通过计划、任务和资源的整合运用，顺利达成工作目标。

3）解决问题：通过逻辑思维，借鉴相关经验，运用工具及方法，及时并有效确定、分析问题，并达成最佳的解决方案。

4）成就导向：树立更高的工作目标，不懈追求发展，希望工作杰出或超出优秀标准。

（2）专业知识。

1）项目管理知识：项目管理领域的知识（如敏捷、PMBOK）和工具（如 Project、WBS、SWOT 等）。

2）关联知识：开展项目管理工作所需要的相关领域的知识，如法律、财务、人事管理、规章制度等。

（3）专业技能。

1）技术能力：通过掌握运用项目所需技术领域的相关知识、技能、工具等，对技术风险和成本等问题进行有效沟通及指导。

2）业务能力：通过掌握运用相关产品形态、业务模式或运营模式的知识，对产品策划和运营模式等工作进行有效沟通及指导。

3）项目计划能力：能合理地安排项目时间，确保按时完成项目、合理分配资源及发挥最佳工作效率。

4）项目跟踪和控制能力：能熟练掌握及应用项目跟踪的方法和工具，充分调动资源确保项目按计划实施。

5）风险识别与管控能力：能对项目风险进行有效识别、分析及采取应对措施，将积极因素影响最大化和消极因素影响最小化。

6）敏捷项目管理能力：正确认识敏捷价值观，合理实施敏捷实践，推动敏捷化的团队培养和持续改进。

7）团队管理能力：运用团队管理的知识、技能、工具，建设符合公司文化的团队，实现项目目标。

8）沟通能力：能进行有效沟通，做好相关方管理及项目信息的有效分发。

（4）组织影响力。

1）方法论建设：从工作积累中不断总结提炼，形成普遍性解决方案，起到指导及示范性作用，并加以推广应用。

2）知识传承：主动将自己所掌握的知识信息、资源信息，能通过交流、培训等形式分享，以期共同提高。

3）人才培养：在工作中主动帮助他人提升专业能力或者提供发展机会，

帮助他人的学习与进步。

在腾讯项目管理通道晋升之路上，这 17 项能力模型的标准是有差别的，且晋升的每个阶段侧重点也不一样。以 P9（9 级员工，是部门内某专业领域骨干，主导部门级项目，发现和解决部门重大的和挑战性问题；部门内具专业影响力；为同事提供专业指导）为例来说明一下各能力项的关键词和行为标准。

通用能力见表 7-1。

表 7-1　通用能力

| 能力框架 | 能力项目 | 能力标准 | |
| --- | --- | --- | --- |
| | | Level 9-11 | |
| | | 关键词 | 行为标准 |
| 通用能力 | 执行力 | 多种沟通技巧，跨团队沟通 | （1）准确无误、逻辑清晰、简练地表达自己的观点，准确地领悟对方观点<br>（2）掌握多种沟通技巧，能进行跨团队沟通，达成共同目标<br>（3）能够主持中型会议（15 人内） |
| | 学习能力 | 抓住重点，克服困难 | （1）能够承担有挑战性项目或工作任务<br>（2）能够全面分析并抓住任务关键因素<br>（3）克服困难，采取有效措施，高质量、高效率完成任务 |
| | 解决问题 | 总结提炼，帮助他人学习 | （1）了解专业领域的发展情况，关注行业内新技术新方法的应用，并尝试在工作中运用<br>（2）能够运用所学知识，举一反三<br>（3）不断总结自己过去和他人的实践经验，从中汲取有价值的信息<br>（4）与团队成员交流和分享相关知识、经验，帮助他人了解更好的学习方式和学习机会 |

| 能力框架 | 能力项目 | 能力标准 | |
|---|---|---|---|
| | | Level 9-11 | |
| | | 关键词 | 行为标准 |
| 通用能力 | 成就导向 | 不断自我超越 | （1）以杰出标杆为努力方向，注重用更快、更有效的方法达到设定的目标，使得业绩得到明显的改善<br>（2）有坚强的信念，愿意承担更大的责任，有远期的追求目标，并善于寻找并利用各种途径解决问题，坚持完成工作任务 |

专业知识见表 7-2。

表 7-2　专业知识

| 能力框架 | 能力项目 | 能力标准 | |
|---|---|---|---|
| | | Level 9-11 | |
| | | 关键词 | 行为标准 |
| 专业知识 | 项目管理知识 | 熟练掌握部门级分享 | （1）熟练掌握 PMBOK 中常用知识工具<br>（2）熟练掌握敏捷项目管理知识方法<br>（3）有部门级分享知识经验的经历 |
| | 关联知识 | 熟练掌握互联网行业的法律、财务知识，以及公司人事管理、规章制度等，可进行应对经验的分享 | （1）熟练掌握互联网相关法律知识，如合同法、专利法、公司法、税法等、能够及时发现法律风险和公关危机，并进行积极应对，能够分享应对经验<br>（2）熟练掌握与业务相关的财务知识，如三大报表、重要的财务指标、业务相关税收等，能读懂财务报表，了解相关指标和项目的关联关系<br>（3）熟练掌握公司人事管理、规章制度，如福利制度、职业发展通道、奖惩制度等，能充分利用公司资源，对员工进行及时激励，指导员工进行职业发展规划 |

专业技能见表 7-3。

表7-3　专业技能

| 能力框架 | 能力项目 | 能力标准 | |
|---|---|---|---|
| | | Level 9-11 | |
| | | 关键词 | 行为标准 |
| 专业技能 | 技术能力 | 深入理解有关技术及进行沟通 | （1）清楚所负责项目所用技术风险和成本，并深入理解相关技术在项目上的灵活运用<br>（2）能够与技术团队就项目技术问题进行无障碍的沟通交流及建议和指导 |
| | 业务能力 | 深入理解业务及进行沟通 | （1）能够提供本系统相关产品形态、业务模式或运营模式的规划和建议<br>（2）能够和产品经理有效沟通和讨论产品形态、业务模式或运营模式 |
| | 项目计划能力 | 实现对中型项目的科学计划和资源合理分配；部门/BU（业务单元）级分享 | （1）具有丰富的项目计划制订实践经验<br>（2）能为中型复杂的项目制订有效计划<br>（3）十分清楚地了解项目的关键因素，在现实情况和有限条件下能最佳地做好任务分解和进度安排<br>（4）能够进行科学分析任务计划，从风险、成本、质量、资源等多角度考虑，高效合理地分配现有资源<br>（5）总结和提炼，进行部门/BU级分享 |
| | 项目跟踪和控制能力 | 随时对项目做出全面的分析预测，提前规避、纠正问题，确保项目高质量完成； | （1）掌握并熟练运用项目跟踪控制方法，有着丰富的理论和实践经验<br>（2）能针对计划合理地调配和充分利用现有资源，使之得以高效地推行和实施<br>（3）能在问题发生前发现主要问题，并提前规避，在问题发生后能准确找到问题的根本原 |

续表

| 能力框架 | 能力项目 | 能力标准 | |
|---|---|---|---|
| | | Level 9-11 | |
| | | 关键词 | 行为标准 |
| 专业技能 | 项目跟踪和控制能力 | 部门/BU级分享 | 因,并迅速解决问题<br>（4）撰写优秀的项目状态报告,对项目情况给出全面分析、预测<br>（5）总结和提炼,进行部门/BU级分享 |
| | 风险识别与管控能力 | 能够对项目风险进行有效识别,并进行定性、定量的分析;部门/BU级分享 | （1）能够始终把规避项目的风险放在项目管理的重要位置,拥有丰富的风险控制经验<br>（2）能够对项目风险进行有效识别,并进行定性、定量的分析,制订应对计划<br>（3）能够通过收集及分析整理,建立组织的风险知识库<br>（4）总结和提炼,进行部门/BU级分享 |
| | 敏捷项目管理能力 | 能够根据所属项目的特征进行敏捷工程实践的定制和应用;部门/BU级分享 | （1）能够在当前项目在内建质量上实施的工程实践,如CI、CR<br>（2）能推动当前项目系统架构上的敏捷适应,可做到按需设计、按需实现、按需发布<br>（3）能在部门/BU内进行敏捷项目管理分享 |
| | 团队管理能力 | 能够深刻理解团队管理的知识点,熟练运用相关的管理技巧,能够带领好一个团队 | （1）对于团队的知识点要有独到的见解<br>（2）在BU分享团队管理<br>（3）熟练运用团队管理工具、方法和流程<br>（4）能够独立建设和管理项目团队,完成BU级项目绩效 |

续表

| 能力框架 | 能力项目 | 能力标准 | |
|---|---|---|---|
| | | Level 9-11 | |
| | | 关键词 | 行为标准 |
| 专业技能 | 沟通能力 | 多种沟通技巧，有效处理冲突，跨团队沟通，有效地进行项目内外的沟通管理，制度化团队沟通行为；部门和BU级分享 | （1）能够准确、清晰、简洁地表达自己的观点，也能准确地领悟多位沟通者的各自观点，并进行有效沟通<br>（2）掌握多种沟通技巧，能有效进行跨团队沟通<br>（3）能够主持中型会议（15人内）<br>（4）能够有效识别项目相关方，并有针对性地进行相关方的沟通管理，确保相关方能对项目的目标产生正向影响<br>（5）能够有效处理项目内部和外部冲突，带领团队达成项目目标<br>（6）营造团队沟通氛围，制度化团队沟通行为<br>（7）能在部门/BU内进行沟通技巧级管理方面的分享 |

组织影响力见表7-4。

表7-4  组织影响力

| 能力框架 | 能力项目 | 能力标准 | |
|---|---|---|---|
| | | Level 9-11 | |
| | | 关键词 | 行为标准 |
| 组织影响力 | 方法论建设 | 方法论沉淀 | 通过标杆研究及内部实践，在本专业领域内沉淀出切实有效的方法论，并推广应用 |

续表

| 能力框架 | 能力项目 | 能力标准 | | |
|---|---|---|---|---|
| | | Level 9-11 | | |
| | | 关键词 | 行为标准 | |
| 组织影响力 | 知识传承 | 营造分享的组织氛围 | （1）主动引导团队成员一起进行知识分享，营造主动学习、分享和共同进步的团队氛围（2）能够主导开发课程并进行授课培训 | |
| | 人才培养 | 有策略的辅导 | 资深导师，能够结合人员的不同特质和经历，采取不同的辅导策略，在指导过程中注重传授思维理念和工作技巧 | |

项目管理专业技能是项目集和项目管理的核心，是每个合格的项目经理所必须具备的能力。随着全球市场越来越复杂，竞争越来越激烈，对项目经理的要求也越来越高，只有项目管理专业技能是不够的。从合格到优秀，每个项目经理最终都需要从管事过渡到管人，因为每件事情的背后，都是由人在执行。而对于人的管理，必须要具备一定的领导力。在实际项目推进的过程中，项目经理应研究人的行为和动机，管理好项目达成目标的同时，运用领导力技能和品质让项目相关方满意。

表7-5引自《PMBOK®指南》第六版，是关于管理和领导力的区别。

表7-5 管理和领导力的区别

| 管理 | 领导力 |
|---|---|
| 直接利用职位权力 | 利用关系权力来指导、影响和合作 |
| 维护 | 发展 |
| 管理 | 创新 |
| 关注系统和架构 | 关注人际关系 |
| 依赖控制 | 激发信任 |

续表

| 管　　理 | 领导力 |
| --- | --- |
| 关注近期目标 | 关注长期愿景 |
| 了解方式和时间 | 了解情况和原因 |
| 关注赢利 | 关注前景 |
| 接受现状 | 挑战现状 |
| 正确地做事 | 做正确的事情 |
| 关注操作层面的问题和问题的解决 | 关注愿景、一致性、动力和激励 |

至于战略管理和商务管理能力，结合我自身的经验，从最开始项目立项之后才开始进入，且仅负责项目的研发过程，达成项目的上线的目标，到现在，项目经理可以在项目启动之前就该参与项目评估和商业分析活动，甚至更提前地参与到项目提案讨论和形成的阶段，从而更全面地了解整个项目的筹备过程，商业化分析和项目的战略目标。这样使得项目经理与组织配合更加一致，更加有利于以终为始地推进和把控项目，也更符合当今的实践，更加与时俱进。在具体的项目实践中，我认为具备一定的产品能力，对行业有自己的理解，在负责每个项目时，都能够以业务目标为导向，仅仅是培养和提升战略管理和商务管理能力的基础，这是一个持续且不断积累和升华的能力项，也是现在和未来对项目经理新的、更高的要求。同时，更是要求项目经理能够站在老板的层面，站在组织层面来思考问题。

## 项目经理的价值和体现

有多少朋友曾经有过这样的困惑：在一个公司、一个部门、一个项目团队中，觉得作为项目经理没有什么存在感，没有什么价值，不仅如此，还经常背黑锅，时常被老板或客户吐槽。这或许是很多担任项目经理的朋友们刚开始都会有的困惑。

不可否认，很长一段时间，我也陷入此苦恼之中。忙的时候，像是在各种打杂；不忙的时候，又感觉无所事事，甚至一度怀疑选择走这条路的初衷。转岗刚开始很长的一段时间，我不禁在想，公司很多部门，其实并没有项目经理，仍然可以做成项目。那么在腾讯游戏和其他部门，设立项目经理这一岗位，其主要的价值在哪里呢？又有哪些具体体现呢？

结合我自身做游戏项目的这几年的经历，我理解的**项目经理的核心价值是加速和平衡。加速**，是运用项目管理的方式方法，通过科学地整合资源，多快好省地完成项目的目标。我们知道，互联网行业的迅猛发展，包括游戏行业，是一个敏捷的项目研发时代，是需要快速地发布产品，抢占市场。没有专业的项目经理负责推进项目，项目团队通过组织过程资产和经验，自然也是可以完成项目的，但这样必然会错失很多机会。而专职且专业的项目经理，可以通过一系列的项目管理方式方法，整合、优化资源，推动项目尽快地上线，抢占市场。**平衡**，是指作为项目经理，在快速推进项目的过程中，不仅要平衡好项目管理的 4 个要素，即时间、成本、范围、质量四者之间的关系，还要平衡好短期目标和长期目标的关系，即效率和效果之间的关系，更要平衡好项目各个相关方之间的利益。既要多快好省地达成项目目标，还要让相关方满意，这才是一个项目真正成功的标准。

那么具体来说，在实际项目的过程中，项目经理的价值可以体现在以下几个方面。

### 1. 建立规则

建立规则的根本目的，其实是给项目搭建一个受控的环境。**项目管理的本质是设法控制，让项目在预期的框架内运行**。作为项目经理，在任何一个项目启动和推进过程中，都要擅长给项目团队成员建立相应的规则、制度和流程，以及统一的团队公约；要根据项目的特点、项目团队的特点，将工作中能够自动化的尽量自动化，能模板化的都统一模板化。建立规则的目的还在于，让团队成员形成自我管理，这样可以很好地释放项目经理的精力。

### 2. 可视化

可视化也称项目信息透明化。项目经理是团队的沟通桥梁，也应该是对项目细节及各个信息掌握和了解最及时的人。因此，可视化并不是简单地发一些报告，更重要的是，要对信息进行整合、处理、精简并及时地同步给项目各个相关方，让项目相关方都能及时地掌握和了解项目的状况，一旦项目出现问题，项目相关方能够为项目提供必要的支持和帮助。可视化包括：项目规划和目标的可视化；项目问题和风险的可视化；管理层和团队间的可视化；项目需求和任务的可视化。这几个维度可以让项目在阳光下运行，让管理层和主要相关方都对项目的运行状况有很好的了解。

### 3. 管理项目的风险

项目渐进明晰的特点，决定了项目是有风险的。作为项目经理，要立志成为扁鹊大哥式的项目经理，提前预判、发现和规避项目的风险，将风险落实到实际的计划中，让项目运行在可控范围内。对于识别风险，比较有效的办法是对目标的不断分解，清晰地了解要达成这一目标，最主要的问题在哪里，项目团队的情况、技术等是否能够支持，是否存在什么瓶颈，一旦分析得出，那就要重点落实和跟进；若风险发生了，则应采取应急措施或权变措施。此外，作为项目经理，在应对风险时，要是一个积极的悲观主义者，切忌只报喜不报忧，盲目乐观，觉得项目运转很顺利，没有什么问题。相反，在管理风险时，要时刻思考项目可能会存在的问题，会影响目标实现和达成的问题。

### 4. 产品能力

项目经理具备一定的产品能力，也是核心价值的体现之一。项目的复杂性，对项目经理的要求越来越高，在引导和辅助项目团队实现项目目标时，加强学习和提升产品能力，可以更好地去界定需求的范围和优先级，也可以更好地去理解产品的目标，分解目标，进而对研发过程中的目标把控更加清楚，更有助于推动项目目标的实现。项目经理具备一定的产品能力，不仅可以帮助更好地完善产品，同时也可以在团队中建立良好的影响力，进而可以更好地推动项目。

### 5. 实现项目的收益

项目经理在推进项目中所做的一切，都是为了实现项目的收益。这是项目经理价值最重要的体现。实现项目的收益包括两个维度，一是多快好省地实现项目目标，达成产品数据；二是整个过程让相关方满意。其中目标的达成是通过过程中的分析，在过程中采取措施，进行有效的管控，来保证最后收益能够按照预期实现。比如，当接手一个项目时，可能一开始范围和目标很明确，但可能这个目标很大，需要花大量的时间去分解，去细化；或者一开始没有很明确的目标，目标比较笼统，随着项目时间的推移，要不断地去明晰项目的目标。这个时候，作为项目经理，必须要花大量的时间去分析和分解项目的目标，让目标真正落地，让目标成为项目的导向。过程让相关方满意，最主要在于管理好相关方的预期。在项目立项之初，作为项目经理，就需要花大量的时间去了解清楚你的老板或者发起人，以及其他主要相关方对项目的期望，并在项目推进的过程中，客观、实事求是地管理好相关方的预期，最终在项目目标达成的同时，也获得良好的相关方满意度。

## 项目经理需要具备产品能力

上一章节，谈到了项目经理的核心价值体现之一——需具备一定的产品能力。因为具备一定的产品能力，对于项目的管控来说，会更加有利。因此本小节再来详细谈一下项目经理应该具备哪些产品能力。

互联网产品，包括游戏在内，是属于市场驱动型的产品，无论是在腾讯，还是其他互联网公司，都处在竞争激烈、变化快速的大环境中。当下"人人都是产品经理"，在以产品为导向的项目研发过程中，我们可以很明显地感觉到，每位团队成员都深度参与其中，因此，对每位成员都有某些产品能力的要求。作为项目经理，是项目团队中的重要角色，更需要具备相应的产品能力。那么应具备哪些主要能力项呢？

### 1. 需求的理解能力和分析能力

需求的理解和分析能力，我认为这是一名合格项目经理所必须具备的最基本的产品能力。产品研发源于需求，项目经理对需求有良好的理解力和分析能力，才可以更好地在产品、开发、测试之间承担起沟通理解和协作的桥梁。我们在前面章节也谈到过，项目经理在接手项目之后，需要对目标进行分解，需要对需求进行优先级的判断，需要对需求的安排做到最优，这些都需要具备良好的理解力和分析能力。

### 2. 产品意识

产品意识，我认为应该包括两个方面。一是产品体验。项目经理要多体验产品，成为该产品的重度用户。当深度体验，成为该产品的重度用户后，才可以更好地去判断什么是好的，什么是不好的。对于游戏来说，体验得越深入，就越能发现其中的问题，就可以更清楚怎么去做好它。而且，当深入体验产品后，作为项目经理和产品（策划）、制作人在沟通交流时，也可以有自己的想法和见解。这不仅是培养产品意识，也是提升影响力的好机会。二是竞品分析。项目经理通过对竞品的分析，可以对自己的产品体验起到很好的对比效果。通过体验竞品，发现竞品的优点，从而逐步改良自己的产品，而且要通过对竞品的分析，来定位我们自己的产品的优势所在。

### 3. 运营数据分析能力

运营数据分析能力，通常是在产品开始内测的时候。游戏项目一般在正式公测之前，会有很多次内测的机会，那么通过对内测数据的分析，可以比较好地指导每个版本数据的提升。运营数据分析主要包括次留、三留和七留，以及登录比和二阶登录比。如图 7-3~图 7-5 所示，是某个项目当时的数据分析图。对于数据有提升的，要分析是因为做了什么功能和需求，使得数据提升；数据下降，则要分析为什么会下降，受到什么影响，下一个版本又有针对性地要做哪些需求，以便可以更好地提升数据。

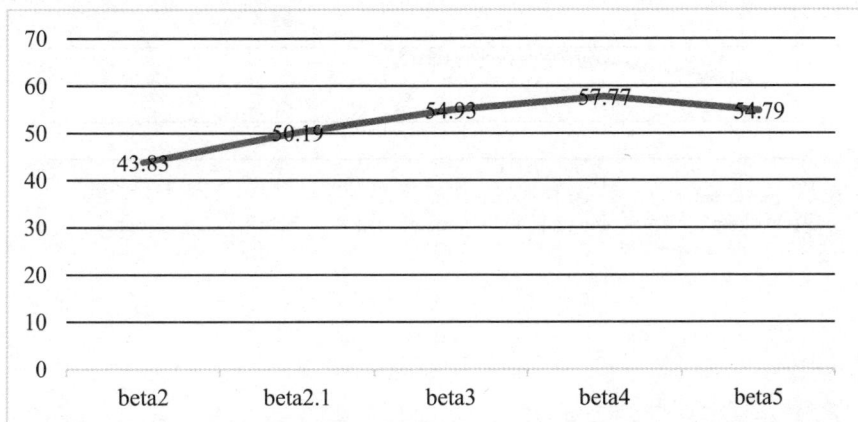

图 7-3　留存

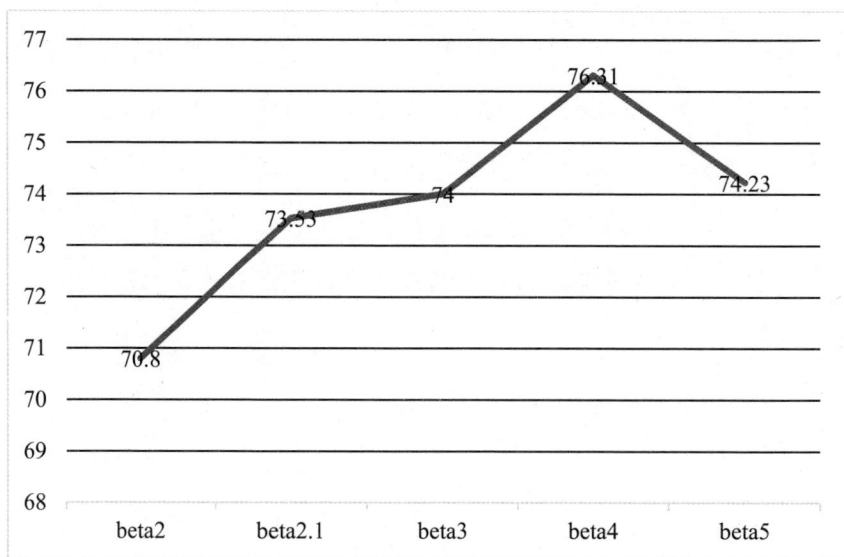

图 7-4 登录比

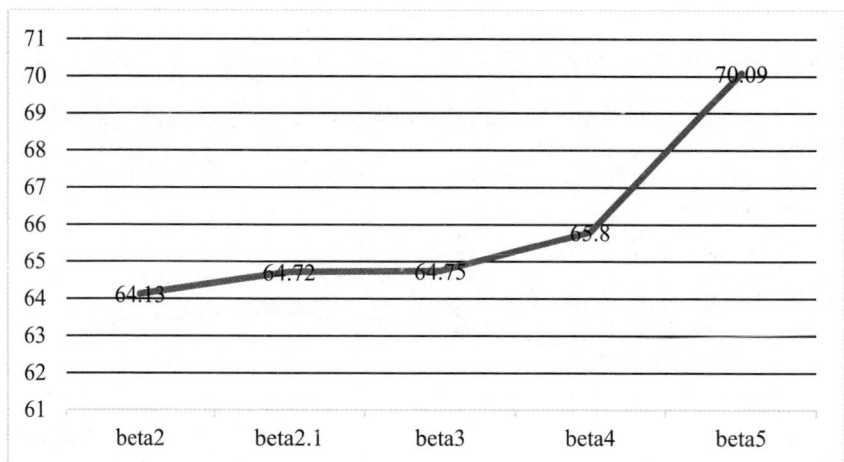

图 7-5 二阶登录比

结论：

（1）每更新一个版本，次留、登录比、二阶登录比都有相应的提升，也验证了我们每个版本有针对性地明确需求范围和方向的正确性。

（2）beta5 版本 9 月 26 日发布之后，受国庆、中秋放假影响，次留和登录比略有下降。

### 4．用户思维

用户思维，我认为是一名优秀的项目经理所需具备的产品能力之一。我们身处互联网时代，互联网的特点是开放、透明、共享，消除了信息不对称，使得消费者掌握了更多的产品、价格、品牌方面的信息。在互联网九大思维中，用户思维是核心。用户思维是指在价值链各个环节中都要"以用户为中心"考虑问题。换句话说，我们始终要以玩家为中心来做游戏，这点是非常符合我们在做游戏时所必须具备的思维。用户思维有以下三大法则。

（1）清楚地定义我们的核心玩法所针的目标用户是哪些。只有抓住了用户，我们才有市场。在核心玩法论证的过程中，无论是制作人、主程、主策、主美，还是具体执行的核心骨干和项目团队成员，都要不断地转换角色，让自己变成玩家，变成用户，以用户/玩家为中心来考虑问题。我们要反反复复地问自己，我们的目标用户是哪些？"80 后""90 后"一代，已然越来越追求个性，而现在"00 后""10 后"，也逐渐成为这个市场的主体，他们所关心的，所感兴趣的是什么。我们似乎不像了解"70""80 后"那么了解这个年龄段的用户。如果说我们定义了某个层面的核心用户，那么依据是什么？是否有相关的数据，或者是理论上的数据作为支撑？要定义目标用户群，不能只凭空想象。

（2）定义的这些目标用户，他们所需要的是什么？单纯的功能需求，或许现在已经满足不了现在市场上的玩家了，更重要的是情感诉求。结合我们游戏的核心玩法，试着去洞察他们到底想要什么，做到感同身受。如今的游戏世界，主要是由新一代的年轻群体构成，他们的自我意识强烈，好恶感明显，他们希望自己的声音被人听到，他们注重参与的感觉，他们更希望一切更加简单而又有乐趣。

（3）怎样满足目标用户需求？互联网大背景下，以快制胜是互联网迭代思维的一种体验。通过快速迭代，可以使得产品更早地出现在用户跟前，收集到用户的反馈，也使得用户需求痛点不断被刺激到，从而实现用户更高的忠诚度。对于用户体验，是一种纯主观的感受，是在用户接触产品或服务的整个过程中形成的综合体验。在具体游戏项目中，我们首先要做到的是让自己满意，但不局限于自己满意，更要充分地站在玩家的视角来体验，会有哪些痛点，会有什么不顺，会遇到什么卡点，在解决这些问题时，要贯彻用户体验至上的思路。

作为项目经理，要具备良好的用户思维，其实并不是一件容易的事，更不是一朝一夕的事情，这需要在工作中一点一滴地积累。就我个人经历而言，我觉得可以从两个方面入手来培养自己的用户思维。

（1）从过往做的游戏中来培养和训练这方面的思维。在过去的5年时间里，我参与过很多游戏项目的预研，这些预研的项目，都没有正式立项。在我总结这些预研项目为什么失败时，有一个共同的特点，就是核心玩法，要么核心玩法水土不服，要么核心玩法不明晰，要么是纯创新型项目，要么IP的问题。通过分析核心玩法为什么失败，借助用户思维的三大法则，有针对性地分析其中原因。同样，对于成功的项目，也可以如法炮制，深入了解为什么成功，是因为目标定位清楚，还是体验做得好，还是二者兼而有之。

（2）基于游戏的四大特征。玩过游戏的应该都有体会过这四大特征。一是目标，指的是玩家努力达成的具体结果。它吸引了玩家的注意力，不断调整他们的参与度，目标是为玩家提供目的性。二是规则，为玩家如何实现目标做出限制。它消除或限制了达成目标最明显的方式，推动玩家去探索此前未知的可能空间。规则可以释放玩家的创造力，培养玩家的策略性思维。三是反馈系统，告诉玩家距离实现目标还有多远。它通过点数、级别、得分、进度条等形式来反映。反馈系统最基本也最简单的形式，就是让玩家认识到一个客观结果："等……的时候，游戏就结束了。"对玩家而言，实时反馈是一种承诺：目标绝对是可以达到的，它给了人们继续玩下去的动力。四是自愿参与，要求所有玩游戏的人都了解并愿意接受目标、规则和反馈。了解是建立多人游戏的共同基础。任意参与和离去的自由，则是为了保证玩家把游戏中蓄意设计的高压挑战规则视为安全且愉快的活动。在体验游戏的时候，我们可以从玩家的角度来洞察，游戏是否满足这4个特征，最终的本质还是回归到用户思维的三大法则。

综上，一名优秀的项目经理，必须具备需求的理解能力和分析能力、产品意识、运营数据分析能力、用户思维等良好的产品能力。

# 第八章

# 项目管理中的闭环思维

# 什么是闭环思维

在互联网界，大家经常笑称若是把产品比作一个小孩，那产品经理就是他妈，项目经理就是他的班主任。妈没办法换，可老师带完这一批还有下一批，这就注定了项目经理永远只能奔跑在项目未结束或正开始的途中。

一个项目从开始到完成，要确认的事项成百上千，项目经理都可谓是职场上的武林高手，既要应付得了老板，也要手刃得了开发；既得衔接好产品，还得关注设计。处理过程中，稍有不慎，项目可能就会整体延期，而锅就一口，你不背谁背……

面对项目管理过程中的百般困难，作为项目经理的我，一路摸爬滚打，一路不断地学习、总结、提炼，形成了一个有效的项目管理思维——闭环思维。

我们先看看闭环的定义，百度百科将闭环定义为反馈控制系统，我认为其中有个特别重要的词——**反馈**。回到我们实际的工作场景中，不论是主动推送的一件事，还是简单的一个询问，抑或是微信里的一条信息，都会希望对方给予一个反馈，而这就是最简单的闭环了。那什么是闭环思维？闭环思维强调的是如果别人发起了一件事，不管你做得如何，最后都要知会到这个发起者。其核心是"凡事有交代，件件有着落，事事有回音"。虽然是简简单单的 15 个字，但所蕴含的是一个人做事的优良品质。

我们在项目管理过程中，对此是不是深有感触？当你交代给团队成员某一件事的时候，总有一些成员会及时地反馈给你一些信息，比如进度状况，或存在的问题，或可能存在的风险，从而让你更及时地掌握和了解到项目的情况，并提前做好应对计划，避免遇到的问题和可能的风险对项目目标造成影响。但同样，也会有少部分成员，闷头做事情，或者干脆遇到任何问题都不及时反馈，需要你一而再再而三地催问，甚至于问了也不说，结果到要交付的时候告诉你有问题，这样对目标达成是会造成很大影响的。

作为项目经理，我们都会期望每个团队成员能够具备良好的闭环思维，都能够做到"凡事有交代，件件有着落，事事有回音"，这样团队成员每个人、团队每个角色之间就都可以形成更好的自驱力了。

## 项目管理中向下管理的闭环

### 1. 理想中的向下管理闭环

在实际项目管理过程中，我们的团队组成是包含多个角色的，在快节奏的项目推进过程中，对团队彼此间的协作能力要求会更高、更快、更好。项目经理在带领团队实现项目目标的过程中，一个人的精力有限，因此，会寄希望于不同的角色都能具备良好的闭环思维，从而构成理想的闭环模型，以此来更好地为项目服务。那么我们针对产品/策划、开发、美术、测试这几个不同的角色，来看一下理想的闭环应该是怎么样的。

（1）产品/策划侧：一个需求的提出，不管是美术还是开发落实，都需要形成这个闭环。即项目经理有没有落实下去？落实的人是谁？什么时候做？什么时候做完？什么时候可以验收？验收完，转给测试验证，测试验证完，策划确认需求最终实现，这是一个完整的闭环。完整闭环里面，包含了一个大闭环和一个小闭环：小闭环即策划/产品提完需求后，要确认项目经理是否有落实下去，策划/产品确认了；大闭环即什么时候做？什么时候做完？什么时候验收？然后到验收完。如图 8-1 所示是产品理想闭环模型。

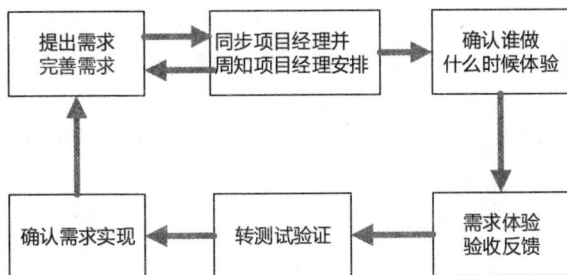

图 8-1 产品理想闭环模型

产品/策划闭环模型,不仅仅是需求从开发到实现的流程,更反映的是一位产品/策划对自己所提需求的重视程度,以及在需求的整个周期中,需求的负责人有没有形成足够的闭环意识,是否清楚需求在每个阶段需要重点关注什么,是否清楚上下游应该怎么更好地衔接彼此的工作。

(2)开发侧:当开发人员接到一个需求任务,从需求的评审开始,到方案设计、编码、联调、自测、转验收、bug 解决、需求完善、周知美术或者策划验收,才算一个完整的闭环。如图 8-2 所示是开发理想闭环模型。

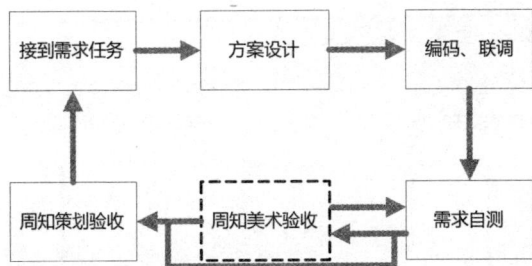

图 8-2 开发理想闭环模型

在开发的闭环模型中,不仅仅是闷头地编码和设计,更要主动地反馈需求的完成情况,需求实现过程中是否存在理解的问题,进度是否可以掌控,对关键里程碑目标是否有影响,以及如何将可能的压力释放和传递出去。

(3)美术侧:设计师接到需求,制作完成,周知到下一个环节的负责人,然后在版本里面验收完效果,才算一个完整的闭环。如图 8-3 所示

273

是美术理想闭环模型。

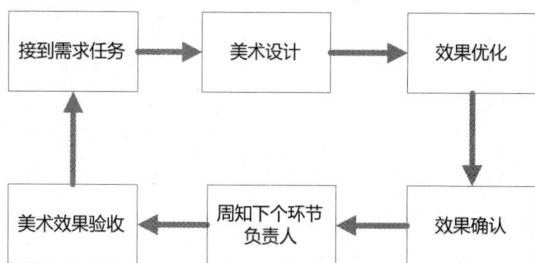

图 8-3　美术理想闭环模型

美术闭环模型，对于美术设计师来说，不是只完成自己的设计，要及时地关注到资源的输出时间，具体负责验收该资源的策划负责，负责整合该资源的开发负责人；要及时关注到系统实现后，主动验收美术的效果部分。

（4）测试侧：从需求评审开始，用例设计，版本的测试，bug 的回归，版本质量风险的评估、总结，最后到项目报告的反馈，形成完整的闭环。如图 8-4 所示是测试理想闭环模型。

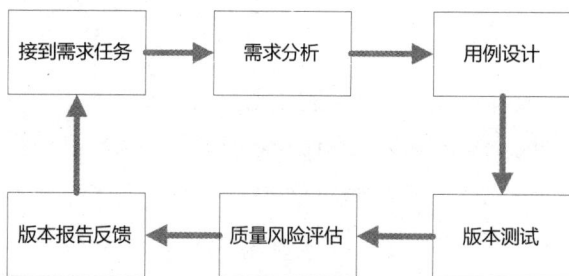

图 8-4　测试理想闭环模型

测试闭环模型，要求测试人员从需求分析开始，就要和产品/策划有充分的沟通，充分掌握需求设计的目的和背景；在用例设计阶段，着重关注系统设计框架，和开发侧沟通了解系统设计的架构，驱动开发，提前规避可能的问题；在测试阶段，做必要的风险评估，及时反馈项目组，做好质量风险管理。

综上，假设项目经理在推进项目的过程中，每个角色都能够彼此具备良好的闭环思维，各个角色具备良好的自驱力，使得每个角色在具体执行过程中都构成良好的闭环模型，那也就相当于各个角色都能够彼此地转动起来，从而形成整个团队的自运转。这是每个项目经理所期望的，因为当团队自运转的时候，可以高度释放项目经理的精力，从而使得项目经理有足够的精力关注项目中的重难点，来更好地进行风险管理、相关方管理和团队管理。

### 2. 为什么要构建向下管理的闭环

理想毕竟是理想，项目团队成员并不会天然地形成自驱力。我们先看看具体工作中可能遇到的情景。

场景 1：开发侧的前后台联调，大家一开始各自做自己的事情，然后到联调的时候，总会希望别人来主动发起，或者说是自己的部分写完了，然后继续做其他事情了。

场景 2：项目经理安排好了一个需求评审会，评审完了，对应需求或者模块人员也落实了，却要一再催促，才能给出 WBS 和工作量评估；在项目推进的过程中，时常会要求按时反馈进度，但对方却总是延迟，更甚者直接就忘记了。

场景 3：提交了一个美术需求，安排了具体的负责人，也明确了设计时间，但到时间节点的时候，还是需要去问美术项目经理或者当事人，是不是已经完成了。

场景 4：需求在实现过程中，好像还挺顺利的，但一到验收环节，就问题频出。

场景 5：版本开始测试了，但每天并不知道测试的具体进度，也不知道是否有什么问题。

诸如以上的场景，在项目管理过程中，大家是否都或多或少地经历过？这些场景概括起来说，都可以归类为"没有形成较好的闭环和比较好的反馈"。如果我们将以上场景，按角色来划分，那么就会是这样的情况：

产品/策划：产品负责人在提完需求后，就没有然后了，基本上不关注需求实现的过程，更不专注于需求实现后的验收。如图 8-5~图 8-8 模型中加灰底的部分，是最容易被忽略的。如图 8-5 所示是产品实际闭环模型。

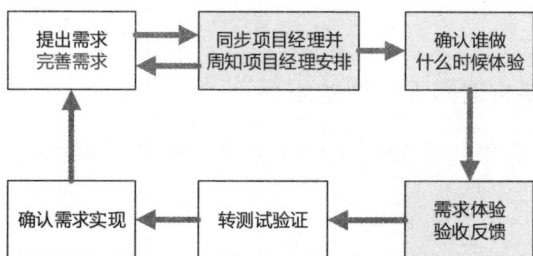

图 8-5　产品实际闭环模型

开发侧：不少开发人员，在接到需求之后，只专注于自己的编码，没有经过仔细认真的自测，更没有及时同步到相关人验收。造成的影响就是，需求实现后，就在那里了，或者有需要美术验收效果的，没有及时验收，结果到出了版本之后再验收时，发现一堆效果的问题。如图 8-6 所示是开发实际闭环模型。

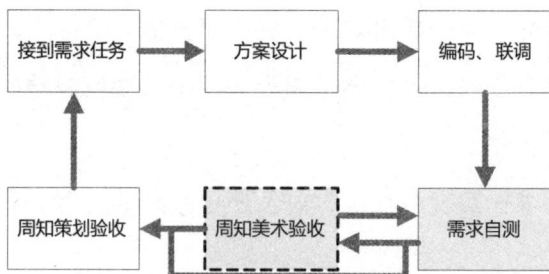

图 8-6　开发实际闭环模型

美术侧：这点在以往的一些项目中，是很弱的一个环节，经常会在验收版本的时候才发现，版本里面的美术效果和设计的效果差别很大，很明显就是验收的环节，没有把美术纳入验收的闭环里面来。如图 8-7 所示是美术实际闭环模型。

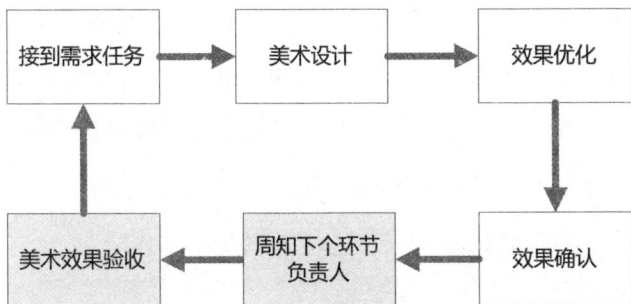

图 8-7　美术实际闭环模型

测试侧：实际测试的过程中，因为周期往往比较长，或多或少会缺少中间测试环节或测试进度的反馈，也会缺少版本质量风险的评估。测试是非常重要的一个角色，但往往又是非常被动的一个角色。如图 8-8 所示是测试实际闭环模型。

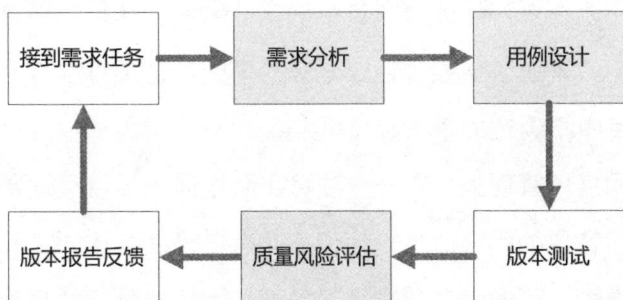

图 8-8　测试实际闭环模型

综合不同的角色，有不同程度的问题，假设一个团队中，每个团队成员都具备良好的自驱力，那么这些问题根本就不是问题。但在实际做项目的过程中，或者是在平时的工作中，很多信息的获取，或者信息的同步，都会相对被动。不同角色多或少都会出现某个环节的遗漏，或者反馈不到位的地方，而这些情况累计起来，对项目的推进，就会造成很大的影响。

项目经理每天有近80%的时间都在沟通。对于项目中的很多事情，**我们坚持"相信团队，但必须核实"的原则。**检查项目具体事项，小团队可能还好，晨会或者发发邮件聊聊天，就都了解清楚了；一旦团队规模大起来，在成员很多的情况下，什么事情都要——去核实的话，那会累到不行，而且一天下来，基本上没什么收获。核实的时间耗掉太多，基本上也就没留下什么时间去思考和解决项目中可能存在的问题；没有时间去汇总、整合项目的有效信息同步给主要相关方，这样势必会导致一个恶性循环。

因此，作为项目经理，在向下管理时，应该让各个角色理想的闭环模型都形成真正的闭环，形成良性的闭环，这才是我们要重点考虑的。构建良好的闭环，主要有两个方面的好处，这两个方面，也是要构建向下管理的闭环的原因。

其一，直接管理确定的事。良好的闭环，是培养团队自驱力，让团队形成自运转，以便更好地处理项目中确定的事情，这样，项目经理可以释放大量的精力，来设法管控项目中未知的事情，也即可以将更多的精力花费在管控项目中不确定的事情。

其二，间接地管理人。在一个项目团队里面，项目经理要面对的是不同性格、不同特质的团队成员，他们彼此有自己的工作方式和习惯，就以上这些闭环模型，可能大多数时候，并不是团队成员间的有意为之，而是会沉浸在自己的工作状态和角色里面，或有些团队成员的性格本身就是会偏内向，会无意间忽略上下游环节的合作和沟通。构建一个良性且循环的闭环就可以间接地通过流程、规则、工具等手段来从另外一个层面解决人的问题。

### 3．如何构建良好的向下管理闭环

那么在项目管理的过程中，如何更好地让各个环节都形成有效且良性的闭环呢？

（1）规范流程。流程是为效率服务的，通过规范项目开发流程，把大大小小的闭环串联起来，形成项目的大闭环，这样可以让团队成员清楚地知道，每个团队在某个阶段需要做什么事情。要让团队成员逐步形成，或者说是培养团队成员逐步养成一个习惯，在当前的阶段做好当前的事情。

（2）建立规则。光有流程还不够，因为流程并不具备很好的约束力。因此，建立规则的目的很简单，就是希望在有限的时间内，获得有效的反馈，让团队互相形成一种约束力。比如流程走到需求评审完，该输出 WBS 任务分解和具体的工作量时，提醒过一次没有按时输出，可以豁免，后面还没有按约定时间输出时，那就有相应的惩罚措施了；比如美术设计完成时间的确定，以及完成时，及时周知到下个环节的负责人，提醒过一次两次之后，还是没有按时完成，那同样也有相应的惩罚措施；比如策划没有按时体验和验收需求或版本的，也同样有惩罚措施；比如约定项目过程中遇到什么问题，或者发现不能按预期时间完成需求时，必须第一时间反馈出来；等等。各团队间可以根据具体的情况，建立适合的规则。建立基本的有效反馈的机制，更深层次的目的是释放项目经理，不用事无巨细地去问，以此形成积极主动的有效的反馈机制。同时，建立规则也是解决部分团队成员主动性弱的问题。

（3）用好工具。工具可以帮助我们在管理的过程中，尽可能地自动化。项目经理要尽可能地让能够自动化的都自动化，让各个环节的闭环在工具中生根发芽，潜移默化，形成有效的自运转，这样才可以进一步地释放自己的精力。腾讯自研的 TAPD 则是非常强大的工具，我们可以设定需求管理流程、缺陷管理流程，这些可以帮助我们将需求的流转、缺陷的流转全部自动化，起到事半功倍的效果；可以让项目的整个过程和信息更加透明化；可以让团队成员彼此都清楚地知道上下游环节的负责人；还可以起到互相监督的效用。工具自动化，还有另外的优势在于，不用什么事情都去问一遍，也可以最大限度地减少沟通成本。比如，我们在明确美术设计完成时，要在 TAPD 需求单的评论里面，备注好资源输出的路径（svn 地址），然后转给具体负责的开发人员，同时，还在群里面@对应的负责人。这样等到开发负责人要用这个资源的时候，就不用再来问美术负责设计的人员了。如果开发人员和美术人员一对一，那去问一遍倒还好，但实际在项目进程中，往往一个设计师对接多个开发人员，而且在当前快节奏的情况下，都是多个系统并行走的，也对效率有更高的要求。试想，如果开发过程中，要反复地去沟通美术资源在哪里，设计师恐怕大部分时间要去应对问答了，而且开发人员时常找不到所需要的资源，也会严重影响开发进度。

（4）积极主动。流程、规则、工具，如果说是客观上的可以形成有效的闭环和反馈，那么**积极主动，就是主观上形成闭环的催化剂**。在腾讯，我们很多时候都是多线程的工作状态，可能会同时处理很多任务，这也涉及多任务的管理。因此，需要更积极、更主动地反馈，让下个环节的负责人清楚地知道当前的情况，以便提前做好预判。

## 项目管理中向上管理的闭环

### 1. 理想中的向上管理闭环

除了向下管理要构建良好的闭环，对于向上管理，也是非常重要的。这里我要谈的向上管理，不仅仅是项目经理和领导之间的沟通管理，还包括团队成员向上（各自的 leader）汇报。我们大部分人都有一种心理，当领导交代一件事之后，我努力去做，并且努力做好就可以了，要经常汇报做什么。按照这个思路，我们可以想一下实际工作中遇到的场景，比如你有某件事，需要找同事一起协作处理，但同事刚好不在，你通过沟通工具，给他留言，让他回来之后及时告诉你，因为这件事比较重要，但该同事却迟迟没有反馈给你。那么在此种情况下，你会不会存在某种焦虑感？

在日常的工作中，我们或多或少都会有这样的经历，咨询个事，发个消息什么的，半天没有回复的。再来换位思考，当领导交代了某件事情给下属去做，这个下属就杳无音信了，最多在做完的时候，告诉领导一声。试想，这种状况下，领导是不是也会很焦虑？而且当领导管理的成员越来越多的时候，这种焦虑就会加重。究其原因，在于下属的工作对于领导来说是不透明的。所以，理想的情况下，我们向上汇报的模型应该是这样的：

当领导交代事情之后，我们接到任务，并不是一开始就马上去执行，而是先明确好是什么任务，自己所理解的任务和老板传达的是否是一致的；确认好任务之后，制订方案，评估可能的时间；和领导沟通汇报执行方案，一般制订两套方案，让领导做选择题，老板确定之后，开始落地执行；如果是时间跨度比较长的任务，那么必须要不定期地进行阶段性的反馈；当任务最终完成后，及时向领导汇报，并获取领导的意见。如图 8-9 所示是向上管理的理想闭环模型。

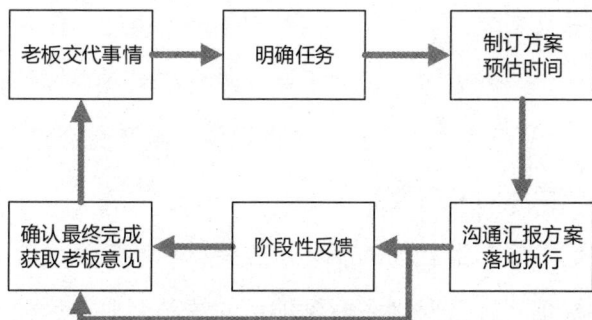

图 8-9　向上管理理想闭环模型

同样，在项目管理过程中，项目经理从项目启动之初到项目最终上线，整个过程中各项关键的事项，比如明确项目背景和项目目标、制订项目计划、沟通汇报项目可能存在的风险和应对措施、定期或不定期的项目核心管理会等，更应该多和领导沟通、汇报，让领导及时地掌握项目的情况，以便最大限度地争取到资源和支持。

### 2. 为什么要构建向上管理的闭环

但往往并不是如理想模型所期望的那样，领导依旧会有焦虑，不清楚成员在做什么，不清楚项目的进展。比如下面的这些场景，我们似曾相识：

场景 1：老板交代了一件事，比如写总结或分析报告，自己写完了，也发给了老板，但他可能得过好些天才想起来，而且有些领导还会问，你报告或者 PPT 输出了没有？

场景 2：一件老板比较关心的事情，安排自己去处理，事情比较复杂或者比较费时，短时间内给不了结论或者反馈，恰是这种情况，老板因为关心，又来催问，想了解事情的进展。

场景 3：领导经常问项目经理，项目进度怎么样？怎么项目出现延期，项目遇到重大问题，我都不知道，作为项目经理，你在做些什么？

可能还有很多类似的场景，回到理想的闭环模型上，如图 8-10 中加底色的部分是容易被忽略的。大部分的时候，是因为接到领导的任务之后，我们不管三七二十一就去做了，且不要说最终结果是不好的，即便结果最终是好的，领导以后可能也不太放心把更重要的事情交给你去做。如图 8-10 所示是向上管理实际闭环模型。

所以，我们构建向上管理的闭环，主要目的就是让领导及时地掌握我们的工作状态和情况，及时地了解到项目的情况，对项目的信息及时且有足够的掌握。

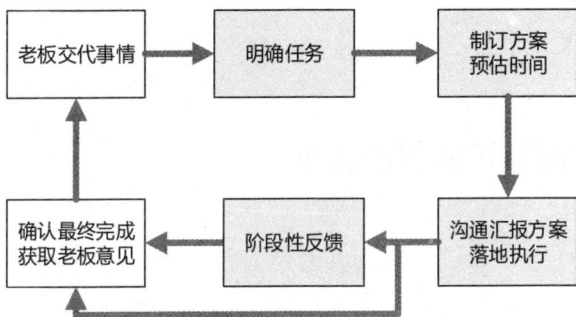

图 8-10　向上管理实际闭环模型

### 3．如何构建向上管理的闭环

在项目管理过程中，以及我们日常的工作汇报中，如何构建向上管理的闭环呢？

（1）管理预期。在明确任务，或明确项目目标的时候，就要开始管理领导的预期。管理领导的预期并不是对领导布置的任务讨价还价，而是在于让领导基于客观事实了解任务本身的情况，比如时间，比如负责度，比如牵涉多方的沟通。在汇报方案的时候，客观、专业地评估可能的风险，让领导也做到心中有数。当我们管理好了领导的预期，我们更加努力地去完成领导交代的事情，并且尽最大努力去做好时，会获得更好的满意度。

（2）可视化。可视化在前面章节有详细介绍，在向上管理的闭环模型里面，可视化也是非常重要。无论是个人工作情况，还是项目进展，将信息有机地处理和整合，汇报给领导，让领导对这些信息完全掌握，减少领导的焦虑感，从而获得更多的肯定和支持。

（3）勤汇报。勤汇报是需要我们更加地积极主动地去汇报。比如领导交办的事情，尤其是一些需要很长时间周期才能完成的工作，中间过程或者中间结论，都要及时主动地向领导汇报，占据主动权，避免领导来问。勤汇报的同时，不只是汇报结果，更可以和领导保持积极主动的沟通，建立良好的信任关系。

## 构建良好闭环可取得的效果

作为项目经理，通过一系列的方式方法，通过构建闭环，培养团队成员的闭环思维，在若干的实践过程中，也取得了很多良好的效果。

### 1. 团队成员自主性更强

敏捷项目管理有提到一个概念，即自组织。当我们贯彻落实闭环思维时，团队成员彼此形成了良好的自驱力，各自不再仅仅关注自己的本职工作，会更倾向于在工作之余做好上下游各项工作的衔接。

### 2. 团队形成了良好的自运转

一个真正成熟的团队在于，当没有项目经理的时候，团队间仍然能够自运转，并且高效、快速地推进项目，且团队间彼此配合非常默契，不会出现彼此抱怨、吐槽、埋怨。

### 3. 释放了项目经理的精力

当团队成员形成了良好的自驱力，形成了良好的自运转，项目经理不用再花费太多的时间事无巨细地进行管理了，从而可以花费更多的精力在产品方面，可以更好地对项目不确定性、未知领域等多方面地管理，也可以更游刃有余地处理和应对项目的变化。必要的时候，拥有更多精力的项目经理，还可以向上或向下进行必要的培训。

### 4. 领导满意度高

闭环思维的运用，对团队、个人，都是一次思维到行为的提升。项目经理打造高效的团队，在项目管理过程中，不仅目标达成，还有好的过程和好的结果，领导自然满意度很高。

闭环思维的运用，本质是为了更好地提升个人的意识和积极的态度，归根结底，其终极目的还是更好地服务于项目，所以好的效果远不止这些。当我们真正去落实，去贯彻闭环思维时，会有更大的收获。

我们再来整体回顾项目管理的闭环思维，细细分析和挖掘会发现，在跟进、落实每项工作、每件事情时，我们都不仅仅是完成事情的本身，更需要心里装着与此相关的或同事或团队或整个项目的目标；在跟进、落实每项工作、每件事情时，我们不仅仅是做事情时积极主动，更需要养成"凡事有交代，件件有着落，事事有回音"；在向上汇报时，我们不只是简单地汇报我们的工作，更主要的是和领导建立良好的信任关系，获取领导的支持和认可。因此，**闭环思维强调的不仅仅是责任心、进取心，更强调的是团队间的合作、配合的成熟度，还有团队间的信任，同时，还有彼此间的契约精神。**

# 第九章

## 项目管理中的团队管理

## 项目经理的微权力

微权力是指项目经理对团队成员通常没有或仅有很小的命令职权，但又要对项目目标的成果负责，是属于有责无权的。在我们国内大部分企业里，这是项目经理当前面临的状况。如果从《PMBOK®指南》对项目经理的定义来说，有责无权的这种现象本身是不合理的，对项目经理也是不公平的，但是在我们国内大多数企业里普遍存在，这只能说明这件事本身是实际存在的。这或许就是所谓的存在即合理。

当然，项目经理的微权力或有责无权，主要还是和企业的组织架构有关系。如图 9-1 所示，是腾讯游戏部门各自研工作室的简易组织架构，项目经理是处在弱矩阵组织架构中。

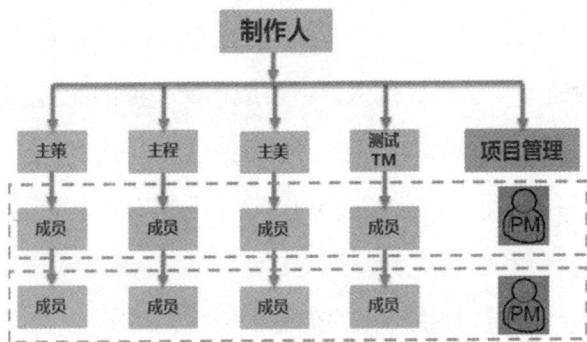

图 9-1　弱矩阵组织架构

以腾讯游戏光子工作室群来说，工作室群由多个工作室组成，比如大家所熟悉的《和平精英》游戏，是来自 S 工作室；欢乐斗地主和欢乐麻将，是来自欢乐游戏工作室。各工作室是制作人责任制，制作人上面还有 GM（部门总经理或公司副总裁）；制作人下面就是各个职能经理团队，包括主策、主程、主美和项目经理。TM 属于技术中心（另一个类工作室的资源支持部门）的组织架构。每一个项目的立项，项目团队的组成，都是从各个职能团队下抽调人力，不过因为大部分时候都是"大兵团作战"，且是制作人牵头，或制作人授权牵头，因此，基本上都是全职人力投入项目中。相比较一些企业做项目，其人员投入是兼职的情况，还是有一定的优越性。在这种弱矩阵的组织架构中，项目经理名义上是和各职能经理同级别的，但实际对组成的项目团队成员没有实际的考核权，即没有正式职权（正式权力是指上级对下级的指挥、命令和控制权力，来自管理者的职位，也被称为职位权力或合法权力）。

那么在微权力的大环境下，作为项目经理，要把项目做成，有哪些权力可用呢？三大主要的权力——专家权力、参照权力和项目权力可用。

**专家权力**是指作为技术或管理专家的权力，如前面第七章谈到的项目经理的专业技能（技术能力、业务能力、项目计划能力、项目跟踪和控制能力、风险识别与管控能力、敏捷项目管理能力、团队管理能力、沟通能力）。专家权力是每个项目经理保证项目成功最关键的能力。比如我们经常会提到的制订计划，在具体项目中，项目经理可以通过自己的专业技能来制订良好的项目计划，并将分解的 WBS 落实到具体的团队成员，然后通过计划来推进、执行和监控项目，并及时地将进度执行计划反馈给管理层。若有不按计划执行或计划执行出现偏差的情况，管理层、团队成员都一目了然，这就是项目经理很好地运用了专家权力来推动项目。再比如良好的沟通能力、敏捷项目管理能力、风险识别与管控能力等，都可以帮助项目经理来管理好项目。而且，作为项目经理，在微权力的情况下，要在实践的过程中，逐渐形成自己对项目管理的套路，帮助我们在微权力或有责无权的大环境下把项目做成功。这样的话，会更容易获得领导和管理层的认可和青睐，进一步获得更多的授权。

**参照权力**是指由于个人魅力和沟通能力，他人愿意以你为榜样的权力，参照权力也称为影响力。影响力有助于项目经理及时解决问题并获得所需资源。主要包括：说服他人；清晰地表达观点和立场；积极且有效地倾听；了解并综合考虑各种观点；收集相关信息，在维护相互信任的关系下，解决问题并达成一致意见。对于每个从菜鸟到高级/资深项目经理的人，其影响力都是一个逐渐形成的过程，是在一次次成功的管理行为中逐渐形成的。比如项目计划中的某个里程碑，因为项目经理的坚持和以身作则，推动和带领团队顺利达成，那么团队自然而然就会信服项目经理制订计划的能力；再比如，项目经理通过一系列的项目管理方式方法，多快好省地带领项目达成项目每个里程碑目标，完成项目的上线目标，最终达成项目的业务（产品数据）目标，项目团队成员从中也收获了自己的目标，主要相关方（老板及管理层）也都很满意，那么团队成员会觉得跟着这个项目经理有前（钱）途，而管理层也会更加认可该项目经理，也会更加地信任项目经理。

**项目权力**是指项目经理有权对项目工作发出指示、通知和要求。项目权力与正式权力有些类似，都是来自项目经理的职位，但又有区别。正式权力是上级对下级的权力，而项目权力通常指管理层或 PMO 授权的权力，和项目经理没有上下级的关系，也包括第三方的合作团队，项目经理可以要求他们做某项工作。比如游戏项目团队，第三方合作的有运维团队、测试团队、平台资源团队，作为项目经理，可以在一定权限范围内，要求他们做相应的工作，以更好地达成项目目标而完成各项工作。

除了专家权力、参照权力和项目权力外，作为一名高级项目经理或成熟的项目经理，还有一种正式权力是可以主动去争取的，即考核建议权。因为微权力，项目经理没有正式权力，也就是说对团队成员没有考核权，但可以在做项目的过程中，不断培养自身的影响力，包括在平时的项目推进过程中，及时地反馈项目团队成员得的比较好的方面（有实际参考的事件作为依据）；在每个考核季的时候，给团队成员写评语，主动反馈给各职能经理，以供参考。

作为一名优秀的项目经理，在正式权力不足的情况下，就需要专家权力和参照权力来补充。项目经理也应该努力培养自己的专家权力和参照权力，而尽量淡化对正式权力的追求和依赖。因为只有专家权力和参照权力，才是真正属于自己的，才是伴随终身的权力。

## 不同角色的不同管理方式

无论是游戏项目，还是互联网其他产品，都已经是多团队的协同作战了。对于游戏项目来说，我们团队内部主要的角色包括策划、开发、美术和测试。其中策划、开发和美术是属于一个工作室的架构下的成员，测试是属于第三方支持的团队。在整个游戏项目的研发过程中，项目经理和这4个角色的沟通、合作是最频繁，也是最紧密的。项目经理要能够很好地组织和协调各个角色为项目服务，要平衡好各个角色之间的利益，那必然需要以不同的管理方式来进行管理。如图 9-2 所示，分别是对各个不同角色的不同管理方式。

| 策划 | 开发 | 美术 | 测试 |
|---|---|---|---|
| 敢于挑战 | 目标导向 | 时间要求 | 详细规划 |
| 反复确认 | 问题驱动 | 认可采纳 | 支持认同 |

图 9-2　不同角色的不同管理方式

### 1. 对待策划团队的管理方式

（1）敢于挑战。游戏项目的需求，是出自策划团队的，是需求产出的源头。在过去几年带项目的过程中会发现，不同的策划人员所提交的需求质量都是不一样的。我们也会发现，需求的管理是一大难点，也是开发、美术和测试经常吐槽和抱怨最多的。作为项目经理，除了在初始建立必要的需求提交规范这一基本的规则，在实际项目推进的过程中，更要敢于去挑战策划团队产出的需求。这里其实对项目经理的能力要求是非常高的，也是我一直所提倡的，项目经理不仅需要具备良好的专业技能，更需要有产品意识，需要具备用户思维。这点和最新的《PMBOK®指南》所提倡的，项目经理应更早地介入项目的筹备过程中，以便对整个项目的背景等多个方面有更深入的理解是相通的。当项目经理对项目的背景、项目的立项过程都很清楚的情况下，在实际推进项目的过程中，就可以更好地理解项目的目标。那么在对目标进行分解的时候也会有的放矢，在对具体系统需求分析和评审的时候，也可以更好地去发现、去挑战需求的全面程度和细致程度。要知道，范围出现蔓延的时候，往往是因为需求产出的时候不够全面，不够细致，以至于在开发之后，这里修改一点，那里修改一点，从而不知不觉地做了很多事情。因此，项目经理在对待策划团队需求产出的时候，要敢于去挑战他们，多问几个为什么。比如这个系统的需求为什么要这样设计？这样设计的目的是什么？需求实现后想达到的预期效果是什么？有没有可能存在其他的异常情况？等等。不同的项目，可根据不同的项目特点和需求产出情况，有针对性地提出挑战。

对策划团队提出挑战的目的，并不是去质疑他们提的需求，而是促使策划人员对需求有更深入、更全面的思考，给需求提出的策划负责人提供一些思考的方向。同时，在我带团队负责具体项目时，也会鼓励和引导开发人员、测试人员，多多挑战需求，目的其实很简单，就是让策划人员多想一想，确保需求尽可能地全面和详尽，减少后期的变更。

（2）反复确认。反复挑战的过程，也是一个反复确认的过程。任何需求的产出，都是要经过确认的。曾经也出现过一些项目的需求，没有想清楚就直接安排开发，结果可想而知，各种变更，各种延期。游戏项目的特殊性，不可避免地会出现一些需求在初始的时候是没有完全想好的，这个时候，作为项目经理，要区分好事情的轻重缓急，不要为了安排需求而安排需求，应该多和策划团队，甚至有必要可以上升到制作人的层面，多沟通，反复地确认。此外，在面对需求变更的时候，同样需要进行反复的确认，评估变更的影响，以便做出正确的决定。

因此，对待策划团队，项目经理在必要的时候可以表现得适当"强势"一些，敢于去挑战、反复地确认，让需求的产出尽可能地全面和细致，抓好项目的源头，只为更好地达成项目目标。

### 2．对待开发团队的管理方式

（1）目标导向。执行力来源于对目标充分的理解。我转岗后负责第一个手游项目，以为有了计划就有了执行力，于是每天我做得最频繁的一件事就是拿着一张计划表，挨个和项目团队成员核对计划，甚至有时候早中晚都问好几次。初始的时候，还没有特别的感觉，但持续一段时间之后，团队成员就开始各种不耐烦，各种抵触心理了，而我还傻傻地认为团队成员不配合工作，更麻烦的事情是，计划检查的时候似乎都很顺利，但当汇总核对目标的时候，各种偏差，各种延期。结果不言而喻，两头不讨好，团队成员不满意，老板更不满意。

究其原因，是没有传达清楚目标，没有以目标来驱动。对于开发成员来说，项目的需求经过 WBS 之后，其工作量是非常容易量化的，但因为本身会涉及很多方面比较细致的工作，这个时候，对开发团队的管理不能陷入技术的细节，不能太细致，应该是以目标为导向。项目经理要做的事情是，清楚地将项目每个里程碑目标，每个关键节点传达给开发执行人员，并且让具体执行层面的人员对目标有清晰的理解，比如在×××时间点，该系统要体验；×××时间，要转测试；×××时间，第一个关键里程碑要完成。至于该目标所涉及的具体工作量，让开发人员自己来权衡。可能第一天状态好，那就多完成一些，第二天状态不太好或有其他事情耽搁，完成的会相对较少。这在项目执行的过程中也是非常正常和现实的，而项目经理在监控时，定期地或不定期地核准目标即可，若发现还有很多工作量没有完成，会影响关键目标和时间节点的达成，那就需要充分了解情况，寻求相应的措施，比如催促开发人员加快进度，或加班赶进度，或调整工作量，或必要的时候和开发人员的直属上级沟通。

作为项目经理，请改变以往校准计划的模式，调整为校准目标，并在项目执行的过程中，清晰地传递好每个关键节点的目标，让开发人员对目标有充分的理解，不仅可以更好地对项目过程进行监控和管理，也可以让团队成员在达成目标时松弛有度，获得比较好的满意度。

（2）问题驱动。问题驱动也称为问题明确导向。我们在做游戏项目的时候，当开发人员完成某个系统的功能开发时，这仅仅是开发理解层面上的功能开发，事实上，离系统达到发布标准，还差着一段距离。那么我们在开始体验某个功能或系统的时候，不能一直和开发人员说，这里×××没有做完，那里×××缺失了功能，这样只是徒劳，到开发层面的理解时，还是会说功能我做完了，再安排时间给开发人员，仍然起不到完善该功能的效用。这本身也是一件很正常的事情，因为开发人员在编码的过程，是一个正向思维的过程。因此，作为项目经理，在实际项目推进过程中，就要想方设法地尽快完善各个功能模块系统。以某个功能或系统为例，策划人员开始体验，测试人员开始测试时，会对该功能的问题具体化、明确化，提出确实存在哪些问题，并将问题指向该系统负责的开发人员，一来可以有针对性地进行解决，提升效率，尽快完善该功能；二来可以避免扯皮，影响团队的合作，而且在解决过程中就问题说问题，不掺杂其他追求责任的因素（关于这一点，作为项目经理首先要定好规则目标和计划内要求完成的，以及在转验收的时候必要的自测，开发人员是必须要做到的，否则该追究责任的还是要追究责任）。

### 3. 对待美术团队的管理方式

（1）时间要求。指以时间为卡点，针对项目每个阶段所需要的美术资源，经过评估和协商明确美术资源输出的时间。美术的工作是比较宏观的，不是那么好量化，而且设计师对效果的追求是尽善尽美，永无止境。而对于每个游戏项目来说，美术是非常重要的一个角色，对资源的需求，如果一味地只关注效果，不注重输出时间，那必然会对每个里程碑目标有影响。前面章节已经谈到过因为没有尽早地确定美术风格稿，以至于后面出现各种问题。因此，在对待美术团队时，从项目开始，梳理出具体资源需求后，就要提出明确的时间节点，以时间卡点来要求资源的进度，避免影响项目的整体进度。

（2）认可采纳。美术人员在设计的时候，会有很多自己的想法，在满足需求且忠于需求的前提下，多认可和采纳美术人员的意见，提升其融入感和参与度，这点也是非常重要的。作为项目经理，不能一味地只强调时间卡点，在项目可接受范围内，既要保证资源输出效率，也要尊重美术人员的专业度。这个时候其实需要项目经理充分地调动和运用好美术的专家，比如美术的专职项目经理，美术组的组长或其他美术专家，参与到美术资源的审核中来，建立必要的审核流程和规则。

### 4. 对待测试团队的管理方式

（1）详细规划。测试团队是质量的守门员。从需求开始到后期阶段每个版本的转测试，要非常清晰和明确，这就需要项目经理进行详细的规划，避免不必要的沟通成本。我们听过不少关于这方面的抱怨，版本转测试后，内容不清楚，有完成的，有没完成的，各种混乱，其根源都是没有进行详细的规划。详细规划还包括信息的及时沟通和同步，即当需求或者初始规划的版本到正式转测试的时候，有任何调整或变化，都要及时地同步给测试团队，避免过程中出现混乱。

（2）支持认同。测试团队可能会相对弱势，而且因为不是一个组织架构下的成员，可能某些时候的存在感也相对比较弱。这个时候，要支持测试人员的相关诉求或者要求，比如流程、工具等，尤其是当测试人员需要推动问题解决时，项目经理务必要提供必要的支持，同时，在每个项目收尾阶段，要特别地认同测试人员对项目的贡献。

不同的角色，不同的管理方式，对项目经理提出了更高的要求。项目经理在对待不同角色时，要因人而异，因势利导，最终目的都是多快好省地达成项目目标。

## 合格团队成员所具备的品质

当晋级高级项目经理之后，我开始在思考一个问题，假如有机会要让我来招聘员工，或者选择团队成员，会主要从哪些方面考察呢？在腾讯游戏现有的组织架构模式下，团队成员的招聘，或项目立项后团队的组建，基本上是不用项目经理参与的，但假如某天有这样的机会，让我来选拔团队成员，又该从哪些维度入手呢？

我们做项目管理，与其说是管事，其实事情的背后都是人，所以很多时候其实也是在管人。那么管人的前提是，要清楚自己心目中所期望的合格团队成员是怎样的，包括说我们针对不同的角色，运用不同的管理方式，那么更需要对每个成员有深入的了解，清楚合格团队成员所具备的品质。随着从管事到管人的变化，我们会发觉，一个项目团队里面，有真正靠谱的团队成员，才是高效完成项目至关重要的。因此，我越发感觉，找寻到合适的项目成员，才是根本。根据我这些年做项目的经验，以及实际过程中遇到的一些情况，从项目管理的角度，项目团队所需要的成员，需具备的主要素质包括：**专业技术、解决问题的能力、人际互动能力、团队合作能力、对项目感兴趣。**

**专业技术**是基础，也是首要条件，应试者必须具备岗位要求专业能力。

**解决问题的能力**，指在不需要别人指导的情况下，能够独立地解决工作中从来没有遇到过的问题，使工作顺利开展，并带领团队成员完成项目或工作室绩效的能力。由于每个项目都是一个创新的载体，自然会有很多不可预见的难题。因此，在一个项目推进时，团队成员能够独立解决工作中从来没有遇到过的问题会显得非常重要。这也是我认为最重要的能力之一。具备良好的解决问题的能力，往往会对项目效率的提升起着非常关键的效用。好比说，团队里面各个成员都可以解决项目棘手的问题，那根本就不会存在什么瓶颈，更不会在实际项目推进过程中出现什么阻塞。

**人际互动和团队合作能力**，在现在及未来的项目和项目团队里面，早已经不是单兵作战，团队协作能力的要求会越来越高，因此人际互动、团队协作能力，也都是考察团队成员非常关键的点，而这些也是在项目管理层面重点考察的方面。我们时常会发现，具备良好的人际关系和良好的团队合作能力，在项目的过程中，总是会闪闪发光，给团队起到润滑的效用，还可以更高效地推进项目。

**对项目感兴趣**，这个就不言而喻了，对项目感兴趣，往往会起到事半功倍的效果。

结合这些年做项目遇到的情况，从项目管理的角度，建议多考察以下这些维度。

### 1．专业技术

毫无疑问，无论是开发、策划、美术、测试人员都必须具备基本的专业技能，才可能胜任岗位的要求，这也是首要条件。这方面的考察，有更专业的负责人/leader 来考察应试者的专业能力。

### 2．解决问题的能力

考察了基础的专业技能后，着重需要考察的是应试者运用专业技能解决问题的能力，能够用专业技能解决问题，才能体现出对专业技能的融会贯通。

（1）在实际工作中解决具体的问题时，运用到了你哪些方面的技能，举一个详细的例子，说明解决问题的情形。

目的：考察应试者是不是清楚自己的专业技能？其拥有的专业技能是不是可以帮助其解决实际的问题？采取了什么行动？取得了什么效果？这些技能是不是成了应试者的财富？

（2）针对你前面提到的问题，详细描述你是如何着手解决这个问题的，工作中是否还有过同样的经历，可否举个其他例子进行说明。

目的：主要考察应试者解决问题时的思路、逻辑，如果再遇到类似的问题，或者全新的问题，是否有解决的方式方法。再举一个例子说明，可以进一步验证应试者是否有总结归纳的能力，是否可以在解决不同问题间寻找出问题的共同特征。

（3）在上一份工作中最大的困难和挑战是什么，对你后续工作带来什么启发？

目的：考察应试者是不是可以在工作中提出解决方案，是不是可以在工作中不断地持续改进，让应试者证明自己有能力提出解决方案。

（4）如果计划内某些事情出错，你的感受如何？怎样去处理？在工作中，是否有这样的经历，举个实际的例子进行说明；如果没有，假如遇到这样的情况，你会如何处理？

目的：这个问题实际是从另一个层面考察应试者在面对压力的情况下是如何应对的。考察应试者是否可以不失专业地冷静去应付工作中遇到的突发情况或遇到的挫折。

### 3．人际互动能力

人际互动，是人与人之间相互作用的一种形式，是个体与个体之间心理情感和行为的相互影响方式。如今，不论是大项目还是小项目，早已经不是单打独斗的时代了，都是"大兵团"协作，因此，团队成员在一起工作时，必须要具备良好的团队意识、时间观念，以及良好的处理矛盾和冲突的能力。作为项目经理，希望团队成员不仅可以很好地完成自己的工作，达成预期的目标，还可以带动其他成员完成共同的工作目标，同时还有着高昂的激情。关于人际互动能力方面，从以下几个细分方面来考察。

（1）你认为做一个好员工和当一位好的团队者有什么区别？

目的：主要考察团队意识。前面已经提到，项目是协同作战，因此需要着重考察应聘者是否具有合作意识和团队观念，是喜欢单打独斗还是协同作战。一位好的员工并不一定是好的团队人员，通过此问题可以了解应聘者对两者的理解，以此判断是否具备良好的团队意识。

（2）你有事情必须要外出，而恰巧你负责的事情又是在项目关键里程碑时间节点上，这个时候你应该怎么处理？

目的：同样是考察团队意识，但侧重点不一样。因为大家是协同完成项目的目标，当确实有事情外出的时候，具备良好的团队意识，应该是会和项目主要负责人沟通汇报，做好交接的工作，不能因为自己个人的原因而影响项目里程碑目标的达成。

（3）在工作中，难免会被打扰，在以往的工作经历中，你是用什么办法来应对工作中的打扰的？

目的：在人际互动能力方面，对时间的管理也是很关键的一个方面。既然大家是协同工作，那么工作中，就难免有各种沟通或者打扰，应聘者需要具备良好的时间管理能力；同时，又不能太过于生硬，而导致人际关系紧张，进而影响了项目的进度。

（4）项目计划排期时，分配了一个系统模块，在该模块需求评审完后，评估的时间是 7 天可以完成，但做到第 3 天的时候，发现需求比自己想象中的要复杂，评估的时间估计要 14 天才能完成，面对这样的情况，你该如何处理？

目的：考察团队意识的同时，也考察时间管理，以及和项目负责人的沟通能力。这种情况在项目推进的过程中是非常常见的一个场景。在实际工作中，有不少人遇到这种情况的时候，往往选择知而不报，如果只是偏差 1~2 天的，可能加加班、赶赶进度也就完成了，但效果其实也不好，或版本效果不好，或自己心里有不爽，而引发不必要的冲突；如果是时间偏差比较大，那肯定是会影响项目里程碑目标的，而这样一来，就会相对被动。（不过在新项目推进的过程中，每天都有晨会或主动跟进检查进度，这种问题还是会提前发现的，但如果团队成员可以提前沟通反馈，更是管理层所期望看到的。）

（5）在工作中，有团队之间的沟通协调，比如开发、美术、产品、测试，以你的角色，讲一个你和其他团队间工作协调发生冲突的经历。发生的是什么样的问题？你是如何解决的？在解决这个问题时，你起了什么作用？

目的：重点考察应聘者处理矛盾和冲突的能力。在项目的推进过程中，尤其是组建团队后的第二个阶段——冲突期，大家都有不同程度的压力，这个时候，人际关系是容易变得紧张的，难免会出现一些冲突的情况。出现冲突情况之后，应试者是否能和他人友好相处，是怎么去解决这些冲突，且不影响项目的进度的。不仅如此，是否还可以调节其他成员间的冲突，也可以进一步考察。

### 4．团队合作能力

团队合作指的是一群有能力、有信念的人在特定的团队中，为了一个共同的目标，相互支持、合作、奋斗的过程。既然是合作，那么工作的主动性、责任心、沟通能力就显得非常重要了，尤其是工作的主动性。工作积极主动的人，不仅会不断探索新办法来解决问题，而且还具备良好的风险意识。团队中，不乏一些成员，主动性相对比较差，没有遇到问题还好，一旦遇到阻塞性的问题，就一个人在那里不停地琢磨，一旦要达成某个里程碑节点时，这样的成员会对里程碑目标达成造成很大的影响，给项目造成风险。因此，项目经理所期望的是团队成员不管在什么情况下，都能够保持积极主动，做一个靠谱的团队成员。

（1）在工作中，你遇到了一个难题，在自己尝试着 1~2 个小时去解决后，这个问题还没有得到解决，这个时候你该怎么处理？又怎样去获得他人的支持和帮助？

目的：重点考察工作主动性。在工作中，难免会遇到一些未知的问题。而项目推进的节奏是非常快的，每天都有要完成的任务目标，如果是因为一些难点阻碍了进度，那可能会对目标的达成带来风险。从项目经理的角度来说，期望是可以快速解决问题，也能够预估到如果继续花时间去钻研（有时候会钻牛角尖），就会对目标带来影响。因此，更希望处理方式可以更加积极主动，在自己研究过之后，应该主动上报问题，并寻求帮助（有时候可能就是别人的一个小启发，就可以分分钟解决问题），在问题得到解决后，可以形成总结沉淀和分享，这样类似问题的解决方法和思路，就真正成了自己的了。

（2）项目进程中，会有不少边界的事情，当你发现一些事情没有人处理，而这些事情并不是你负责的，或者管理层在安排或思考的时候，没有考虑到的，且如果该问题不处理，可能会导致某个环节出问题，这个时候，作为团队的一员，你会如何处理？

目的：同样是考察工作的主动性，也有考察责任心的一方面。作为团队的成员，不仅可以完成自己已分配的本职工作，也能够积极主动地站出来完成项目的一些边界性的工作，使得项目可以顺利地运转；同时，主动去承担这部分工作，尽全力把它做好，也能体现出那份团队的责任感。

（3）如果你手头上工作很紧张，这个时候如果有同事请教于你，或者有求于你，你会怎么处理？

目的：侧重考察应试者的沟通能力。这种情况在工作中是非常常见的，问题虽然很简单，但可以比较好地考察应试者的沟通能力、协调能力，减少不必要的冲突。比如处理得好的，会告诉他现在比较忙，等过几分钟找他，如果几分钟没有找你，可以再提醒我一次，当前这个事情比较紧急，也比较重要，还请多多理解；但如果处理得不好，会给人留下不爱搭理人的印象，或者高高在上的感觉。当然，考察沟通能力在整个应试过程中，每个问题的问答都是很好的维度，所以，这里就不再举例了。

### 5. 对项目感兴趣

对项目感兴趣，这点不言而喻。通常情况下，在初步筛选的时候就会有这个要求，毕竟，如果对项目感兴趣，往往会起到事半功倍的效果。很简单的例子，对于做游戏项目来说，如果团队成员对游戏感兴趣，玩过不同类别的游戏，当自己在负责游戏项目工作时，便可以更全身心地投入，兴趣使然，不会仅仅是为了工作而工作。

## 团队成员能力提升的 3 个维度

当从管事的阶段慢慢转向管人的阶段时，我会有意识地去培养对人的了解。既然是项目管理者，自然在工作中要主动帮助团队成员提升专业能力或者提供发展机会，帮助团队成员学习与进步。当团队成员个人能力变强了，在有效的组织和引导下，团队能力自然变强了；当团队的能力变强了，我们整体的战斗力才会更强，项目研发的效率会更快、效果会更好，这才是一个良性循环。

根据我自己的理解，我主要从 3 个维度来介绍团队成员能力提升：专业技能方面、项目管理方面、产品意识和产品能力方面。

### 1. 专业技能

不言而喻，这是最基本的。团队成员专业技能的提升，可以高效率、好效果地解决项目中实际出现的问题，包括某些方面的重难点。专业能力的提升，也是解决问题的能力的最佳体现，这点在未来的项目中至关重要。我们说的提高效率，其实本质上来说是提升解决问题的能力，而解决问题能力的提升，必然依赖于专业技能的提升。我们在职场不断地进步和成长，都会经历从发现问题到分析问题再到最终解决问题的提升过程。而解决问题的能力，是每个职场人核心竞争力的体现。我们从毕业开始时的菜鸟，可谓什么都不懂，慢慢地在工作中不断成长为经验者，成长为骨干，成长为某领域的专家，最核心的体现就是解决问题的能力。这也是我认为一个有正常职业追求的职场人，工作时间越长和初入职场菜鸟的主要区别之一。关于这点，在实际项目的过程中，也可以有很好的体现，比如项目中遇到了某个技术难点，团队骨干可能分分钟就知道问题所在，有很好的解决思路，可以很快解决问题，相反，一些刚毕业或者工作没多久的团队成员，则需要花费很长的时间，而且还不一定能够解决。所以，对于专业技能来说，无论是项目团队中的哪个角色（策划、开发、美术、测试、项目经理、其他），都要不断地去提升自身的专业技能，从而逐步提升自身解决问题的能力。

### 2. 项目管理能力

项目管理能力指体现在人际关系技巧及在团队中工作的能力，包括沟通、风险意识、团队合作、影响力，是我们需要重点学习的工作技能。具备了良好的项目管理能力，我们可以对目标有更好的理解，可以更好地落地执行各项工作，可以更好地进行项目相关方管理，可以更好地进行项目风险管理，也可以知道什么项目是成功的项目及如何开展工作让项目成功，也可以向领导和同事展示成果获得更好的绩效，提升良好的影响力。因此，第二个维度是，团队成员学习项目管理所涉及的十大知识领域（整合、时间、成本、范围、质量、沟通、资源、采购、相关方、风险），可以更全面、综合地提升自身的素质和能力。

### 3. 产品意识和产品能力

这是一个更高层次的能力要求。对于策划/产品人员来说，不断提升产品能力，对产品的定位及产品方向的把控会更加清晰，对需求的规划及目标的拆解会更加游刃有余。对于开发人员来说，不断提升产品意识和产品能力，不仅可以避免机械化地做需求，还可以对产品提出自己的看法和见解，更可以深度参与到产品研发的整个过程中。对于美术人员来说，不断提升产品能力，可以更好地理解产品的方向和目标，在输出美术效果图、制作 3D 角色、设计 UI 等资源时，可以更精准、更有效。对于测试人员来说，不断提升产品能力，可以更全面地理解产品的系统框架，可以从玩家的视角提出自己对游戏性的测试，在中后期对数值和引导目标的测试会更加有导向性。

这 3 个维度我认为是相辅相成的，但又有提升的层级关系。第一层级就是专业技能，可以运用好 721 学习法则及复盘的方式方法，来不断地提升我们的专业技能；第二层级是项目管理能力，结合专业技能的提升，在工作中主动去承担模糊边界的工作，多关心一些与本职工作无关，但和项目整体目标相关的工作，培养项目管理能力；第三层级是产品意识和产品能力，在提升专业技能、项目管理能力的同时，深度参与到产品和竞品的体验，勇于提出自身对产品的看法和理解。这 3 个层级的提升，尤其是产品意识和产品能力，并不是一朝一夕的，需要在做项目的过程中，持续地培养。作为项目经理，如何来更好地帮助团队成员获得成长呢？

### 1. 提要求

提要求，更多的是指针对团队成员专业技能的提升来进行的。通过提要求，来要求团队成员在日常工作中不断地去思考、去提升。因为项目经理往往没有正式权力，如果有足够的影响力，可以在项目推进的每个阶段，对团队成员提不同的要求，来敦促团队成员进步；如果没有足够的影响力，这个时候可以通过具体的事例、方法有度地和职能经理进行充分的沟通，推动职能经理来给团队成员提要求，以此给团队成员专业技能提升提供明确的方向。

提要求本身是很考验项目经理和职能经理的，职能经理从某种程度上来说，还比较清楚其成员的优势项和待提高的能力。作为项目经理，要做好团队管理，也同样需要对每个成员有必要的了解，这对项目的开展非常有利。

在腾讯双通道职业发展模式下，每一位员工每半年会进行一次 IDP（Individual Development Plan，个人发展计划）面谈，职能经理会根据半年的考核情况，以及员工自己的情况，针对有待发展提高和强化的能力，制订一定时期具体且可度量的、系统的发展计划（见表 9-1），来实现既定的发展目标，这是更加系统地提要求。

表 9-1　个人发展计划

| 发展方向 | 现　状 | 成功的指标 | 学习与行动计划 | 资源/支持 | 时　间 |
|---|---|---|---|---|---|
|  |  |  |  |  |  |

**发展方向**：是每半年后员工希望进一步提升的业绩和能力项。可以通过能力诊断，写出自己 3 个最薄弱的环节。

**现状**：就发展方向现在的情况和目标的差距说明，即为提升该能力的动因。

**成功的指标**：衡量成功的指标。

**学习与行动计划**：721 学习法则——岗位实际工作锻炼（70%）；自学或向他人学习（20%）；培训与分享（10%）。

**资源/支持**：所需资源。

**时间**：开始、结束和回顾的时间。

因此，提要求是给团队成员以明确的能力提升项，好的方面继续加强，薄弱的环节则制订行动计划，重点跟进。所谓慈不掌兵，提要求也是给团队成员以提升专业能力的压力，只有不断提升专业能力，才可以进而提升解决问题的能力，如此，方可应对未来各种不确定性的问题。

### 2. 授权

授权更倾向于提升团队成员的项目管理能力。在项目推进过程中，项目经理要善于授权。通过观察那些对项目管理感兴趣的成员，赋予他们相应的权限，比如制定版本负责人、迭代 owner、模块负责人等，给他们讲解相关的职责，在工作中怎么开展各项工作，需要重点去关注什么，以此来培养团队成员的目标感。然后通过以点带面，让更多的团队成员有意识地加入版本管理中来，也在完成自己本职工作的同时，需要承担一定的管理职责。通过让团队成员担任版本负责人，兼顾自己本职工作，承担边界模糊的事情，不仅可以培养成员的责任感，更可以在做好自己的事情的同时，学习和提升沟通能力、人际关系能力、时间和精力管理能力。因此，授权是在实践中，潜移默化地提升团队成员的项目管理能力。

### 3. 引导+指导

在敏捷项目管理中，团队成员会被授权有更多的自主权。因此，项目制作人、项目经理或者敏捷教练，需要引导团队去反应、思考、发现，以及让他们自己做决定。比如，在项目进程中，项目制作人经常会引导大家都说说，当前我们最主要解决的几个问题是什么？当前我们的版本还有哪些体验的问题？当前我们的版本还有哪些地方没有符合目标？要达成这些目标，还要做哪些事情？通过这些问题，引导团队主动去思考，然后团队成员遇到实际的问题时，帮助他们解决，因此获得更大的提升。这是有意识地引导和指导团队成员培养产品意识，提升产品能力。

## 团队建设的六大关键点

在项目管理中，高效的项目团队具有极大的价值。那么项目团队建设的重要性不言而喻。作为项目经理，既是项目团队的领导者又是项目团队的管理者，我们不只是完成一系列的项目管理活动，如启动、规划、执行、监控和收尾各个项目阶段，还要负责建设高效的项目团队，以此来更好地实现项目目标。

那么什么是项目团队？项目团队是由承担特定角色和职责的个人组成，他们为实现项目目标而共同努力。从项目团队组建开始，我们就是一个由个体成员为实现一个具体项目的目标而组建的协同工作的正式群体。项目经理在整个项目周期过程中，要特别重视对团队的建设。这里抛砖引玉，谈一谈我在从事项目管理这 5 年来的团队建设，包括六大关键点。

### 1. 传递清晰可行的项目目标

毫无疑问，清晰可行的项目目标是首要的关键点，这是最关键的，但往往却是最容易忽略的一点。对于一个项目团队来说，如果项目经理连项目目标都没有传递清楚，高效的团队建设则无从谈起。传递清晰可行的项目目标，不只是在项目启动会上和项目团队成员同步项目的上线时间，更包括在项目推进过程中的每个关键里程碑目标，以及项目的业务目标（对于游戏项目来说，通常是指项目上线后的产品数据：次留、登录比、二阶登录比、付费 ARPU、收入）。产品的这些数据，对于一个项目团队成员来说，是都会非常关注的。因为我们是一群志同道合的人聚在一起，产品的数据，对我们每个人来说都是与自身利益相关的。比如产品数据好，那我们在正式上线的时候，则会相应地获得更多的平台资源，DAU 则相应地会推起来；付费 ARPU 高，每天、每月、每年的收入也就可预期，那么年终的奖金包也自然不会差。

作为项目经理，在打造高效团队时，务必要将项目的目标传递清楚，而且要确认团队成员都对目标有清晰的理解，且清楚地知道，我们为什么做这样的功能，做这样的需求可以对数据提升起到什么样的效果。这不仅仅是一种目标的传递，更是一种动力的传递。

### 2. 明确团队成员的职责和角色

建设高效的项目团队，在项目管理的整个过程中，必须要明确团队成员的职责和角色。明确团队成员的职责和角色，简而言之，就是明确团队成员各自的负责的具体工作，所承担的责任。一个功能或系统安排从项目启动之初明确哪位成员负责后，就需要全程跟进落实到位，可以说是包干制的。若出了问题，可直接找到该系统的负责人。明确团队成员的职责和角色，是高效执行的基础。当项目在推进过程中，团队成员都能够各司其职，形成自运转，效率自然会大大地提升。

### 3. 统一的团队工作规则

团队工作规则，和我们前面章节谈到的建立团队必要的规则是一个意思。项目经理要根据项目的特点、项目团队的特点，建立必要的规则，形成团队共识的工作规则。团队工作规则由两部分组成，一部分是来自部门或组织规定的，另一部分是由项目经理发起，项目骨干讨论明确，项目团队成员自选的规则。两部分共同形成团队工作规则，并逐步形成团队共识的团队文化。

### 4. 建立仆人式领导的影响力

项目经理应具备开阔的心胸，独特的远见，既是推动者、协调者、引导者，更是项目团队的服务者。项目经理在有责无权的大环境下，更应该不计较个人得失，一切都是以项目目标为出发点，通过建立仆人式领导的影响力，来鼓励甚至要求团队成员做出决定，要通过以身作则的姿态，来让团队成员清楚地知道，敢于做决定，不仅是因为权力，更是因为对项目的高度责任。我们知道，项目团队形成有 4 个阶段：形成阶段、磨合阶段、规范阶段、贡献阶段。在这 4 个不同的阶段，项目经理要起到不同的效用。

- 形成阶段：不用讨论，项目经理决定。项目经理示范。
- 磨合阶段：团队成员讨论，项目经理决定。项目经理引导。
- 规范阶段：团队成员讨论，团队成员决定。项目经理鼓励。
- 贡献阶段：不用讨论，团队成员决定。项目经理授权。

### 5．及时的认可与奖励

以手游项目的研发周期来说，通常是半年到一年的时间。在这么长的研发周期过程中，项目经理要善于去发现团队成员的闪光点，及时地给予认可和奖励。不仅如此，项目经理还需要客观、实事求是地将团队成员做得好的，有突出贡献的具体事例，及时地反馈给职能经理和制作人，以便让职能经理或制作人及时地对团队成员进行认可与奖励。我们曾经有团队成员开玩笑说，年底多发了一点奖金，我们可能只会高兴一个星期，但如果在做项目的过程中，有亮点和贡献的时候，可以得到管理层的及时认可，我们可能会高兴一个月，甚至更长的时间。虽然是玩笑话，但从某种意义上来说，确实有几分道理。马斯洛五大需求——生理、安全、情感和归属、尊重、自我实现，其中的尊重需求，就指的是他人对自己的认可与尊重。当作为一个成熟的项目团队成员，在激情地为项目目标贡献自己的力量时，是需要获得尊重和认可的。

作为项目经理，我们也要抓住各种机会，来赞扬、认可团队成员，尤其是在大众面前的认可。当我们开始欣赏和赞扬别人的时候，也是我们走向成功的第一步。

### 6．多样化的团队氛围建设

对于游戏这类市场驱动型的项目，市场竞争压力大。当某个重要项目，甚至战略型项目立项后，为了占领市场，为了赶进度，不可避免地会有不同程度的加班。在这种情况下，团队成员自身的压力自然会不小。作为项目经理，要起到调和的作用，必须要进行必要的团队氛围建设，而且尽量多样化，以便减轻团队成员的压力，使得团队成员在完成具体工作时松弛有度，这样方可在持续推进项目的过程中保持良好的状态。这也要求项目经理在未来的项目管理中，要以人为本，着重关注人的变化，心态的变化，做好团队氛围建设。

# 第十章

## 坚持项目管理之路，追梦再出发

## 选择做项目经理的初衷

"如果你喜欢一个人，就让他去当项目经理，因为项目可能会使他有业绩；如果你恨一个人，也让他去当项目经理，因为十有八九他会被失败的项目毁了。"虽然有点夸张，但似乎又有那么点味道。不可否认，我曾经一度地想过退缩，也曾经一度地想要过逃避，因为觉得压力很大，因为觉得什么都做得不好，因为一直承受着打击，因为一直信心不足。但今天，庆幸的是，我坚持了下来，因为这是自己的选择，就是跪着也要走下去。

时光荏苒，自 2014 年 7 月底从测试转岗到项目管理，转眼间 5 年了。时隔 5 年，再回过头来看看自己曾经走过的路，不禁会问，当初选择走项目管理这条路的初衷是什么？不言而喻，新奇和挑战是主要原因之一。今天，初心不变，我依旧奋战在这条路上。项目经理朋友们，你们的初衷又是什么呢？你们当初又为什么选择了做项目经理呢？

在这一切皆项目，人人都是项目经理的大时代背景下，虽然对项目经理的重视程度越来越高，越来越重要，但事实上，当我们真正踏入这条漫长的管理之路时，我们知道并不轻松，更不是我们所想象的"位高、权重，责任轻；钱多、事少，有人疼"。相反，是一个"位低、权轻，责任重；钱少、事多，没人疼"的岗位。但即便是这样，我们今天依然义无反顾地在这条路上前行。托马斯·A·斯图尔特（Thomas A. Stewart）说："项目管理是一个人们可以锻造职业的大熔炉。虽然并非每个人都能够或应该成为项目经理，但那些能够成为项目经理的人将是赢家！"这或许就是我们一直坚持的理由之一。当我们在这条路上越走越远的时候，也慢慢会发现，除了新奇和挑战，带给我们的还有以下这些。

### 1. 职业生涯的重要"里程碑"

在游戏测试岗位遇到瓶颈的时候，我毅然选择了转岗项目管理，因为这也是我当时职业规划和定位的目标，而这一转，成了我职业生涯的重要里程碑。或许是自己的职业规划，或许是企业/公司的需要，我们主动或被动地走向了这条项目管理之路，多年之后，我们会发现，这确实是一个锻造人的大熔炉。就我个人而言，在项目管理岗位这 5 年来，我改变了以往以单一的目标为导向，更倾向于以业务目标为导向，以组织甚至部门战略目标为导向，这是一种积极的思维方式的转变；在项目管理岗位这 5 年来，我对管理也有了自己的理解，并逐步形成了自己的项目管理思路，对待工作中的事情，其思考的高度、广度和深度，都有了长足的进步。所以，项目管理这些年，是我职业生涯的重要"里程碑"。

### 2. 提升职场软技能

大环境所致，项目经理基本上没有正式权力。在这种情况下，项目经理必须要通过软技能来推动项目目标的达成，包括人际互动关系的能力、组织影响能力、团队管理能力、沟通能力、风险管理能力、相关方管理能力，以及计划和处理冲突的各种技能。当经历着不同类型的项目，能够从不知所措到驾轻就熟、应对自如时，我们的职场软技能就已经不知不觉地大幅提升了。

### 3. 锻炼强大的心理素质和良好的心态

项目的独特性、不确定性，决定着任何一个项目从启动到收尾，都不会是一帆风顺的。项目经理在带领项目的过程中，不仅要能够在挫折中解决各种问题，还要面临来自各主要相关方的压力，这是需要培养自己良好的心理素质和承受能力的。不仅如此，作为项目经理，当项目遇到困难和挫折时，不能和团队抱怨，更不能抱怨团队成员，相反，应该通过强大的内心，给项目团队传递正能量，积极地鼓励团队，领导团队成员共同实现项目目标。当某一天，我们在这条路上，不再那么焦虑，而是能够坦然面对遇到的各种问题时，我们应该为自己鼓掌，因为我们已经锻炼了强大的心理素质和良好的心态。

引用蒋昕炜老师的一句话：项目经理这个职位，带给我们的是一个积累的过程，总有一天我们会发现，我们所有的点点滴滴的努力，都是有回报的。

## 做项目管理的几点感受

项目管理有五大过程组：启动、规划、执行、监控和收尾。在互联网/游戏行业，项目的研发节奏通常都比较快，基本上是做完一个项目，不久就会启动新的项目。在这样的背景下，我们往往会非常重视前面 4 个过程，而容易忽略项目收尾阶段，但收尾阶段恰恰是整个项目管理过程中最不能忽视的一环。无论是从项目，还是组织，抑或是个人，收尾阶段的复盘和总结，是我们每个项目经理人必须要去做的。

5 年来的项目管理之路，我或许是幸运的，经历过各种类型的游戏项目，有那么多的人陪我一起度过无数个难忘的日日夜夜，一起经历过成功项目的喜悦，一起共渡过失败项目的难关。今天，我想说，无论是失败的项目，还是成功的项目，**每一个项目的经历，都是一段心路历程！** 在历经这么些年所做的项目，我也积累了几点做项目管理的感受。

### 1. 行动才会有惊喜

项目经理一定是一个行动派，行动了才会有惊喜。如果一个项目经理只停留在理论层面的理解，那即便你有再丰富的理论知识，你也同样是管理不好项目。这也印证着有一部分人抱怨说，为什么我学了《PMBOK®指南》，拿到了 PMP®证书，还是管不好项目。其中的根源就在于，其没有把所学的知识用于实践。同样，在不断做项目的过程中，我们需要积累提炼方法论，也需要在项目中不断地去实践，再提炼，逐步完善。

### 2. 敢于打破常规，方法总比问题多

从传统行业到互联网行业产品，从端游到页游，从页游到手游，从手游到小游戏，无论是哪个平台，都有其自身的特点。作为项目经理，在负责各种平台项目，在负责各种不同类别项目时，我们要敢于打破常规，不要被固有的管理思想和思维所禁锢，要勇于变革，寻找更优的管理方法。如今有很多企业都在转型，或者个人作为项目经理从传统行业走向互联网企业，这个时候更需要有一种敢于打破常规的魄力，要相信方法总比问题多，否则，不仅个人得不到成长，还会出现各种水土不服。我们都知道，每个项目都是独特的，每个团队特点也不一样，从这个角度来说，也是要求项目经理在管理项目时，要根据每个项目的特点，团队的特点，去探索、去实践最佳的管理方式，最终更好地实现项目目标。

### 3. 方法不一定可以复制，但思路值得借鉴

无论是传统的软件产品，还是互联网产品，抑或是游戏项目，项目管理的方式方法，其理念都是相通的。对于游戏项目所运用的具体的方式方法，不一定能复制于其他项目，但在这个过程中所摸索出的方法论、管理的理论和思路，是值得借鉴的。就像我们说，项目管理的五大过程组，对于任何项目的管理来说，都是可以借鉴的。我们可以通过分析和了解其他互联网产品项目，其五大过程管理组分别做什么，以借鉴游戏项目该做些什么。当我们在看别人如何制订计划，如何进行 WBS，如何对风险管理，如何沟通等一系列管理时，切忌照搬他人的方式方法。反之，我们应该看的和思考的，是他人的思路，以此去思考他人为什么这样做，为什么那样

做，我们可以从中借鉴什么，可以得到什么启发。

### 4．要始终保持开放和不断学习的心态

互联网的快速发展，行业的变迁，我们都是身处在信息化爆炸的时代，我们已经进入了 VUCA 时代。在 VUCA 时代，项目具有易变性（Volatility）、不确定性（Uncertainty）、复杂性（Complexity）、模糊性（Ambiguity）的特征。国内外专家建议，在这样的时代，有必要重新定义项目成功。哈罗德·科兹纳（Harold Kerzner）博士指出，我们不再仅仅通过范围、时间、成本来衡量项目是否成功，是否创造商业价值将成为确定项目成功的重要标准之一。

在这样的时代背景下，作为项目经理，已经不再是简简单单关心项目可交付成果，更需要从组织层面、业务层面去思考项目可能带来的结果，以及项目可为组织带来什么利益，这必然会对于项目经理的能力要求也越来越高。尤瓦尔·赫拉利在他的新作《今日简史》里说："**无时无刻不在变化中，随时准备调整自己，这将是 21 世纪人类的生存状态。21 世纪，人类对稳定的渴望将变得非常不切实际。**"从这个意义上来说，也预示着，作为项目经理的我们，应该始终保持开放和不断学习的心态。只有始终保持开放和不断学习的心态，才能在未来不断变化的时代，才能在面对各种复杂项目时，保持项目经理的核心竞争力。对于项目经理来说，永远没有最好，只有更好。

## 项目经理提升的 5 个阶段

在西方发达国家，项目管理是一个非常重要的职业发展方向，在世界 500 强公司里，大多数西方公司都是有项目管理的职业发展路径的。目前国际上比较主流的项目管理知识体系，分别是：美国的 PMBOK、英国的

PRINCE2、瑞士的 IPMP，都来自西方。

《国家中长期人才发展规划纲要（2010—2020 年）》（以下简称《规划纲要》）中也有阐述，我们要培养和引进一批科技创业企业家和企业发展急需的战略规划、资本运作、科技管理、**项目管理**等方面专业人才。该《规划纲要》提到了项目管理专业人才，可见国内对项目管理专业人才也越来越重视。不过《规划纲要》仅仅是 10 年，而这 10 年，虽然越来越重视，但也仍然是发展期，而且未来的 20~30 年都是项目经理的发展时期。保罗·格雷斯（Paul Grace）的"在当今社会中，一切都是项目，一切也将成为项目"给出了项目的普遍性，也将项目管理的重要性推向了神坛。一切都是项目，自然参与项目的成员，人人都是项目经理。诚然，有不少好事者将项目经理职位的火爆归因于此职位的低准入门槛，因为人人都是嘛，但事实并非如此。人人都是项目经理，并不是人人都能做好项目经理。尤其是在国内项目管理还处于发展初期，很多企业/公司并没有建立和形成有效的职业化项目经理提升和成长路径。

因此，对于众多从事项目管理职业的人来说，在微权力的这种大环境下，到底该不该走项目管理这条路，该不该坚持走项目管理这条路，或许有不少的困惑。也许我是幸运的，进入腾讯后，当我还没有转项目管理这条路时，就了解到腾讯对每位员工都有双通道发展路径，项目管理通道是非常重要的一个通道，其设立的晋升路径——助理项目经理（P4~P5）、项目经理（P6~P8）、高级项目经理（P9~P11）、专家项目经理（P12~P14）、资深专家项目经理（P15~ P16）、权威专家（P17），明晰的职业发展路径，也坚定了我 5 年前从测试转岗项目管理。虽然有清晰的职业发展路径，但 5 年来在项目管理这条路上的实践表明，要成为一名优秀的项目经理，再从优秀到卓越，并不是一朝一夕的事情。在这条路上，会遭遇很多的挑战，会经历很多的困难，既有困难和挑战，也有机遇。一路走来，当我们逐步地成长起来，我们会越来越走向职业化项目经理，会见识得更广，会思考得更深，会有更高的格局和视野，会成长得比别人更快。

根据我自身的实践和经验，以及我自己的理解，我把项目经理的成长历程划分为 5 个阶段，分别是洪荒项目管理阶段、破冰行动项目管理阶段、入门启蒙项目管理阶段、科学项目管理阶段、知行合一项目管理阶段。这 5 个阶段是一个从低阶到高阶的提升，是一个从思维到行为到结果的提升，从一次次的量变到质变的提升。

### 1. 洪荒项目管理阶段

洪荒，指混沌蒙昧的状态，是懵懵懂懂，是无知、手忙脚乱，是不知所措的项目管理阶段。在这个阶段的项目经理，往往自己学习了一点点项目管理的基础知识，就照搬着项目侧的项目经理的一些管理方式方法，然后就天真地以为，定个项目计划，按计划执行就可以了，且想当然地认为，做项目原来如此简单。

而当项目执行的过程中，开始出现各种各样的问题的时候，就手忙脚乱、不知所措了，这个时候会发现，怎么和自己所想的完全不一样啊，明明计划做得好好的，为什么就是没有很好地执行到位呢。由于是刚刚走向项目管理这条路，可谓是激情满满，在项目推进过程中出现各种曲折、各种延期的时候，传达给团队的是，我们一起加加班、努努力，进度还是可以赶上的，目标最终是可以达成的。当通过加加班、努努力确实完成了某一两个迭代版本之后，还傻傻地坚信，只要加加班、努努力，没有什么不可以的。

事实上，在洪荒项目管理阶段，因为没有系统地学习过任何的项目管理知识，也没有实质性的项目管理经验，其实是完全不懂什么是项目管理。因为不懂，所以不知道怎么去启动、执行和监控项目，不知道每个阶段该主动去做什么事情。只知道被动地等事情来了之后才去解决，且处理事情的时候完全凭感觉，而且是自我感觉良好，这种自我感觉良好的显著特点就是：项目没什么问题，进展得很顺利，没有风险，等等。一旦出现延期，就只知道傻傻地加班，把自己累得半死不说，项目的进度还延期，团队还各种怨声载道，最关键的是，自己作为项目经理，还仍然是自我感觉良好。

在这个阶段，还有一部分项目经理是因为组织发展的需要，被提拔为项目经理的，属于被动地走向项目管理这条路。由于长时间在技术领域深耕，当走向管理岗位的时候，在处理项目的事情时，就很容易陷入技术的细节，并缺乏对自身的定位，且在项目执行的过程中，往往会亲自上阵，代替团队成员解决各种技术的问题，可能在某些时候还会因为有点小成就沾沾自喜。殊不知，当这种成就感所带来的结果是项目处处受阻、进度延误，且又受到团队和领导的抱怨时，那种反差会造成心理巨大的压力。这个时候就不会再认为加班做项目是存在即合理了。

## 2. 破冰行动项目管理阶段

失败的人找借口，成功的人找方法。在经历过不同程度的打击，在多次拖着疲惫的身躯回到家时，有的人开始会有点怀疑人生，但冷静下来会思考，难道做项目就这么难吗？身累不说，关键还心累。此时，他们已经意识到不仅要从零开始系统地学习项目管理的基础知识，还要改变做项目的方式方法。

当开始从这个层面上去思考问题时，已经进入第二个阶段了，即破冰行动项目管理阶段。这个阶段将会是项目经理系统学习的阶段，也是不断学习反复实践的阶段。以我个人的亲身经历来说，这是一个非常关键的阶段，也是非常考验一个项目经理是否能成长起来的关键阶段。因为到这个阶段后，项目经理已经意识到了项目管理知识体系的匮乏，意识到项目管理的方式方法必须要改变，所以要通过不断的学习和反复实践来改变，但因为仍然要负责新的项目，所以并不能全职地学习。因此，到这个阶段，是要工作和学习并行的，而且要在学习的同时，将所学所理解重新运用到新的项目实践中，这是一个不小的挑战。

既然不能全职地学习，那么721学习法则，是非常有效的手段，即70%通过在岗工作实践，20%通过和有经验的项目经理沟通交流，10%通过正式的培训与教育。721学习法则，从某种意义上说，也是项目经理的时间管理和精力管理法则，即70%的时间还是依托于当前的项目管理岗位和仍然在负责的项目，通过复盘此前项目中遇到的问题，通过记录和复盘当前项目推进过程中遇到的问题，回顾、探究、总结、思考为什么会遇到这样的问题，然后在继续做新项目的时候，要怎么避免类似的问题，要怎么提前预防，从中总结和提炼处理相类似事情的方式方法；20%时间用于在工作过程和复盘时，遇到解决不了的问题或困惑，和有经验的项目经理沟通、交流，向他们取经，也可以从网上去查阅相关的文章，看看他人是怎么去解决类似的事情的，从中吸取精华，借鉴他们解决问题的思路；10%的精力分配于报名培训，系统学习《PMBOK®指南》，参加PMP®考试，建立系统的项目管理知识框架体系，同时，还可以阅读相关的项目管理书籍，从中学习他人的方法和思路。

**当意识和学习目的相结合时，学习的动力会源源不断。** 时代在发展，项目经理要与时俱进，必须要不断地学习、学习、再学习。每一位要成长的项目经理，在工作的同时，不断地学习，这是必须要克服的难关。当开始持续一段时间有目的性和针对性地去学习和提升后，你会发现一片新天地。这个时候，项目经理不仅对项目管理的四要素（范围、质量、时间、成本）有一个全新的认识和理解，不仅可以在项目管理过程中能够运用项目管理的十大知识体系，项目经理还可以做出更专业的项目管理计划，知道风险管理和质量管理的重要性。但更重要的，我认为是思维方式的转变。简而言之，这个思维的转变就是项目管理工作从被动变为主动，这是一个巨大的飞跃。

当我们主动后，我们会更多地去了解清楚项目的目标，会更主动地去识别项目中可能存在的风险；会更主动地和团队成员沟通，了解他们的想法和对目标的理解；会更主动地向领导汇报项目的情况；诸如此类。而且，在这个阶段，再负责新的项目，也不会再毫无章法，更不会盲从。因为我们会明白，作为一个项目经理，是一个整合专家，是要带领和引导团队来解决问题，而不是事事亲力亲为。再者，当思维方式转变之后，作为项目经理，沟通也变得更加主动，通过沟通解决了实际的问题之后，你会更加明白和理解，为什么说项目经理近80%的时间都是在沟通。

从第一个阶段到第二个阶段，是大部分"野路子"项目经理会经历的过程。事实上，一些学习过专业项目管理知识，拿到了 PMP®证书的项目经理，我认为也会经历第二个阶段。因为理论要结合实践，实践也要以理论作为依据，是相辅相成的。这也可以解释很多学过 PMBOK 的项目经理，一开始管不好项目，是因为理论必须要结合实践，通过实践、实践、再实践，才能真正知道如何管理一个项目。

### 3. 入门启蒙项目管理阶段

通过第二阶段的学习和实践，项目经理不但具有比较丰富的实践经验，而且掌握了比较完整的项目管理理论知识。在负责项目的过程中，能考虑到项目中的方方面面，对项目的控制也有一些章法，也有某些成功项目的例证，但此时还不能说我们就可以管理好一个项目。

慢慢地我们会发现，老板的要求越来越高，在分派一个项目的时候，很多信息并不会全部告诉你，即便是告诉了我们，也是一些模棱两可的；

在项目推进的过程中，老板总是在催进度，希望快一点，再快一点；在执行和监控项目过程中，范围、成本、进度和质量，总是很难协调，计划制订得再完美，也会出现延期，一开始要求快，到验收的时候，又重点抓质量；团队成员又不归我们管，也不服管，项目又要持续推进，我们也不能三番五次地去职能经理或老板那里告状；明明每个项目里程碑目标都达成了，但老板并不是那么的满意。

当陷入这些困境时，我们才发现，自己似乎还未真正入门，或者说，此时的我们还不能算作一名合格的项目经理。面对这些困境，从两个维度深入思考。一是项目管理四要素的关系，即项目铁三角，中间包含质量。铁三角，只要动了其中一边，其他两边必受影响。作为项目经理，始终要考虑的是这三者之间的平衡，不能干"既让马儿跑，又不让马儿吃草"的事。二是老板（或主要相关方）为什么不满意。不满意，无非就是给予期望太高了，还有就是一名合格的项目经理，在推进项目时，只关注项目四要素的平衡，或者说只关注了项目的里程碑目标，但老板期望的是项目经理可以更多地从业务目标（产品数据等）着手，更快地推进项目。

可见，要成为一名合格的项目经理，只是关注项目目标是完全不够的，也就是说，如果一名项目经理天天关注的只是产品规划的需求有哪些，是不是有足够的人力支持，是不是可以在计划的时间内完成，是不是满足上线发布质量，那他就不是一名合格的项目经理。一名合格的项目经理，必须是要以业务目标为导向。对于互联网产品也好，游戏项目也罢，一名合格的项目经理，必须得关注业务数据本身的情况：我们为什么要做这样一款产品？目前规划的这些需求，要怎么合理地安排，才可以更快地上线，且获得好的数据？一旦上线后，数据不佳，通过什么样的方式方法，可以快速地提升产品的数据？运营后，每个版本的规划，是否都能提升产品的数据。这些都是一名合格的项目经理必须关注的。

当作为项目经理开始从这个层面上去推进项目时，自然可以更全面地考虑可能带来的风险，并提前做好应对计划。而从这些层面去思考问题的时候，你慢慢地会发现，有项目经理和没有项目经理的差别，从而也可以真正体会和感受到自己的价值所在。不可否认，我们很多做项目经理的朋友，都不是太清楚自己在团队中的定位，不清楚自己作为项目经理的价值。当有这方面的困惑时，其实都不是一名合格的项目经理，也还未真正地入门。

当真正入门进入第三阶段，当我们真正能够从业务目标的角度去思考如何多快好省地去推动项目时，也还只是一个开始。在这个阶段，项目经理也是在不断地学习和实践，是把知识的学习者变成知识的实践者，并从中提炼自己的项目管理方法。当我们能够源源不断地把所学到的知识转换为自己的实践套路，也形成了自己的项目管理方法论，从而能够运筹帷幄，懂得什么可以做，什么不可以做，一些动作该什么时候做，做动作前能够进行预判，还要能够在项目的进程中，不断地去测量和改善，这个时候，才是一名真正合格的项目经理。

### 4．科学项目管理阶段

在第三个阶段时候，项目经理不断地把学到的理论知识、方法论应用到实践的过程中，这是量变的过程，当这个量变积累到一定程度后，就会发生质变，进入科学项目管理阶段，这时项目经理就会站在一个管理者的角度思考问题。

项目管理的本质是，管理自己，影响他人，而影响他人，是一种认同感，这其实也是管理的本质。因为**管理，需要的就是认同**。一旦团队成员都认同项目经理的想法，认同项目经理的做事方式，管理起来也自然就事半功倍。对于项目管理来说，其实更是如此，项目经理虽然直面的是项目的事情，但其实事情的背后就是人。这也同样解释着，管理是管控目标、梳理人心的科学方式。

科学项目管理阶段，借用 PMI 人才三角来说，即能够用项目化的流程和思维指导工作，具备良好的领导力让项目经理能够多方面整合资源，引领团队，是达到"巧干"的阶段。换句话说，科学的项目管理阶段，应该是充分地理解和掌握项目管理技术，在任何时候、任何阶段，都能够比较好地运用项目管理技术，去达成项目的目标；同时，具备良好的管理及领导力，不仅是让团队成员，更主要的是老板及主要相关方满意。

因此，在科学项目管理阶段，项目经理需要重点提升的技能就是项目管理的软技能。所谓项目管理软技能，就是关注和处理"人性"相关的能力。《PMBOK®指南》中提到的软技能包括领导力、影响力、谈判、决策、教练等。前几个阶段，项目经理思维的重心放在事上，而科学项目管理阶段，必须由事转向对人的管理。之所以要开始由事转向对人的管理，是因为项目的每件事情的背后，执行的都是人，而因为人都具有自己的个性，项目经理是没有办法使用一套固定的方法来处理项目中所有和人有关的问题的。毕竟，项目的独特性，项目团队也因人而异，不同的人有不同的知识背景、文化背景、利益诉求和价值观，项目经理必须因时、因地、因人而制宜。这也是一名优秀项目经理所需具备的。

## 5. 知行合一项目管理阶段

项目经理从优秀到卓越，知行合一是必经之路。明代著名思想家王阳明曾告诫后人：知而不行，只是未知。项目管理是一门实践的学问，也是一门向上和向下管理的艺术，只有通过不断地实践再实践，才能真正掌握项目管理的精髓，不再纸上谈兵。知行是一个功夫的两面，知中有行，行中有知，二者不能分离，也没有先后。与行相分离的知，不是真知，而是妄想；与知相分离的行，不是笃行，而是冥行。

学习知识，提升"知行合一"中的"知"；锻炼技能，掌握"知行合一"中的"行"，即实践的套路；提升能力，扬长避短，把宝贵的时间和资源用于提升自己的长处上，突出自己独特的优势，从而达到事半功倍的效果；积累经验，通过不断地做项目，经历的越多，积累的经验就越多，就越会本能地规避很多问题和风险。同时，也学习别人的经验和教训来让自己少走弯路，达到举一反三，并且在这个过程中，不断地勇于突破自己。

项目经理修炼到知行合一的阶段，这个过程是学习加实践的过程，不仅是修炼项目管理的技能，还有我们做人的方式、工作的态度和人生的态度，这本也超越了项目管理的本身。让我们每一位项目经理，都能够成为知行合一的项目管理者。

## 走向管理和领导的快速途径

让我们再来回顾一下管理和领导：

管理：是指寻找适当的人选，帮助你达成团队的目标，完成上级交办的任务。"管理"的内容包括：厘清工作思路（需要完成哪些工作）、做好工作规划（由谁完成哪一项工作）、与下属充分沟通（给他们提供必要的培训与指导，向他们解释整个流程）、监督（确保员工完成了工作），以及绩效评估（评判工作完成的质量如何），还包括：面试与招聘新员工、定期总结和回顾、与团队成员一起工作等。

领导：是指为员工创造出理想的工作环境，激发他们获取成功的愿望，让他们积极主动地努力完成自己的工作。具体的内容包括：倾听每一位员工的心声，鼓励、激励他们发挥出最大的潜力，表扬、认可他们的工作，提供支持，告诉他们为什么他们的工作非常重要，率先垂范，鼓励变化，再接再厉、不轻言放弃，与员工分享、沟通团队或部门的愿景，积极促进团队成员之间，以及团队与其他团队之间的沟通与交流。

从以上这个定义可以看出，管理和领导是有区别的。管理是基于规章制度和流程，关心的是"怎么做"和"何时做"，关心的是团队成员做得对不对，关心效率和效果。而对于管理者来说，需要的是一种认同感，当团队成员都对规章制度和流程，对做正确的事情，效率和效果都认同时，管理其实并不是一件难事。领导更倾向谈激励和愿景，更倾向于阐明"是什么"和"为什么"，更关心方向、有效性和目的。领导不是基于权力，而是基于领导力。所谓领导力，就是大家认为跟着你才能取得成功，是来源于信任和依赖感。因此，**领导的表现是拥有跟随者。**

项目经理在弱矩阵组织架构中，虽然没有正式权力，但在微权力下，也同样需要在管理和领导两种模式下进行切换。我们可以理解为，在具体管事的时候，偏向于管理；在管人的时候，倾向于领导。这就要求我们项目经理，既要会当管理者，又要当好领导，也就是说，项目经理既有团队的认同者，又有跟随者。因此，除了实现项目目标，项目主要相关方满意，是对项目经理的认可之外，还有一种高度认可就是当一个新项目的开始，团队成员还愿意继续跟着你这个项目经理一起做项目。

孟子有云："故天将降大任于斯人也，必先苦其心志，劳其筋骨，饿其体肤，空乏其身，行拂乱其所为，所以动心忍性，曾益其所不能。"作为项目经理，在微权力大环境下，使得我们在带领、引导和辅助团队实现项目目标过程中，需要不断地学习和提升自己的知识和技能，需要不断地通过实践来论证并形成有效的项目管理方法论，需要不断地通过成功的管理行为来建立良好的领导力。那么，在这种逆境式的工作环境下，反而更容易激发出项目管理从业人员的真正潜力，造就具有过人能力的项目经理，是走向管理和领导的快速途径，具体我认为可以表现为以下4个方面。

### 1. 可以锻炼良好的大局观

作为游戏的项目经理，需要具备一定的用户思维和产品思维，因此在引导、辅助和推进项目的过程中，会时常跟随制作人或其他管理层的领导，甚至是大领导进行跨领域、跨职能、跨文化、跨层级的组织协调工作，包括和各个职能团队的职能经理，进行长期和有效的沟通和协作，这样一来，可以很好地锻炼自己站在组织大局思考和解决问题的能力，帮助自己塑造作为领导所必需的大局观。尤其是当站在组织层面，站在领导层面思考问题时，往往会激起，甚至带来意想不到的成果。

### 2. 可以锻炼换位思考能力

换位思考能力是指可以站在不同角色的角度来思考问题。作为项目经理，有一点是需要清楚的，即相关方的满意与否，很多时候并不是取决于问题本身是否解决，而在于你是否与他们进行了充分的、良好的沟通。在负责游戏项目的过程中，涉及不同职能的团队成员非常多，无论是在进行相关方分析还是在处理项目中实际遇到的问题或冲突时，项目经理都要能够换位思考，以便更好地了解对方的动机和期望，这样更加有利于解决问题、化解矛盾，从而为达成共同的目标形成合力。

### 3. 可以锻炼应变能力

因为项目经理没有正式权力，那么在具体项目实施过程中，更多的是依赖于专家能力。当项目出现任何突发或意外情况时，项目经理可以迅速地评估项目的状况，做出最适合的应对措施。关于这一点，我的直属领导Anson 也说过：一个成熟的项目经理应该是处事不惊，让团队值得信赖和成为最好的依靠。这也就是说，作为一名优秀、成熟的项目经理，需要具备良好的应变能力。而因为项目本身是一个创新的载体，以及其不确定性的特定，即便是大家都认为非常合理和完善的计划，都不可避免地会出现意外的情况。项目经理在微权力的环境下，可以很好地锻炼应变能力。

### 4．可以锻炼平衡能力

前面章节谈到，项目经理的核心价值之一就是平衡。没有正式权力的项目经理，要准确识别项目团队各个不同相关方的动机和分歧点，并帮助他们达成共识，这是需要不断地提升自身的平衡能力的。不仅如此，对于游戏项目来说，每个阶段不同，对项目管理的四要素的要求都不一样，因此在推进项目的过程中，要做好时间、成本、范围、质量的平衡，还有短期目标和长期目标的平衡。项目上线后，还有业务目标和运营目标的平衡等。

可见，微权力下的项目经理，并不会因为没有正式权力而束缚项目管理软硬能力的提升，相反，如果可以锲而不舍地开展工作，不断地复盘和总结，项目经理个人的管理能力和领导力会得到质的提升，也能获得越来越多的管理层和领导的信任和支持，从而成为部门或企业的中坚力量。

## 追梦，再出发

从测试转岗到项目管理，5 年了。当初从项目管理的菜鸟，一路坎坷，一路跌跌撞撞，一路升级打怪，晋升为腾讯高级项目经理，这并不是终点，而是一个新的起点。曾经，我也多次怀疑过、困惑过，这是我自己的定位吗？我要放弃这条路吗？这是我的正确选择吗？慢慢地我发现，**根本没有所谓的"正确的人生选择"，而是我们自己不断行动，把选择做到正确。**

其实我们一直都穿梭在选择和放弃之中，大多数人都是在选择和放弃中慢慢找到适合自己的舞台。5 年的时间，我从一个什么都不懂的菜鸟到高级项目经理，在不断摸索、不断实践、不断学习的过程中，逐步找回了自信，逐步寻找到了属于自己的舞台。但当我们还在选择和放弃中努力寻找合适的舞台时，或许会有一种错觉，甚至困惑，困惑的是我们的痛苦不是没有选择，而是选择太多。因为不是所有的探索都能发现鲜为人知的奥秘，不是所有的跋涉都能抵达胜利的彼岸，不是每一滴汗水都会有收获，不是每一个故事都会有美丽的结局。就像我这5年来每经历过的一个项目，有成功，有喜悦，有失败，有痛苦。因此，在漫长的旅程和岁月中，我们应该学会选择，学会放弃，学会坦然处之，明白了这点，也许就会在失败、迷茫、愁闷、面临"心苦"时，找到平衡点，找回自己的人生坐标。

于丹老师说：我们的眼睛，总是看外界太多，看心灵太少。以前读到这句话不怎么理解，但回顾自己在初始很长一段时间，在推进项目时各种受阻，在各种坑踩，在历经项目失败，在承受各种压力时，何尝不是如此，总是一味地埋怨团队不配合，抱怨没有人指导，抱怨没有得到领导的支持，可却没真正地反思自己的内心。一旦心里多了那么多的不平衡，如何能全身心地投入提升自己的行动中。一旦抱怨生活，那生活也就自然会抱怨自己了。只有从心态开始调整，才会有一个全新的认知。

就像有人说命由天定，可我却一直认为命运是掌握在自己的手里。在如今物质发达丰富的社会，在如今选择太多的世界里，只有坚持和努力，且在辛苦付出的同时，更要坚定一种信念，相信自己的选择，那么当我们找到了自己的舞台，就尽情地在属于自己的舞台沉淀和提升。高级项目经理是一个全新的开始，是一个更高要求的开始。我仍然不知道今后将会遇到什么困难，会经历什么挫折，可漫漫人生路，有谁能说自己是踏着一路鲜花、一路阳光走过来的？没有人能随随便便成功。如果总是因为害怕失败而丢掉前行的勇气，就永远不会追求到心中的梦想，正如歌中所唱的，阳光总是风雨后……

现如今，无论哪行哪业，哪个不是先从接受到努力，先有辛苦的付出才会有丰厚的回报，哪个不是一步步从坎坷中行走过来，所以，只要认可自己选择的，那么所吃的苦、所受的累都不算什么了。自己的人生要靠自己的双手打造，一个人要想成功，脑海中肯定不停地浮现出梦想的画面，当这个画面越来越清晰时，那么他离成功也就不远了。人生的辉煌来自正确的选择，当我们选择了认可的行业与事业，接下来就要坚持和承受，遇到多大的困难都要坚持走到最后，遇到再多的压力都要挺起胸膛承受，要坚信自己选择的，所吃的苦是心甘情愿的，所受的累是值得的。当我们见到光明的那一刻时，我们会激动地落泪，为成功而泣，为勇敢而泣，为难得而泣，为那些度过的岁月而泣。这才是我们真正需要的，真正该选择的！梦想在继续，让我们全新出发。

2018 年 12 月 31 日，新年前夕，国家主席习近平通过中央广播电视总台和互联网，发表 2019 年新年贺词。贺词提到：我们都在努力奔跑，我们都是追梦人。

每个身影 同阳光奔跑

我们挥洒汗水 回眸微笑

一起努力 争做春天的骄傲

懂得了梦想

越追越有味道

我们都是追梦人

千山万水 奔向天地跑道

你追我赶 风起云涌春潮

海阔天空 敞开温暖怀抱

我们都是追梦人

在今天 勇敢向未来报到

当明天 幸福向我们问好

最美的风景是拥抱

啦……啦……啦……

每次奋斗 拼来了荣耀

我们乘风破浪 举目高眺

心中力量 不怕万万里路遥

再高远的梦呀也追得到

我们都是追梦人